# 교과서

기초부터 응용까지 에어브러시의
모든 것을 담은 가이드북

# 에어브러시 교과서

## CONTENTS

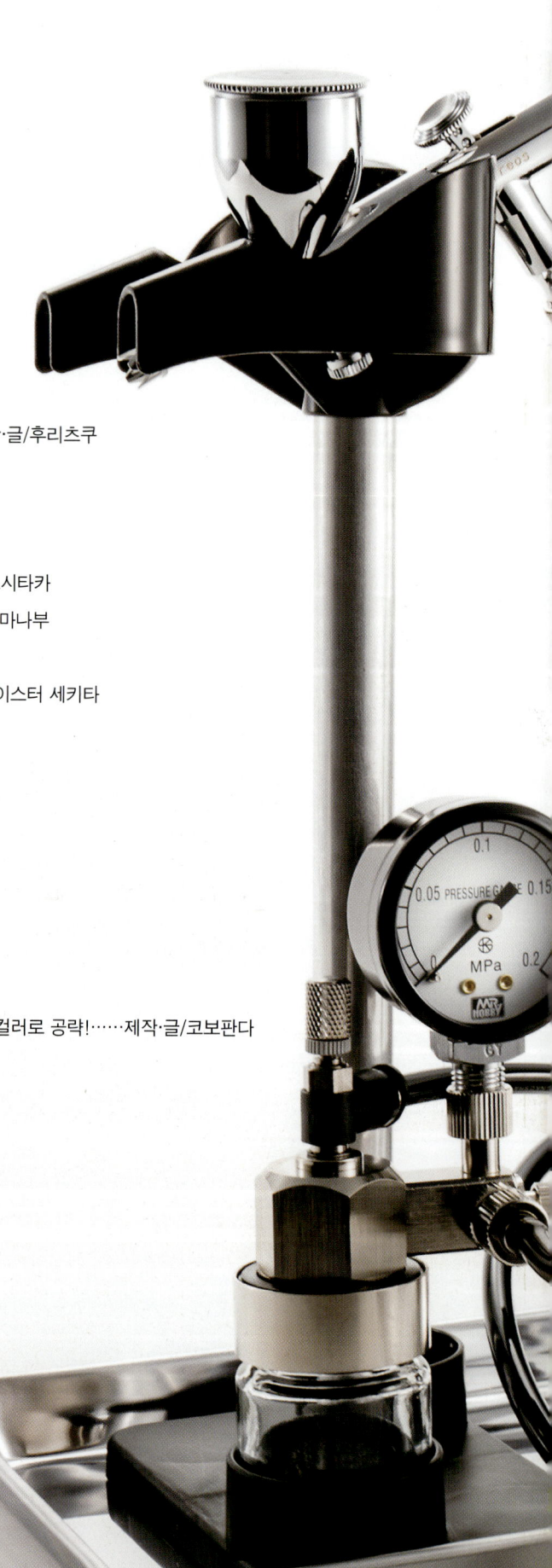

- 006 핸드 피스, 컴프레서의 종류를 알아보자
- 008 「코드리스 에어브러시 PRO」로 에어브러시 도색에 데뷔해보자!
- 009 에어브러시 시스템 3종의 신기를 배우자……해설/켄타로
- 012 에어브러시 도색의 3원칙!!!……해설/켄타로

### 015 에어브러시 도색의 재미를 전부 보여드립니다!

- 016 균일하게 칠하기와 에어브러시 도색의 필수 테크닉 「마스킹」에 도전!……제작·글/후리츠쿠
- 024 그러데이션 도색의 기본 「명암 도색」을 마스터해보자!!……제작·글/켄타로
- 030 블랙&화이트 도색에 챌린지!!……제작·글/후미테시
- 034 「컬러 모듈레이션」 도색……제작·글/켄타로
- 036 컬러 모듈레이션 도색으로 건담을 독특하게 칠해보자!!……제작·글/사이토 요시타카
- 044 메탈릭 컬러를 균일하게 칠해도 중후한 느낌이 살아난다!……제작·글/키무라 마나부
- 048 에어브러시 도색의 참맛!! 「메탈릭 도료」……해설/켄타로
- 050 펄 도색과 캔디 도색!! 에어브러시로 즐기는 아름다운 반짝임.……제작·글/마이스터 세키타
- 052 캔디 도색으로 깊이 있는 색감을……제작·글/urahana3
- 056 식품용 랩과 에어브러시로 가능한 특수 도색! 「랩 도색」……제작·글/켄타로
- 058 필터 도색을 배워보자!

### 060 수성 도료 에어브러시 도색을 마스터해보자!

- 062 「수성 하비 컬러 에어브러시 도색」을 마스터해보자!……해설/후미테시
- 064 냄새가 거의 없는 수성 에멀전 도료 에어브러시 도색에 도전!
- 066 아름다운 광택과 펄 표현이 가능한 고성능 수성 하비 컬러 「LINKL PLANET」 컬러로 공략!……제작·글/코보판다
- 074 타미야 컬러 아크릴 도료로 칠하는 3색 위장은 다르다!
  타미야가 도출한 색으로 건프라를 멋지게 칠하자!……제작·글/켄타로
- 082 모델러가 많이 사용하는 이 기술 저 기술……해설/켄타로
- 086 도색 환경을 상중하로 생각해보자!
- 088 프로 모델러 15명에게 물었다 어떤 에어브러시를 쓰나요?
- 090 켄타로 전수! 핸드 피스 정비!!……해설/켄타로
- 092 보크스/조형촌 프로 피니셔의 고집을 가르쳐주세요!
- 094 HJ 편집부가 추천하는 에어브러시 세트&도색 부스

### 096 에어브러시 카탈로그

- 145 에어브러시를 사러 가자!……포스트 하비 아츠키점
- 148 에어브러시에서 시작되는 무한한 가능성

- 150 판권

\ 다양한 타입이 존재합니다! /
# 핸드 피스, 컴프레서의 종류를 알아보자!

에어브러시를 구성하는 핸드 피스와 컴프레서에는 다양한 종류가 있습니다. 여기서는 대표적인 것을 소개하겠습니다. 특성이 확실하게 구분되니까, 기사를 보고 자신의 취향에 따라 선택해주세요.

## 핸드 피스의 왕도! 더블 액션!!

현재 주류는 '더블 액션'이라는 타입. 버튼을 '누르고 당기는' 두 가지 액션을 조합해서 칠합니다. 여러 메이커에서 발매되기에 선택지도 많습니다.

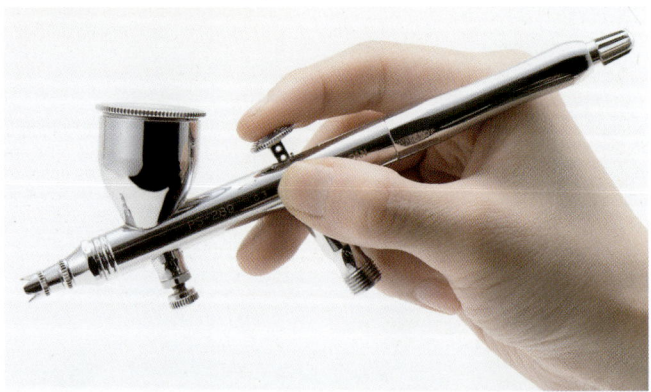

**누르면 공기가 나옵니다**

▲버튼을 누르면 공기가 나옵니다. 누르는 정도로 공기의 양을 조절할 수 있습니다.

**당기면 도료가 나옵니다**

▲누른 뒤에 버튼을 뒤로 당기면 도료가 나옵니다. 당긴 만큼 도료 양이 많아집니다. 누르면서 당기는 정도로 도료 양과 공기량을 조절할 수 있습니다.

\ 특징 /
- 손끝으로 공기량과 도료 양을 조절 가능. 넓은 면은 물론 작은 부분 도색에도 대응 가능합니다.
- 니들 스토퍼가 조절 나사 등 +α로 조절 가능한 모델도 있다.
- 본체 종류가 풍부하고 커스텀이 가능한 모델도 있기에 내 취향에 맞춰 선택 가능.

## 마치 총잡이!! 더블 액션(트리거 타입)

이쪽도 더블 액션이고, 버튼이 아니라 트리거를 당겨서 조절합니다. 버튼을 누르고 당기는 더블 액션과 다르게 트리거를 조금 당기면 공기가 나오고, 더 당기면 도료가 나오는 타입입니다. 가장 큰 이점은 피로가 적다는 점. 장시간 도색에 적합합니다.

**조금 당기면 공기가 나옵니다**
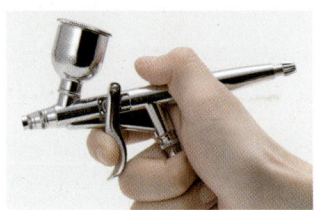
▲트리거를 당겨봅시다. 조금 무겁다 싶은 부분까지 오면 공기가 나오기 시작합니다. 더 당기면 공기가 많이 뿜어져 나옵니다.

**더 당기면 공기와 함께 도료도 나옵니다**

▲공기 구간에서 더 당기면 이번에는 도료가 나옵니다. 끝까지 당기면 많은 도료를, 조금만 당기면 소량의 도료를 뿌릴 수 있습니다.

\ 특징 /
- 트리거 타입이라서 손끝으로 누르는 버튼 타입보다 피로가 덜하다.
- 넓은 면에 대량의 도료를 뿌릴 때 아주 편리.

## 싱글 액션

본체 뒤쪽의 다이얼로 도료 양을 정해두고 버튼을 당기기만 하면 칠할 수 있는 타입. 적절한 도료 양을 조절하기가 조금 힘들어서, 도료 양을 세세하게 조절하는 그러데이션 도색에는 적합하지 않습니다.

\ 특징 /
- 구조가 단순. 더블 액션보다 저렴.
- 니들 위치를 일정하게 고정할 수 있어서 도료를 뿌리는 양이 안정된다.

※사용한 뒤에는 잊지 말고 니들을 닫아주세요!!

## 건담 마커 에어브러시 시스템

부분 도색 등의 간이 도색에 사용하는 건담 마커를 에어브러시로 바꿔주는 「건담 마커 에어브러시 시스템」. 에어 캔을 연결해서 건담 마커를 세팅. 그리고 버튼을 눌러주면 도색할 수 있습니다. 하지만 세세한 도색에는 적합하지 않고 단색으로 균일하게 칠할 때, 건담 마커에 원하는 색이 있는 등의 경우에 사용하면 좋습니다.

\ 특징 /
- 아주 간단하게 칠할 수 있습니다(정리도 간단!)
- 예쁜 건담 마커 메탈릭 도료를 에어브러시로 뿌릴 수 있습니다.

# 내 취향의 컴프레서를 찾아보자!!

핸드 피스에 공기를 보내주는 컴프레서는 에어브러시 시스템의 심장입니다. 컴프레서를 고를 때 중요한 것이 '파워', '정숙성', '연속 가동 시간', '크기'. 이것들을 생각하며 고르세요. 여기서는 인기 모델, 하이스펙 모델, 엔트리 모델로 구분해서 소개하겠습니다.

> \ 이것만이라도 주목하세요! /
> ## 「최고 압력」「토출 공기량」
> 상품을 고르려고 보면 스펙이 잔뜩 적혀 있어서 솔직히 잘 모르겠다! 같은 사태가 벌어질 수도 있습니다. 그럴 때는 '최고 압력'과 '토출 공기량'만 주목해보세요. 이 두 가지의 숫자가 큰 컴프레서를 사용하는 쪽이 도료를 안정적으로 뿌릴 수 있고 깔끔한 도막을 형성하기 쉽습니다. 그 대신 비싸거나 소리가 클 가능성이 아주 높으니까, 예산과 주거 환경을 고려하며 선택하세요.

## 안정적인 인기 모델!
## 고민되면 둘 중 하나를 구입!!
### GSI 크레오스 Mr.리니어 컴프레서 L5, L7

먼저 절대 실패하고 싶지 않은 분께는 이 둘을 추천합니다. 전부 많은 모델러가 지지하는 인기 모델입니다.

▶최고 압력/0.12MPa, 토출 공기량 5.27L. '처음 살 때 고민된다면 일단 이걸로'라고 할 정도로 기본 중에 기본 모델이 이 L5. 리니어 구동 프리 피스톤 방식이라서 조용하고, 하루 종일 연속 가동도 가능한 엄청난 장시간 연속 가동 성능도 겸비. 폭넓은 장르의 키트 도색에 사용 가능합니다.

◀최고 압력/0.15MPa, 토출 공기량 7.0L. 예전에는 L5와 L10만 전개했는데, 그 중간에 적당한 모델로 등장! 솔직히 L7만 있으면 모형 도색에는 문제가 있을 리가 없습니다.

# 파워와 안정성의 극에 달한 하이엔드 타입

사람은 더 높은 곳으로 향하려 하는 법. 이 둘은 많은 가정에서 사용할 수 있는 사이즈에 파워와 안정성, 정숙성을 높은 레벨로 담은 하이스펙 기기. 그 밖에도 오일 방식 등 보다 강력한 컴프레서도 있지만, 많은 사람들이 사용하는 하이스펙 기기라는 점에서 이 둘을 선정했습니다.

◀최고 압력/0.15MPa, 토출 공기량/10.0L. GSI 크레오스의 플래그십 모델. 시리즈 최대인 토출 공기량은 L5의 2배. 하이엔드 컴프레서로 바꾸고 싶다면 후보로 생각해보세요!

### 타미야 스프레이 워크 파워 컴프레서

▶최고 압력/0.4MPa, 토출 공기량 9L/12L/min. 일단 디자인이 좋다! 도색 환경이 멋져집니다. 그리고 이름 그대로 압도적인 파워로 모형 도색에는 거의 빈틈이 없습니다. 게다가 레귤레이터, 행거, 호스까지. 핸드 피스 외에는 전부 갖춘 올인원 타입. 타미야가 자랑하는 지고의 컴프레서입니다.

▲세트로 포함된 레귤레이터

# 에어브러시 도색의 문호를 넓히는 엔트리 모델

인기 모델과 하이스펙 외에도, 지금은 에어브러시 도색의 부담을 줄여주는 엔트리 모델도 다수 발매되고 있습니다. 여기서는 GSI 크레오스의 카론과 배터리 타입 컴프레서를 장착한 에어브러시 두 종류를 소개합니다.

### 컴프레서 카론

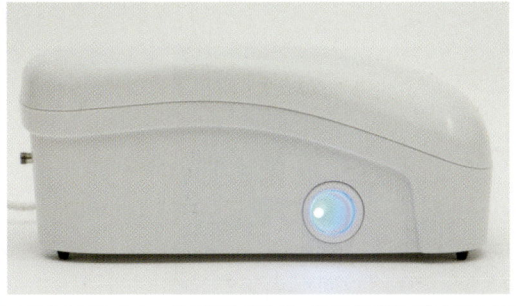

◀L5 클래스의 성능을 지닌 컴프레서. 핸드 피스와 세트로 구성된 타입도 있습니다. 책상 위에 놓을 수 있는 크기, 일상 공간에 녹아드는 디자인이 특징.

### 하이하이 코드리스 에어브러시 PRO

자세한 리뷰는 다음 페이지에서!!

◀에어브러시 업계 세력도에 새로 참가한 배터리 타입 컴프레서. USB 전원으로 충전할 수 있는 점도 매력인 무선 타입이며, 핸드 피스와 합체. 간단히 이동할 수 있어서 밖이나 베란다 등에서만 칠할 수 있는 사람도 에어브러시의 섬세한 도색 방법을 즐길 수 있습니다.

\ 무선 에어브러시. 선택해도 좋습니다! /
# 「코드리스 에어브러시 PRO」로 에어브러시 도색에 데뷔해보자!

에어브러시 중에서도 최근에 세력을 확대하고 있는 것이 '무선 에어브러시'. 이것은 배터리식 컴프레서에 핸드 피스를 합체해서 운반이 가능하게 한 것입니다. 배선이 없고 휴대가 가능해서 베란다나 마당, 창가 등에서 도색하기도 쉽고 공간을 차지하지도 않는 아주 편리한 아이템입니다. 성능도 초기에 비해 크게 향상돼서, 균일한 칠부터 그러데이션 도색까지 가능합니다.

이번에는 그런 무선 에어브러시 중에서 하이하이의 신제품 「코드리스 에어브러시 PRO」를 리뷰해보겠습니다.

### 완전 신작! 소재가 다른 2종류 라인업
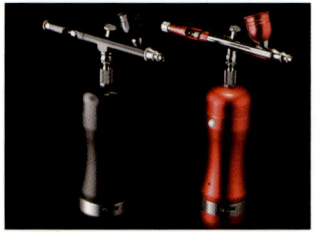
▲견고한 동 소재 핸드 피스(빨강)와 경량 알루미늄 핸드 피스(검정)가 라인업. 이쪽은 완전 신작이고 기존 제품보다 최대 압력(30psi), 배기량(7.5L/min)이 크게 파워업 했습니다. 컴프레서는 다른 시판 핸드 피스와도 접속할 수 있습니다(1/8S 규격) 채용.

### 배터리 착탈식! USB Type-C 단자로 충전 가능

▲배터리는 분리 가능. 배터리만 별도 구입도 가능합니다. 여러 개를 구비해두면 안 쓰는 배터리를 충전하면서 도색할 수 있어서, 작업을 훨씬 쾌적하게 진행할 수 있습니다. 충전 시간은 약 한 시간. 약 25분 동안 사용 가능.

### 에너지 절약 사양!

▲핸드 피스는 더블 액션. 버튼을 눌러서 에어를 내보낼 때만 컴프레서가 작동. 손을 떼면 컴프레서가 멈추는 오토 스톱 기능을 탑재했습니다.

### 니들 스토퍼로 도료 양을 조절
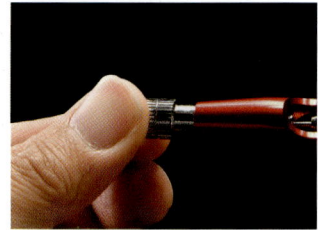
▲핸드 피스에 니들 스토퍼가 있고, 여기서 니들의 당기는 정도를 조절할 수 있습니다. 가늘게 뿌리는 상태로 고정하고 싶을 때 아주 편리합니다.

## 마당이나 베란다 등 원하는 곳에서 쾌적한 에어브러시 도색!!

전선이 필요 없어서 원하는 곳에서 에어브러시 도색이 가능합니다. 냄새가 적은 수성 하비 컬러나 타미야 아크릴 등을 사용하면 냄새도 신경 쓰지 않고 칠할 수 있습니다.

### 휴대가 가능!

▲상자에 신문지를 채운 간이 부스와 바닥에 신문지를 깔면 도색 준비 완료. 수성 하비 컬러를 사용해서 전차를 그러데이션 도색 해보겠습니다.

### 균일하게 칠하는 건 여유!

▲수성 도료처럼 파워가 필요한 도료도 잘 칠해집니다. 아무 문제 없이 단색 균일 도색 가능.

### 같이 있으면 좋아요!

▲클리너 보일이 있으면 컵에 남은 도료를 이 안에 뿜어버릴 수 있습니다. 이것이 있으면 컵 안에 있는 도료를 부스에 뿜을 필요가 없으니까 주위 환경도 깔끔하게 유지할 수 있습니다.

### 즐거운 그러데이션 도색!

▲가늘게 뿌리기도 안정되니까, 이처럼 그러데이션 도색을 즐길 수 있습니다.

### \ 마무리 /
에어 압력도 강해서 도료를 잘 뿌려줍니다. 손끝 콘트롤 감각만 익히면 넓은 면 도색, 세세한 부분의 도색도 마음대로. 에어브러시 도색을 시작하려는 분, 새로운 장비를 생각하는 분 모두에게 추천합니다.

◀그러데이션 도색 완료! 크게 고생하지 않고 그러데이션 도색을 즐겼습니다. 컴프레서 일체형이라서 조금 무겁고 손가락이 피곤하긴 하지만, 중간중간 쉬면서 칠하면 아무 문제 없이 에어브러시 도색을 즐길 수 있습니다.

# \ 에어브러시의 기본 장비는 이 셋!!! /
# 에어브러시 시스템 3종의 신기를 배우자

해설 / 켄타로

꿈의 풀세트!!

## 처음 「에어브러시」를 접하는 사람은 꼭 체크!

　에어브러시는 공기를 만들어서 보내는 '컴프레서'와 공기로 도료를 뿌리는 '핸드 피스'가 세트로 구성된 것을 가리킵니다. 최근에는 압력을 조절하거나 공기 중의 수분을 제거하는 역할을 하는 '레귤레이터'도 중요시되고 세트로 포함되는 경우가 많습니다.
　여기서는 지금부터 에어브러시 도색을 시작하는 사람에게도 맞춰서 핸드 피스, 컴프레서, 레귤레이터가 어떤 것인지 설명하겠습니다.

---

## 에어브러시 시스템의 심장!! 공기를 만드는 「컴프레서」

**Q.** 컴프레서의 주된 역할은?
**A.** 주위에 있는 공기(기체)를 흡입하고 압축한 공기를 핸드 피스로 공급합니다.

GSI 크레오스의 인기 컴프레서

이 작은 스위치에서 드라마가 시작됩니다!!

◀ 이쪽은 GSI크레오스의 인기 컴프레서 3종. 왼쪽부터 L5, L7, L10.

▲스위치를 켜기만 하면 주위 공기를 빨아들여서 압축합니다. 처음 스위치를 켜고 컴프레서의 맥동을 체감할 때는 감동하게 됩니다.

　에어브러시는 압축 공기를 이용해서 도료를 분무하기에, 그 공기를 공급할 방법이 필요합니다. 에어 캔을 사용하는 방법도 있지만, 이 컴프레서라면 안정적이고 지속적으로 공기를 공급할 수 있습니다. 컴프레서의 숫자에서 중요한 것은 공기를 어느 정도 압력으로 계속 뿌릴 수 있는지 뜻하는 정격 압력, 크기, 본체의 연속 작동 시간, 그리고 작동할 때 나는 소리의 데시벨 정도입니다. 여기 있는 GSI크레오스의 리니어 컴프레서는 기본적으로 컴팩트한 데다 소리도 50~55dB이라서 밤에도 사용할 수 있고, 정격 0.1MPa를 뿜어줄 수 있습니다. L10은 특히 토출 공기량이 뛰어나서(L5의 두배!), 농도가 높은 도료도 팍팍 뿜어주는 파워를 자랑합니다.

---

## 압력 조절! 도색의 천적인 수분도 제거!!
## 고온다습한 환경의 필수품 「수분 제거 레귤레이터」

**Q.** 수분 제거와 공기압 콘트롤이 그렇게 중요한가요?
**A.** 공기 중의 수분까지 압축하면 핸드 피스에서 물이 뿜어져 나옵니다. 이 물이 도료와 섞이면… 말 안 해도 아시겠죠. 도면이 지저분해지고 다시 칠해야 합니다. 그리고 압축한 공기압을 콘트롤할 수 있게 되면 핸드 피스에서 나오는 도료의 양도 달라지고, 넓은 면의 도색과 세세한 부분의 도색 등을 마음대로 할 수 있게 됩니다.

▲이쪽은 타미야 '스프레이 워크 파워 컴프레서' 부속 레귤레이터. 빨아들인 공기 중의 수분을 제거하는 기능과 에어 압력을 조절하는 기능을 겸비했습니다.

▲레귤레이터에는 이런 손잡이가 있어서, 압력계를 보면서 에어 압력을 조절할 수 있습니다.

　모형용 컴프레서라도 직접 연결하면 그럭저럭 파워가 강하기에 넓게 뿌리는 건 가능하지만, 정작 에어브러시의 진수인 그러데이션 도색이나 위장 도색 등 가늘게 뿌리는 작업이 힘든 경우가 있습니다. 그래서 공기 토출량을 콘트롤(특히 줄이는 쪽으로)하기 위해서 레귤레이터가 필요합니다. 미터로 공기량을 시각적으로 확인할 수 있게 해주니까, 조절하면서 확인하기도 편합니다. 그리고 대부분의 레귤레이터에는 수분 필터가 세트로 포함되어 있습니다. 이것은 컴프레서가 공기는 물론이고 공기 중의 수분까지 압축해버렸을 때, 그 물을 받아내는 장치입니다. 특히 장마철~여름에 크게 활약하는 장치이고, 컵에 고인 물을 보면 그 효과를 체감할 수 있습니다.

# 핸드 피스 내부는 엄청나게 메카니컬!

이제부터 핸드 피스를 접하는 분은 이 공구가 어떤 것인지 아직 이미지를 떠올리기가 쉽지 않을 것입니다. 그래서 GSI크레오스에서 제공해주신 단면도를 보면서 어떤 공구인지 소개하겠습니다. 소개하는 것은 핸드 피스의 주류인 '더블 액션'입니다.

## Q. 핸드 피스의 주된 역할은?
## A. 컴프레서에서 보내준 압축 공기로 도료를 뿜어줍니다!!

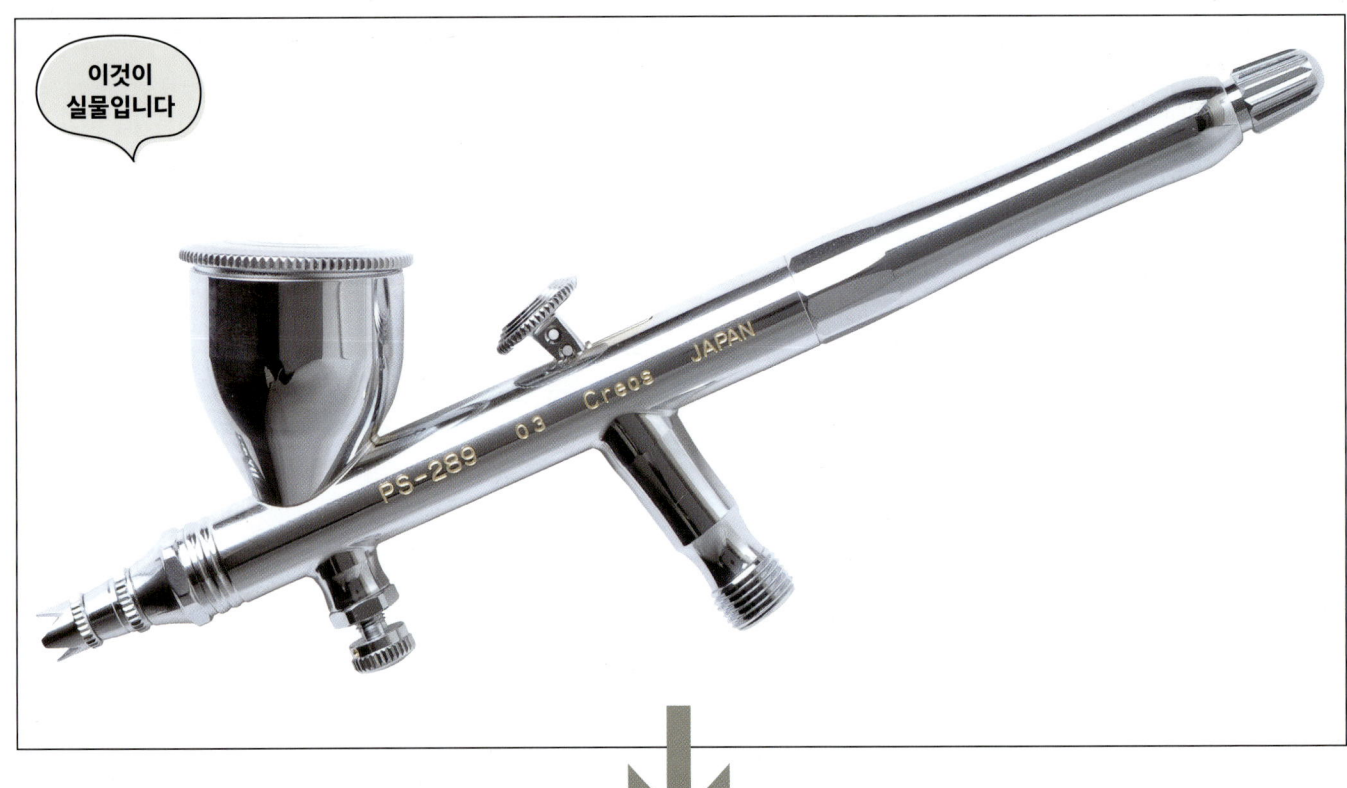

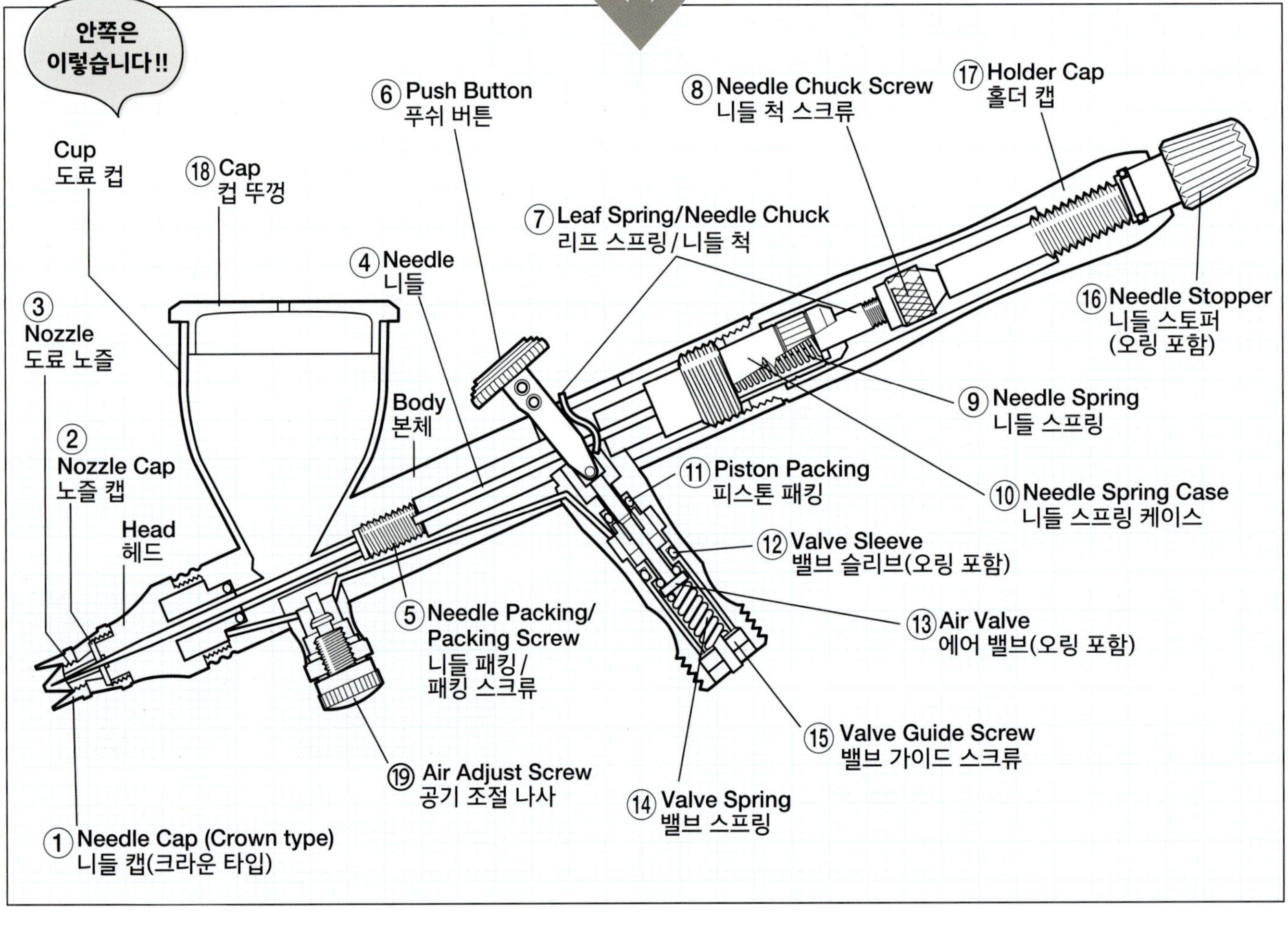

이것이 실물입니다

안쪽은 이렇습니다!!

① Needle Cap (Crown type) 니들 캡(크라운 타입)
② Nozzle Cap 노즐 캡
③ Nozzle 도료 노즐
④ Needle 니들
⑤ Needle Packing/Packing Screw 니들 패킹/패킹 스크류
⑥ Push Button 푸쉬 버튼
⑦ Leaf Spring/Needle Chuck 리프 스프링/니들 척
⑧ Needle Chuck Screw 니들 척 스크류
⑨ Needle Spring 니들 스프링
⑩ Needle Spring Case 니들 스프링 케이스
⑪ Piston Packing 피스톤 패킹
⑫ Valve Sleeve 밸브 슬리브(오링 포함)
⑬ Air Valve 에어 밸브(오링 포함)
⑭ Valve Spring 밸브 스프링
⑮ Valve Guide Screw 밸브 가이드 스크류
⑯ Needle Stopper 니들 스토퍼(오링 포함)
⑰ Holder Cap 홀더 캡
⑱ Cap 컵 뚜껑
⑲ Air Adjust Screw 공기 조절 나사

Cup 도료 컵
Body 본체
Head 헤드

## ① 니들 캡(크라운 타입)
에어브러시의 가장 끝부분이고, 니들을 보호하면서 도료가 나오는 방식을 조절하는 역할을 한다. 왕관처럼 생긴 크라운 타입은 액체의 분산과 니들 보호의 균형을 취한 형태. 플랫 타입도 많이 사용한다.

## ② 노즐 캡
니들 캡을 지탱하고 도료 노즐을 보호하는 캡. 이것을 풀어주면 공기가 도료 컵쪽으로 흘러 들어가게 돼서, 컵을 청소할 때 '뽀글이'를 할 수 있다.

## ③ 도료 노즐
어느 에어브러시에서도 가장 작은 부품. 약 5mm의 금속이 도료를 모아서 보낸다. 이 끝부분의 구경으로 0.3이나 0.5라는 제품의 숫자를 표기한다. 파손되면 바로 뿜을 수 없게 돼버리니까 신중하게 취급할 것.

## ④ 니들
에어브러시 거의 전체를 관통하는 바늘. 도료를 끝부분으로 보내는 가이드 마개로서 작용하고, 원하는 방향을 향해 미스트를 분무하기 위한 또 하나의 키 파츠. 끝부분은 노즐과 마찬가지로 파손되기 쉬워서, 부딪치기만 해도 큰일이 난다. 취급에 주의.

## ⑤ 니들 패킹/패킹 스크류
에어브러시 내부에 숨겨진 아주 중요한 부품. 니들 뒤쪽으로 도료가 흘러나오지 않는 것은 이 부품 덕분.

## ⑥ 푸쉬 버튼
이것을 눌렀을 때 모든 것이 시작되는 조작의 핵심. 더블 액션의 경우 누르면 에어가, 당기면 도료가 나오는 2단계로 조작한다. 밸브를 누르는 피스톤과 접속된 것도 많다.

## ⑦ 리프 스프링/니들 척
버튼 뒤쪽에 있는 구부러진 판이 버튼을 밀어주고, 버튼을 당기는 동작에 연동해서 힘을 니들 척으로 전하는 역할을 한다. 니들 척은 뒤쪽에서 슬리브 모양으로 니들을 감싸고, 뒤쪽에서 니들을 조여서 연동시킨다. 이런 부품들은 일체화된 경우가 많다. 니들을 넣을 때 이 부분에 닿지 않도록 똑바로 넣는 것이 중요하다.

## ⑧ 니들 척 스크류
니들과 니들 척을 고정하기 위한 나사. 여기가 헐거우면 니들이 연동해서 아래로 내려가지 않는다. 너무 세게 조이면 니들이 움직이지 않으니, 공구 등을 사용하지 말고 손으로 조일 것.

## ⑨ 니들 스프링
버튼을 당겨서 니들을 내렸을 때 다시 돌아오는 것은 이 스프링 덕분. 분해해서 청소할 때 이 스프링을 의식해두지 않으면 세차게 튀어나와서 분실할 수 있으니, 뒤쪽을 분해할 때는 이 스프링에 주의.

## ⑩ 니들 스프링 케이스
에어브러시 본체 뒤쪽을 잡아주는 요충지. 본체 뒤쪽에 나사 방식으로 들어가 있고, 스프링과 니들 척을 격납한다. 이곳이 헐거워지면 니들이 내려가 버리기 때문에, 분해해서 되돌릴 때는 확실하게 멈추는 곳까지 조여줄 것.

## ⑪ 피스톤 패킹
버튼으로 이어지는 피스톤을 씰링해주는 고무 부품. 본체에서 니들 패킹과 함께 용제에 담가서 씻을 수 없는 부분 중 하나. 피스톤에 실리콘 계열 그리스를 발라서 패킹과의 움직임을 윤활해주자.

## ⑫ 밸브 슬리브(오링 포함)
거의 정비하지 않아도 작동하는 부분이라서 그다지 주목하지 않지만, 공기를 보내기 위한 밸브가 본체 아래쪽에 달려 있다. 이 부분은 복잡하고 조정하기 힘드니까, 문제가 생기지 않도록 먼지가 들어가지 않게 보관하자.

## ⑬ 에어 밸브(오링 포함)
푸쉬 버튼, 피스톤과 연동해서 에어를 출입시키기 위한 밸브. 단면도에서 보이는 것처럼 평소에는 닫혀 있지만, 버튼을 누르면 지시한 넓은 부분이 내려가면서 그곳을 통해 공기가 에어브러시 본체의 에어 통로로 흘러 들어간다.

## ⑭ 밸브 스프링
밸브를 되돌리고 에어가 새지 않도록 지탱해주는 스프링. 이것이 없어지면 공기가 계속 새나가게 된다. 분해하면 이 스프링이 뚜껑이 되는 밸브 가이드 나사를 밀어내기 때문에 다시 조이기 힘드니까, 에어 밸브 쪽을 분해하는 것은 추천하지 않는다.

## ⑮ 밸브 가이드 스크류
밸브 아래쪽에서 메카 부분을 잡아주는 중요한 나사. 본체를 아래쪽에서 봤을 때 놋쇠색이고 중앙에 밸브가 관통한 두 개의 잘린 곳이 있는 부분이 보인다. 이것이 밸브 가이드 스크류.

## ⑯ 니들 스토퍼(오링 포함)
니들의 후퇴량을 조절하는 나사. 조여주면 니들 척 스크류에 스토퍼가 닿으면서 니들을 물리적으로 후퇴하지 못하도록 한다. 가늘게 뿌리고 싶을 때나 도료 분무량을 줄이고 싶을 때는 여기를 조여서 조절할 수 있다.

## ⑰ 홀더 캡
홀더 캡/니들 스토퍼와 세트로 사용하는 본체 뒤쪽 부품. 본체 뒤쪽에서 노출되는 니들과 뒤쪽 기기를 보호하는 동시에, 앞쪽으로 쏠리게 되는 중심을 조금이나마 잡아준다. 정비해서 분리했을 때는 어딘가로 굴러가버리지 않게 주의하자.

## ⑱ 컵 뚜껑
뽀글이 할 때나 도료를 많이 넣었을 때 도료가 컵에서 튀어나오지 않도록 막아주는 뚜껑. 그리고 컵에서 넘친 도료가 앞쪽까지 와서 에어를 타고 날아가는 사고를 막기 위해서라도 장비하는 편이 좋은 부품.

## ⑲ 공기 조절 나사
공기압을 손으로 미세 조절하기 위한 나사. 고급 기종에는 탑재되는 경우가 많고, 압력 컨트롤에 한몫을 한다. 컵에서 넘친 도료가 여기를 고착시키는 경우가 있으니 주의하자. 그리고 너무 돌리면 안에 있는 패킹이 파손돼서 콘트롤할 수 없게 돼버리니 주의!

# 에어브러시 도색의 3원칙!!!

## 기본을 알아두면 응용도 간단!

에어브러시 도색에 꼭 필요한 '3원칙'을 소개합니다. 월간 하비재팬에서 활약하는 모델러도 이 기본을 숙지하고 나서, 자신만의 취향을 찾아 도색하고 있습니다. 중요한 '도료 농도', '에어 압력', '뿌리는 거리'에 대해 확실하게 익혀주세요.

제가 설명합니다!

해설 / 켄타로

▲월간 하비재팬의 「월간 공구」 연재와 How to기사에서 활약하는 필자 켄타로가 전해드립니다!

이것이 에어브러시 도색의 트라이앵글!!

에어브러시 도색에서는 이 세 가지가 밀접한 관계를 지녀서, 어느 하나가 어긋나면 도료를 깔끔하게 뿌릴 수 없습니다. 이렇게 말하면 어려울 것 같지만, 괜찮습니다! 그렇게 어려운 작업이 아닙니다.

▶도료는 기본적으로 희석해야 뿌릴 수 있습니다. 너무 진하면 나오지 않고, 너무 묽으면 색이 입혀지지 않습니다.

▶분무하는 도료와 뿌릴 대상과의 거리에 따라 도료가 입혀지는 방식이 달라집니다. 특히 적절한 광택은 거리감이 중요합니다.

◀도료를 뿌릴 때는 역시 에어 압력이 중요해서, 강하면 많은 도료와 짙은 도료를 투사할 수 있습니다.

## 1. 에어브러시 도료의 농도 조절

\ 농도 차이에 의한 도색 예 /

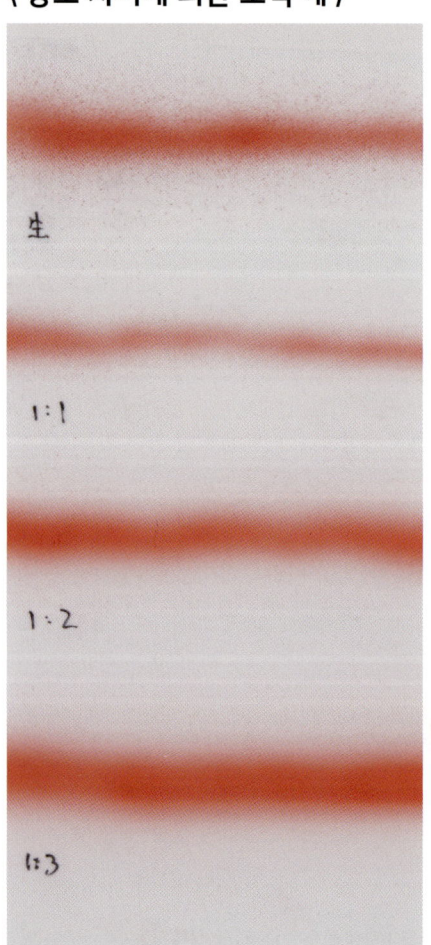

▲가로 선을 그어봤습니다. 병 상태로 쓰면 표면이 거칠고 1:1은 색이 짙지만 비말이 조금 튀었으며, 1:3은 표면이 깔끔하지만 밑색이 비칩니다.

\ 병 상태라고도 합니다 /

새로 사온 신선한 도료도 에어브러시에는 너무 진합니다. 뿌리는 것은 도료와 희석액이 1:1 정도부터인데, 그것도 강한 에어압이 필요합니다. 용제를 많이 넣으면 한 번의 도막은 묽어지지만, 여러 번 겹쳐서 칠하면 깔끔하게 칠하기 쉽습니다. 하지만 도료가 너무 묽으면 색이 나오지 않는 문제가 생깁니다. 여기서는 래커 도료를 예로 각각의 농도와 뿌렸을 때의 상태를 보겠습니다.

◀병에 있는 도료를 직접 사용하는 농도를 일명 '병 상태'라고 부르기도 합니다. 에어브러시 도색에는 너무 짙은 상태입니다.

### 1:1

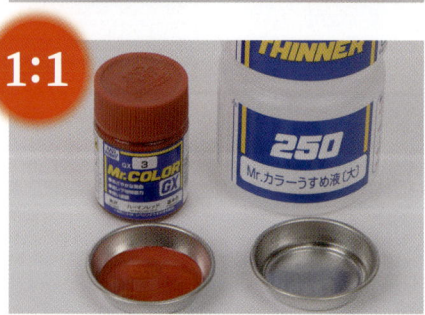

▲짙은 조정은 세게 뿌려서 빨리 발색시킬 때 사용. 컴프레서에 따라 아슬아슬하게 뿌릴 수 있습니다.

### 1:2

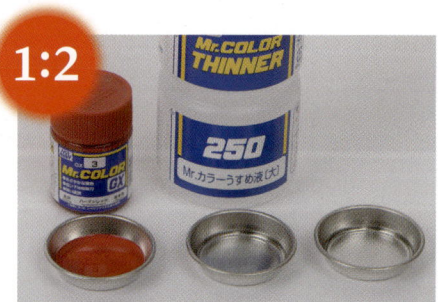

▲제조사에서 권장하는 2배 희석액을 투입해도 래커 도료라면 문제없이 쓸 수 있습니다. 묽을 때는 여러 번 칠해서 발색시키세요.

### 1:3

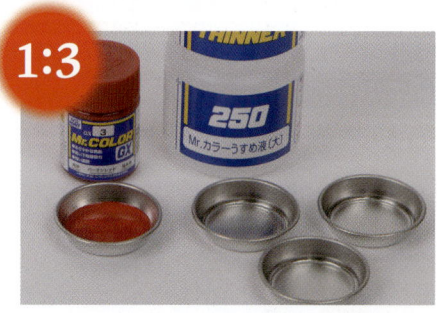

▲묽은 도료를 여러 번 겹쳐서 깔끔한 도막을 얻습니다. 그러데이션이나 위장 도색을 할 때도 이런 농도로.

\ 마무리 /

도료 농도는 뿌리는 횟수 등을 규정하는 수치고, 진하면 진할수록 빨리 발색합니다. 하지만 비말이 튀거나 뿌리는 폭 등, 메리트와 동시에 디메리트도 있습니다. 그리고 신품 상태를 전제로 비율을 표기했습니다만, 휘발돼서 걸쭉해진 경우에는 그것을 고려하며 희석해주세요. 액의 점도를 보거나 시험 삼아 뿌려보며 체크하는 것도 중요합니다. 자신이 뿌리기 편하고 깔끔한 도막을 만들 수 있는 농도를 찾아보세요.

# 2. 에어 압력을 조절하면 어떻게 될까?

에어 압력은 에어브러시에서 도료를 내보내는 방법의 수치고, 강하면 진한 도료도 내보낼 수 있습니다. 강하면 그만큼 폭넓게 뿌릴 수 있고, 걸쭉한 도료를 뿜을 수도 있습니다. 하지만 에어브러시 내부를 통하는 공기압에는 한계가 있기 때문에, 최종적인 압력의 상한치가 존재합니다. 그리고 압력이 높으면 도료 소비량도 늘어납니다.

◀ 에어 압력이 어떤 것인지 눈으로 확인해보겠습니다. 0.05MPa부터 보겠습니다.

◀ 많은 모형용 컴프레서가 출발하는 0.1MPa 압력. 이 정도 압력이면 어떨까요.

◀ 0.5mm 프라판에 바람을 불면 표면이 살짝 흔들리는 정도입니다.

◀ 프라판이 많이 밀렸습니다. 프라판에 뿌리기에는 조금 강할지도 모르겠습니다.

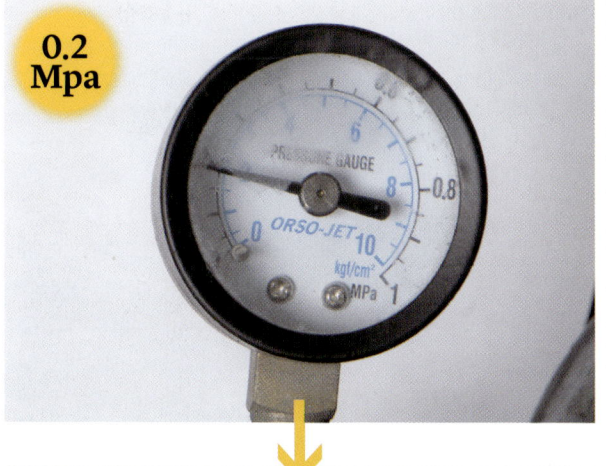

◀ 통상적인 모형용 컴프레서에서는 거의 나오지 않는 압력입니다. 이정도면 공기가 어떻게 나올까요.

### \ 각 에어 압력으로 칠한 예 /

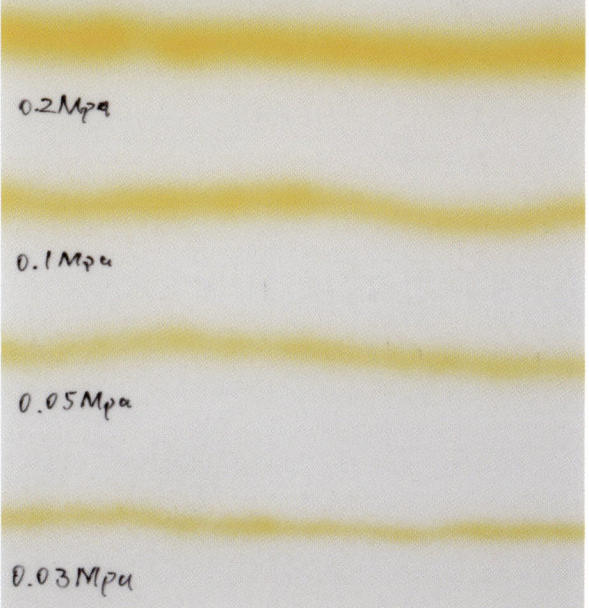

◀ 같은 농도로 압력만 바꿔서 비교해봤습니다. 0.2MPa는 상당히 굵고 강하며, 낮출수록 가늘고 묽어집니다.

◀ 많이 휘었습니다. 에어 캔이나 에어 더스터 정도의 강도고, 물건을 날릴 정도의 위력.

### \ 마무리 /

에어 압력은 도료를 얼마나 뿌리는지에 직결됩니다. 압력이 강하면 강할수록 나오는 도료도 많아지니까 보다 넓게, 보다 진한 도료를 뿌리고 싶다면 압력을 올려줍니다. 하지만 너무 강해도 도막 두께와 표면 상태에 문제가 생기니까, 실제 사용에는 상한이 있습니다(0.2도 약간 과한 느낌). 또한 위장 도색이나 그러데이션이라면 0.05나 0.03으로 낮추면 다루기 편하고 도료가 튀는 것도 적어집니다. 물론 압력을 낮추면 도료 농도도 묽게 희석해서 뿌리기 쉽게 조절해주세요.

# 3. 뿌리는 거리를 마스터해보자!

도료 농도와 에어 압력은 뿌리기 전에 조절하는 요소이고, 이번에는 뿌릴 때의 요소입니다. 에어브러시는 도료를 날려서 뿌리는 도구니까, 대상과의 거리가 너무 멀면 도료가 입히지 않고 너무 가까우면 되레 너무 입혀져서 도료에 편차가 생깁니다. 적절한 거리를 의식하고 한 번에 도료를 입히려고 욕심을 부리지 않으면 깔끔한 도막을 만들 수 있습니다.

### \ 6cm 정도가 적절한 거리 /

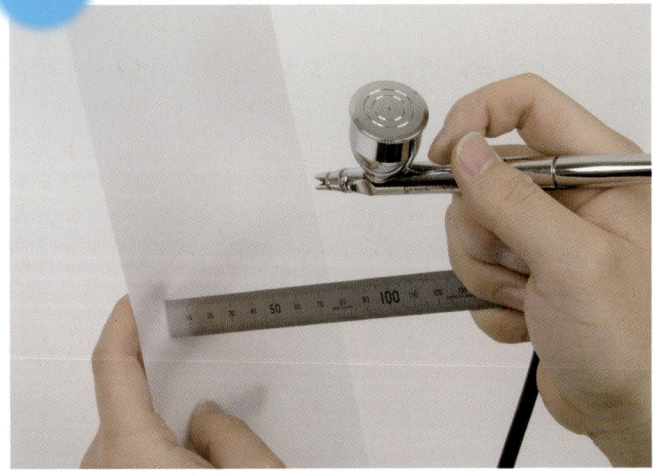

▲기본적으로 에어브러시 끝과 도색 대상의 거리가 6cm 전후면 도료가 적절하게 입혀지고 뿌리기 쉬운 위치입니다.

### \ 작은 곳을 공략할 때는 가까이서! /

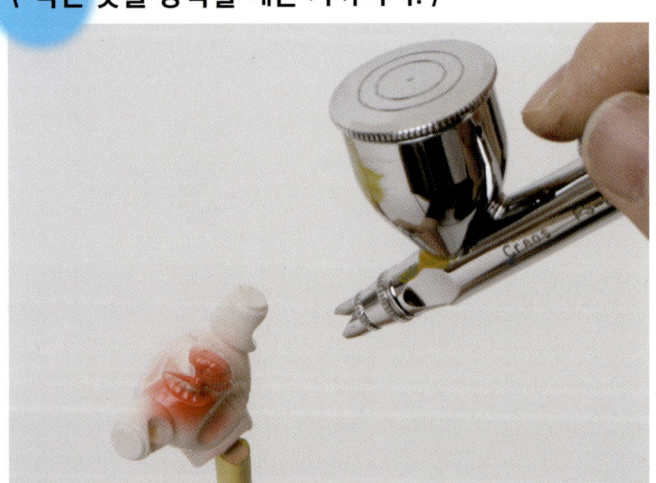

▲위장 도색 등 작은 곳을 칠할 때는 좀 더 가까이서 뿌리세요. 뒤쪽 니들 스토퍼를 조여주면 효과적입니다.

### \ 뭉~실하게 뿌리고 싶을 때는 거리를 두고 /

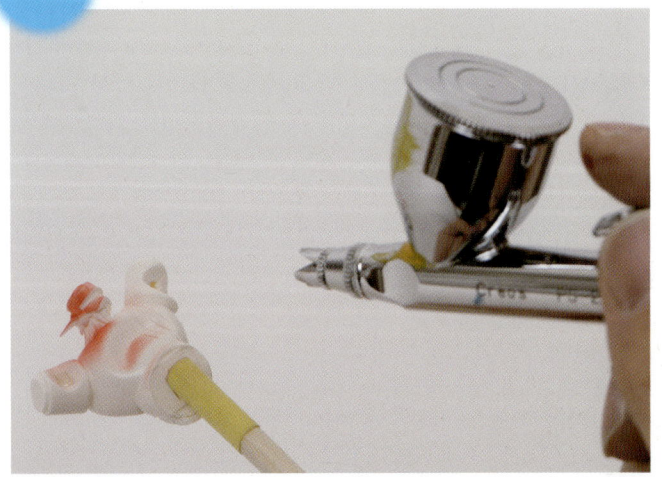

▲그러데이션 전체 조절이나 색을 흐릿하게 겹치고 싶을 때는 거리를 둡니다. 색을 적게 입히는 방법입니다.

### \ 각 거리의 도색 예 /

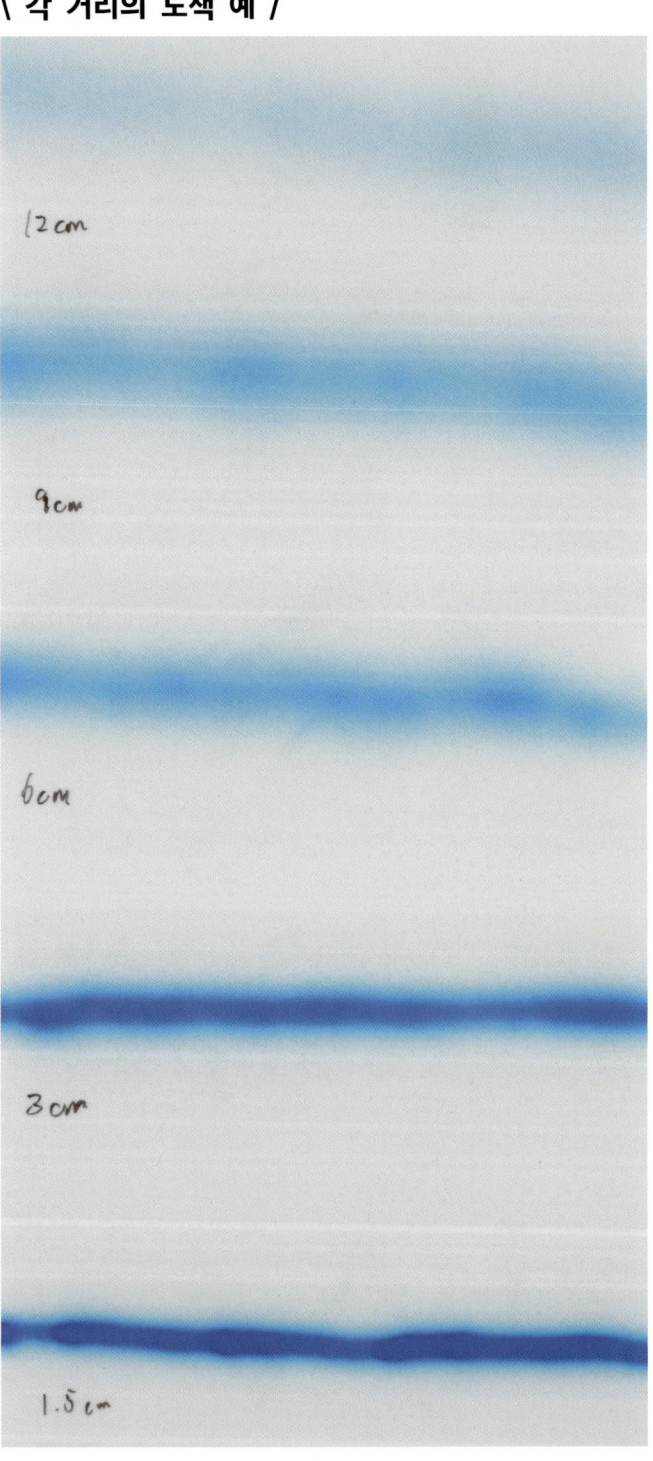

▲자로 에어브러시 끝과 프라판과의 거리를 재면서 도료 농도 1:1, 0.1MPa로 측정했습니다. 12cm에서는 도료가 거의 입혀지지 않았고 6cm 정도가 적절, 그리고 1.5cm은 도료가 일정하게 입혀지지 않았습니다.

### \ 마무리 /

도료 농도와 에어 압력을 조절했으면 이제 뿌리기만 하면 되는데, 어느 거리에서 뿌리는지에 따라서도 달라집니다. 측정해보면 칠해지는 거리는 의외로 가까워서, 6cm 전후가 적절했습니다. 그리고 손을 움직이는 속도에 따라서도 도료가 입혀지는 양이 달라지니까, 한 곳에만 너무 많이 뿌려지지 않도록 너무 느리지 않게, 도료가 잘 입혀지도록 너무 빠르지 않게 움직여주세요. 그리고 칠하고 싶은 장소나 도료의 농도, 압력 등에 따라서도 달라지니까 임기응변으로, 뿌리기 전에 잘 시험해본 뒤에 뿌려주면 좋습니다.

# 에어브러시 도색의 재미를 전부 보여드립니다!

## 기본적인 사용 방법부터 에어브러시로 할 수 있는 다양한 기법을 소개합니다

에어브러시 도색은 즐거움이 잔뜩! 여기서는 도색이 점점 즐거워지는 칠하는 방법을, 각 기법별로 포인트를 잡아서 소개하겠습니다. 모든 모형 장르에 응용할 수 있으니까, 관심이 가는 방법이 있다면 시도해보세요. 자, 즐거운 에어브러시 도색의 세계로 들어가봅시다!

# 균일하게 칠하기와 에어브러시 도색의 필수 테크닉 「마스킹」에 도전!

제작·글 / 후리츠쿠

## 초걸작 키트 「MG 윙 건담 Ver.Ka」로 배우는 에어브러시 기본 테크닉

먼저 에어브러시 도색 중에서도 가장 기본이라고 할 수 있는 '균일하게 칠하기'와 '마스킹'을 소개하겠습니다. 균일하게 칠하기는 그러데이션 등을 넣지 않고 도료를 균일하고 깔끔하게 뿌리는 것. 이것을 할 수 있게 되면 그러데이션 도색이나 다른 방법에도 도전할 수 있습니다.

마스킹은 도료를 칠하고 싶지 않은 부분을 마스킹 테이프 등을 활용해서 가려주는 것. 작금의 프라모델은 부품 단계에서 거의 색이 구분되어 있어서 마스킹이 필요한 포인트가 줄었지만, 그래도 작은 부분을 칠할 때는 아직까지 활약하는 테크닉입니다.

내 취향의 색으로 칠하고 싶을 때, 디테일에 맞춰 보다 세세하게 색을 구분하고 싶을 때 등에 마스킹이 아주 큰 도움이 됩니다.

여기서는 걸작 키트인 「MG 윙 건담 Ver.Ka」로 균일하게 칠하기와 마스킹에 도전하겠습니다.

BANDAI SPIRITS 1/100 scale plastic kit
"Master Grade"
XXXG-01W WING GUNDAM "Ver.Ka"
modeled & described by FURITSUKU

> **POINT**
>
> ·균일하게 칠하는 기본을 배워보자
> ·마스킹 테이프를 사용한 마스킹 방법을 배워보자
> ·마스킹 테이프 이외의 재료를 사용해 보자
> ·색이 잘 발색하기 위한 밑색을 생각해보자

## 도색 준비

날개를 주로 다루지만, 후리츠쿠의 깔끔한 에어브러시 도색을 보여드리고 싶어서 전체를 칠하겠습니다. 먼저 도색 전 준비입니다.

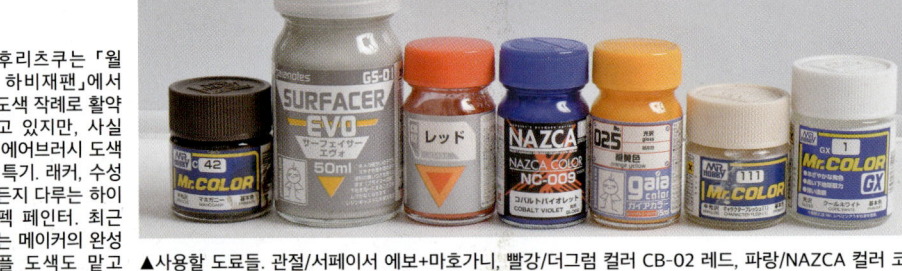

**후리츠쿠**

◀후리츠쿠는 「월간 하비재팬」에서 붓도색 작례로 활약하고 있지만, 사실은 에어브러시 도색도 특기. 래커, 수성 뭐든지 다루는 하이스펙 페인터. 최근에는 메이커의 완성 샘플 도색도 맡고 있습니다.

▲사용할 도료들. 관절/서페이서 에보+마호가니, 빨강/더그럼 컬러 CB-02 레드, 파랑/NAZCA 컬러 코발트 바이올렛, 노랑/등황색, 흰색/캐릭터 플레시+쿨 화이트.

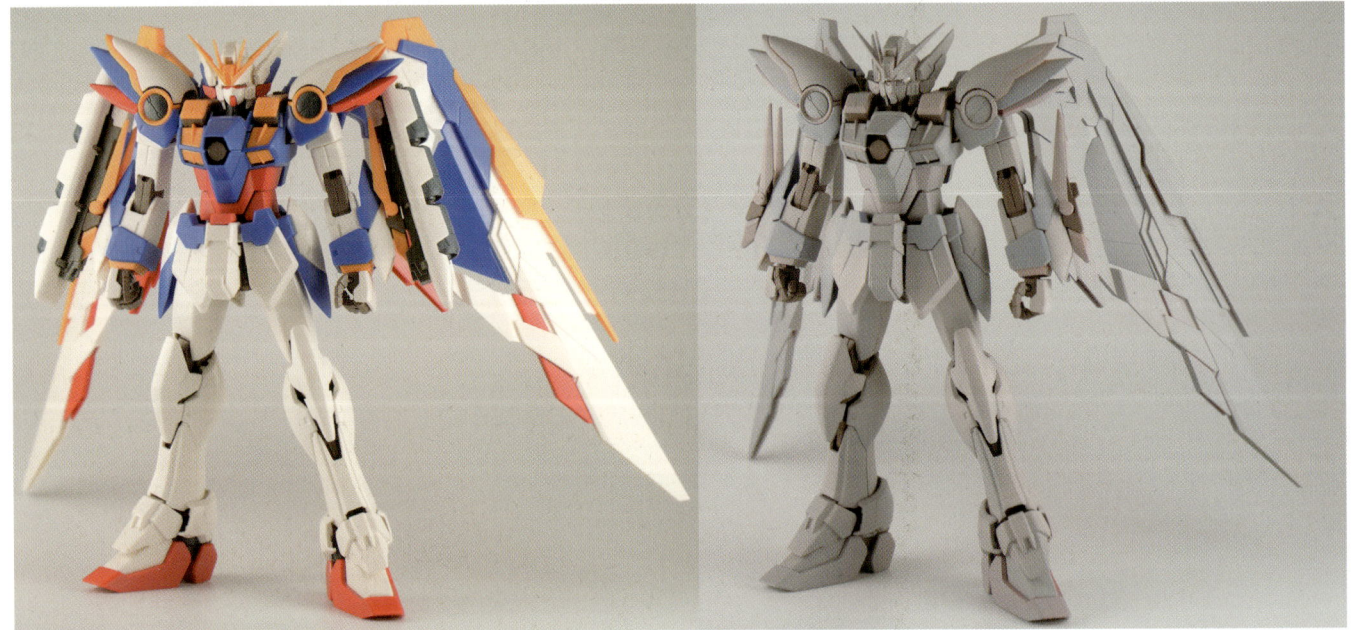

▲각 부분의 접합선 처리와 게이트 처리, 면 정리를 했습니다. 그 뒤에 서페이서를 뿌려서 홈집 체크&자잘한 홈집 메우기를 실행. 성형색에 가까운 색감으로 칠할 예정이니까, 회색을 칠해두면 도료가 발색했는지 알아보기 쉽습니다.

## 메인 컬러 「흰색」을 칠하자

### 분리 가능한 곳은 분리합니다

◀노란색으로 칠할 부품은 분리할 수 있으니까, 분리해서 따로 칠합니다.

### 서페이서 에보 화이트를 사용

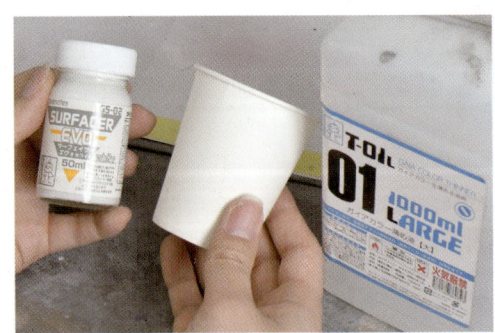

◀메인 컬러 흰색의 밑색을 보다 깔끔한 흰색으로 하고 싶어서 「서페이서 에보 화이트」를 칠합니다. 차폐력이 뛰어나고 발색이 잘 됩니다.

### 농도는 도료 1:희석액 2

◀서페이서 에보 화이트는 조금 묽게 희석합니다. 밑색부터 도막이 너무 두꺼워지지 않도록 하기 위해서입니다. 희석비 1:2라면 두 번 정도 칠했을 때 밑색으로 문제없는 효과를 발휘해줍니다.

### 우묵한 곳부터 칠합니다!

◀날개의 디테일이 겹치는 부분이나 음영이 생기는 부분을 중점적으로 칠합니다. '에어 압력'은 0.1MPa. 도료가 입혀지기 힘들 것 같은 부분을 먼저 칠하면 색을 고르게 칠해줄 수 있습니다.

### 두 번, 또는 세 번에 발색시킵시다!

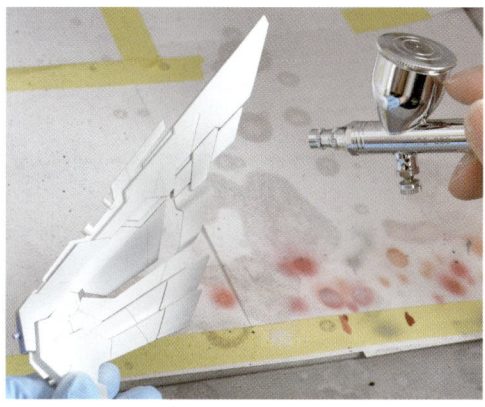

◀에어브러시 도색은 2~3회 겹쳐 뿌려서 색이 발색되도록 하세요.

### 캐릭터 플레시를 써보겠습니다

◀밑색을 칠했으면 흰색 본도색에 들어갑니다. 여기서는 캐릭터 플레시를 활용해보겠습니다.

### 설명서의 일러스트를 참고해서!

◀설명서에 있는 윙건담 Ver.Ka 일러스트. 이 일러스트의 아이보리 같은 흰색이 목표입니다. 쿨 화이트에 캐릭터 플레시를 몇 방울 넣어주면 좋습니다.

### 캐릭터 플레시+쿨 화이트

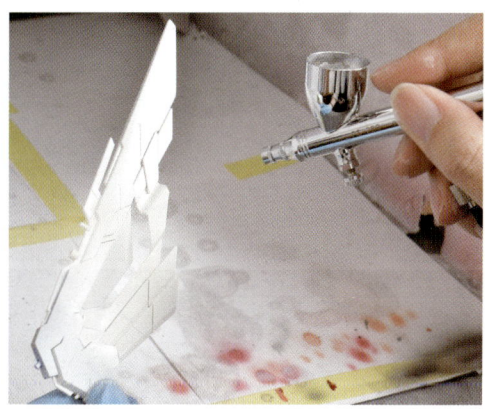

◀일러스트의 아이보리와 비슷해졌습니다. 이 색으로 본체 흰색을 기본 도색합니다!

## 마스킹 개시!! 부품을 구분해서 칠하자!!

◀후리츠쿠가 마스킹에 자주 사용하는 도구. 파란 마스킹 테이프가 들어간 홀더는 테이프를 원하는 만큼 꺼내고 원터치로 자를 수 있습니다. 그 밖에 마스킹 검, 마스킹 졸 등도 사용합니다. 곡선 마스킹 테이프도 일단은 준비.

### 마스퍼는 아주 편리

◀갓핸드에서 판매하는 마스킹 테이프 절단용 니퍼. 부품에 붙인 뒤에 삐져나온 여분의 마스킹 테이프를 깔끔하게 커팅. 각진 상태에서 자를 수 있어서 보다 정밀한 작업이 가능합니다.

### 이쑤시개로 테이프를 밀착

◀마스킹 테이프를 이쑤시개로 눌러서 밀착시킵니다.

### 붙인 뒤에 자르는 방법

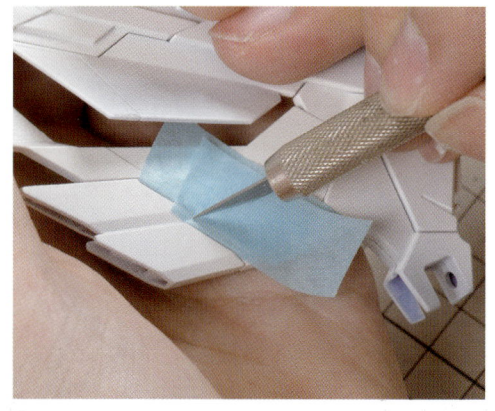

◀몰드를 살려서 붙인 뒤에 자르는 방법. 이것은 건프라 마스킹에서 자주 사용하는 방법입니다. 부품에 흠집이 나지 않도록 조심해서 잘라주세요.

## 테이프를 작게 잘라서 붙이는 방법

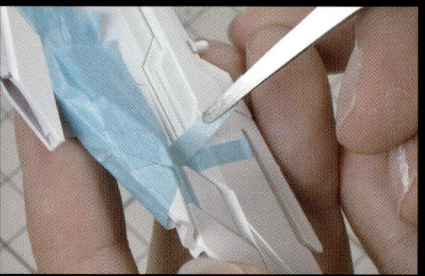

▲가장 무난하고 확실하게 마스킹하는 방법이, 작게 자른 테이프를 겹쳐 붙이는 방법. 지루한 작업이지만 부품에 흠집을 내지 않고 보다 확실한 마스킹이 가능합니다.

## 마스킹 검을 사용하는 방법

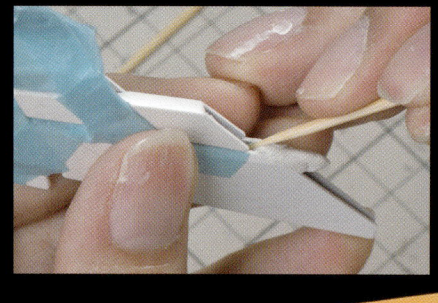

◀부품에 점착감이 남지 않는, 떡지우개 같은 마스킹 검이라는 것이 있습니다. 우묵한 부분 등의 마스킹에는 이것을 채워 넣기만 하면 돼서 편리합니다. 벗길 때는 사용하지 않은 마스킹 검을 붙여서 당겨주면 깔끔하게 벗겨집니다.

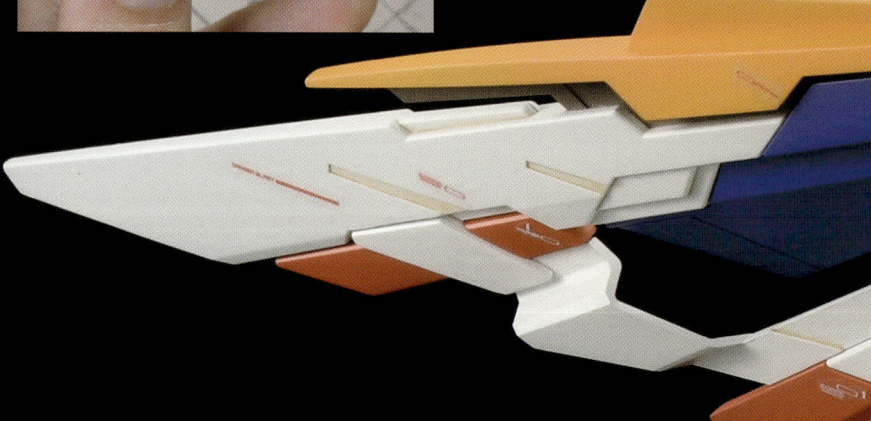

## 마스킹 졸 사용 방법

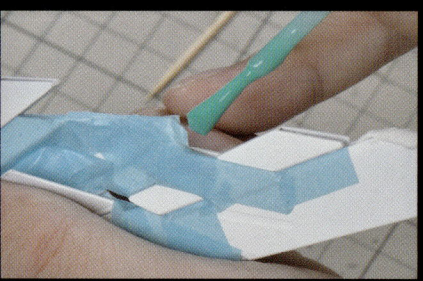

▲액상 마스킹 도구. 테이프와 테이프 틈새 등을 채워서 마스킹의 정확도를 높일 수 있습니다. 하나쯤 있으면 아주 편리합니다.

## 칠하면 마를 때까지 건드리지 마세요

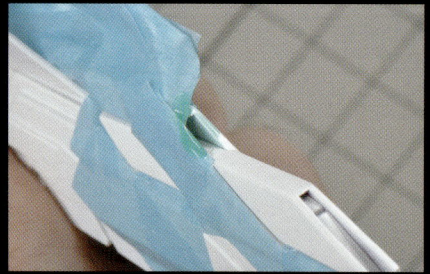

▲마스킹 졸은 건조에 20~30분 정도 걸립니다. 사진처럼 조금 바르고 가만히 놔두세요.

## 자잘한 곳은 이쑤시개로 칠합니다

▲마스킹 졸을 보다 핀포인트로 칠하고 싶을 때는 이쑤시개를 사용해서 콕콕 찍어주세요.

## 가끔은 대담하게!

▲넓은 면적에 색 구분이 필요 없는 부분은, 점착력이 없어진 테이프나 크게 자른 복사용지를 붙여서 마스킹해도 OK.

## 빨간색 칠하기

▲마스킹 안 된 부분이 없는지 확인했으면 빨간색을 칠합니다. 구분 도색 할 때 마스킹 테이프는 시간이 지나면 들뜨거나 말리니까, 마스킹을 했으면 빨리 칠해주세요.

## 빨간색 구분 도색 완료!

◀마스킹 테이프를 벗기는 타이밍은 완전히 마르기 전. 완전히 마른 뒤에 벗기면 테이프 경계면 흔적이 지저분해지는 경우가 많습니다. 그리고 이건 꼼수인데, 완전히 마르기 전에 에나멜 용제를 적신 면봉으로 가장자리를 닦아주면 깔끔하게 수정할 수 있습니다. P.92에 등장하는 보크스 피니셔도 사용하는 테크닉입니다.

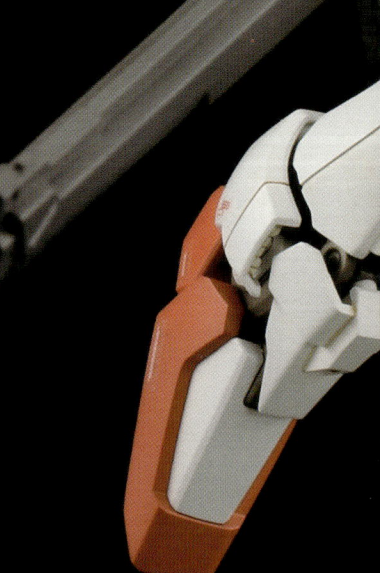

## 파란색을 칠하기 위한 마스킹

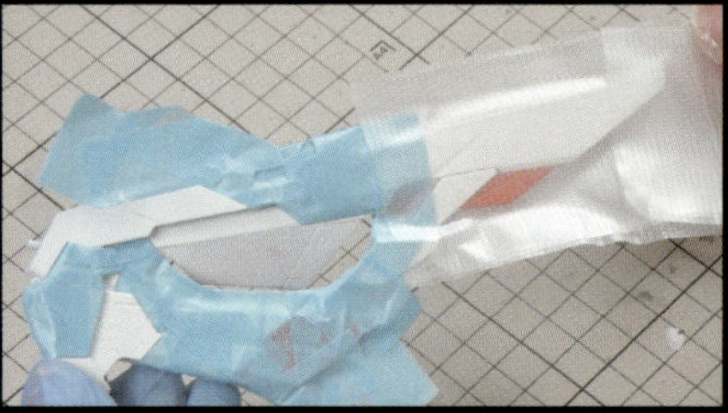

▲같은 공정을 반복해서 파란색을 칠하기 위한 마스킹을 합니다.

**BANDAI SPIRITS 1/100 스케일 플라스틱 키트**
**'마스터 그레이드'**

# 윙 건담 Ver.Ka
### 제작·글 / 후리츠쿠

◀날개 색을 깔끔하게 구분해서 칠해주면 버드 모드에서도 아름답게 보입니다. 먹선도 브라운이나 보라색 등을 사용해서 Ver.Ka다운 느낌을 줬습니다.

## 여러 번에 나눠서 확실히 발색합니다

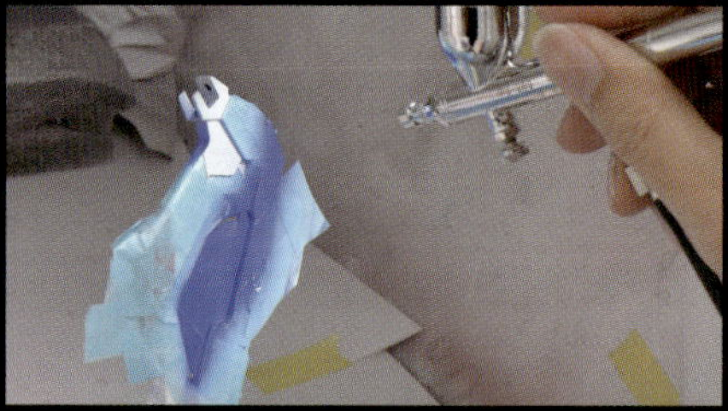

▶마스킹 구분 도색도 한 번에 발색하는 게 아니라 2~3회에 나눠서 발색하도록 칠하세요.

## 핀셋으로 조심해서 테이프를 벗깁니다

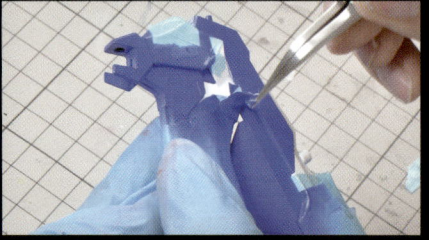

▲완전히 마르기 직전에 테이프를 벗깁니다. 핀셋으로 조심해서 벗겨주세요.

## 마스킹 구분 도색 완료!

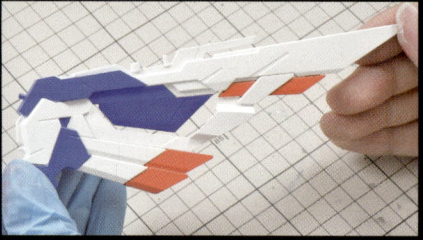

▲성공! 마스킹으로 각 색을 구분해서 칠했습니다. 후조립 가공 등의 방법도 있지만, 공작에 따라서는 내구성이 떨어지니까 이렇게 하나하나 마스킹하는 것도 좋은 방법입니다.

## 아름다운 노란색이 나오는 밑색!

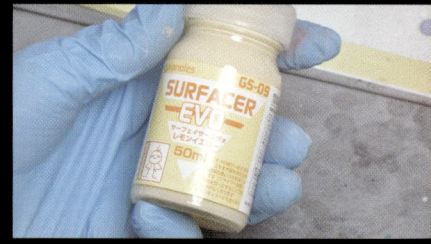

▲가이아노츠의 서페이서 에보에는 「레몬 옐로」라는 색이 있습니다. 이것을 밑색으로 사용하면 발색하기 힘든 노란색 도색도 무서울 게 없습니다.

## 도료 1:희석액 2 농도로 얇게 칠합니다

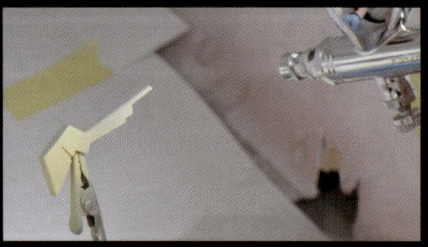

▲전체에 도료를 얇게 입혀주는 느낌으로 칠합니다. 그래도 밑색 효과는 충분히 발휘합니다.

## 확실히 발색!

▲레몬 옐로 덕분에 등황색이 깔끔하게 발색합니다. 이것도 2~3번에 나눠서 겹쳐 칠해주세요.

## 날개 구분 도색 완료

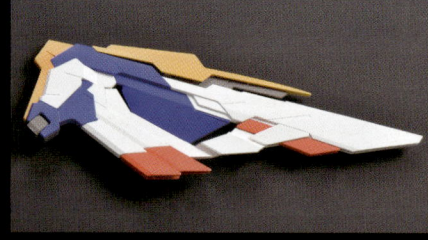

▲마스킹을 이용한 구분 도색이 끝났습니다. 각 부분 도색도 2~3번에 나눠서 꼼꼼하게 칠해서, 아주 깔끔하게 완성됐습니다!!

◀각종 무장도 꼼꼼하게 구분 도색. 마킹은 키트의 테트론 씰과 드라이 데칼을 꼼꼼하게 붙였습니다.

### \ 마무리 /

MG 윙 건담 Ver.Ka의 날개 구분 도색을 통해서 에어브러시 도색 마스킹의 다양한 방법을 소개했습니다. 사실 마스킹 구분 도색은 자잘한 부분을 여러 번에 나눠서 발색시키는 공정을 몇 번이고 하게 됩니다. 그러다 보면 키트 하나를 끝낼 즈음이면 나도 모르는 사이에 에어브러시 컨트롤까지 익히게 되고, 도색 실력이 단숨에 좋아집니다. 따분한 작업이지만 여러분의 도색 실력을 확실하게 향상시켜 주니까, 즐겁게 해보세요!

# 그러데이션 도색의 기본 「명암 도색」을 마스터해보자!!

## 명암 도색을 익혀두면 다양한 그러데이션 도색이 가능해집니다

이번에는 강약이 크게 두드러지고 중량감이 느껴지는 표현인 '명암 도색'에 도전해보겠습니다. 이 도색 방법은 캐릭터 모델부터 스케일 모델까지 폭넓게 활용하는 그러데이션 도색의 기본입니다. 기본만 파악하면 어려울 것도 없으니까, 부담 없이 중후하고 멋진 작품을 만들 수 있습니다. 꼭 익혀두셨으면 싶은 도색 표현입니다.

도색·글 / 켄타로

BANDAI SPIRITS non scale plastic kit "Master Grade SD"
ASW-G-08 GUNDAM BARBATOS
modeled & described by KENTARO

**POINT**
1/ 명암 도색의 순서를 배워보자
2/ 명암 도색의 순서를 다른 색으로도 활용해보자

## 명암 도색이란?

명암 도색은 말 그대로 검은 색 음영을 칠하고 그 위에 메인 컬러를 입혀서 명암이 두드러지게 하는 도색입니다. 검정이나 검정에 가까운 회색을 밑색으로 칠하는 경우가 많습니다. 이런 색을 밑색으로 삼으면 위에 칠하는 색이 어둡고 묵직한 색감이 되면서 중후한 느낌이 납니다. 밑색을 남기는 양을 조절해서 음영의 강약에 변화가 생겨납니다. 스케일 모델에서는 전차 도색에 많이 활용하고, 그 도색 방법이 건프라에도 피드백되면서 보다 주목받게 되었습니다. 처음 도전해도 멋지게 칠할 수 있기에, 그러데이션 도색의 기본이 되었습니다.

\ 가르쳐주는 사람 /

**켄타로**

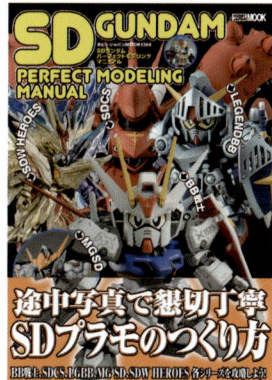

▲이 책에서 크게 활약하는 How to 필자 켄타로가, 그러데이션 도색의 기본 표현인 '명암 도색'의 포인트를 소개합니다.

▶발매 중인 'SD 건담 퍼펙트 모델링 매뉴얼'에는 이 발바토스의 공작부터 세세한 도색의 포인트, 웨더링까지 게재되어 있습니다! SD 건담 키트 제작에 참고가 될 테니까, 꼭 같이 읽어보세요.

**SD 건담 키트 만드는 방법이 듬뿍! 「SD 건담 퍼펙트 모델링 매뉴얼」**

**SD 건담 퍼펙트 모델링 매뉴얼**
- 발매원／하비재팬　2,970엔　● B5, 112페이지

## 검은 밑색으로 흰색 메인 컬러에 음영을 주자!

바로 음영 도색에 도전해보세요. 발바토스의 메인 컬러인 흰색 부품을 예로 들어보겠습니다.

\ 한 번에 도색하기 위한 요령 /

▲MGSD 건담 발바토스의 외장은 자잘하게 분할되어 있습니다. 밑색인 검정을 스피디하게 뿌리기 위해서 상자 위에 덕트 테이프의 점착면이 위로 오게 붙여주고, 그 위에 부품을 붙여서 고정합니다.

\ 사용할 도료 /

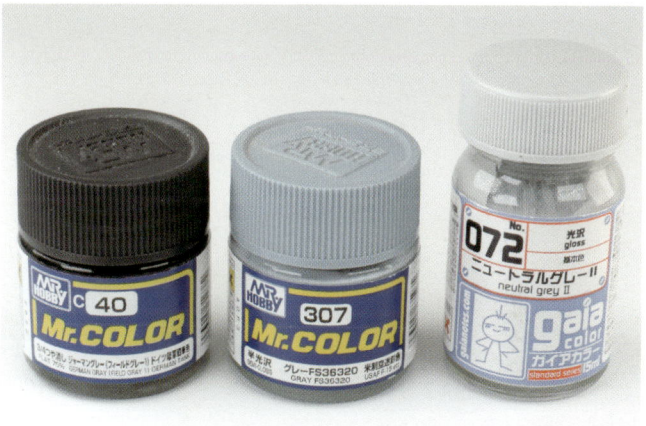

▲밑색은 검정에 가까운 회색의 대표 '저먼 그레이'. 저먼 그레이를 칠한 뒤에 '그레이 FS36320', '뉴트럴 그레이Ⅱ' 순서로 칠합니다.

\ 먼저 전체를 묽게 칠하자 /

▲저먼 그레이를 칠해줍니다. 부품 하나하나 칠하는 게 아니라 붙여놓은 부품 전체에 뿌려주는 느낌으로 칠합니다. 두껍게 칠해지지 않게 주의하세요.

\ 세세한 곳을 노리고 칠하자 /

▲전체에 저먼 그레이를 뿌렸으면 부품이 겹쳐서 도료가 입혀지지 않은 부분이나 우묵한 부분을 노리고 뿌려주세요. 그리고 부품을 뒤집어서 칠하는 것도 잊지 말고. 각 부품의 도막이 균일하도록 칠해줍니다.

### \ 그레이 FS36320 도색 /

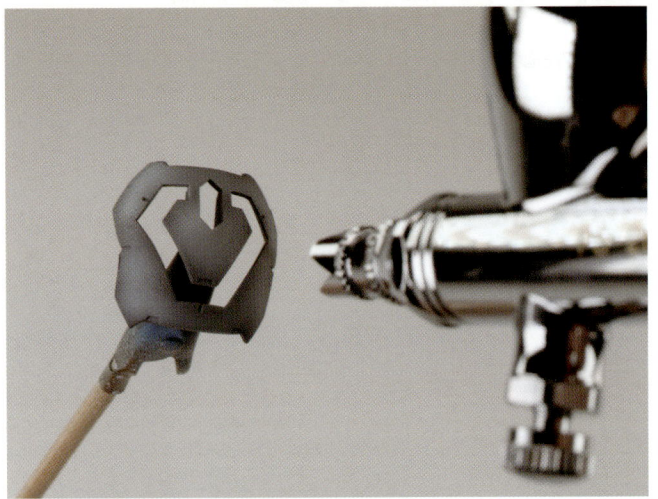

▲저먼 그레이 위에 바로 하얀색에 가까운 '뉴트럴 그레이II'를 뿌리면 완급이 너무 심해집니다. 그 중계 역할로 '그레이 FS36320'을 칠해줍니다. 부품의 엣지 부분과 우묵한 곳에 저먼 그레이가 남도록 칠하는 것이 포인트입니다. 에어브러시를 가늘게 조절하고 부품과 가깝게 대고 뿌려줍니다.

### \ 부품 뒤쪽도 칠해주세요! /

▲부품 뒷면에도 '그레이 FS36320'을 칠해주세요. 장갑 안쪽에 어두운 그레이가 슬쩍 보이면서 깊이감이 생기고, 입체감이 보다 강조됩니다. 겉면처럼 신중할 필요는 없고, 어느 정도 러프하게 칠해도 문제없습니다.

### \ 그러데이션의 톤을 체크! /

▲각 부품을 칠했으면 잘 말립니다. 이때 전체의 그러데이션 톤이 맞는지, 안 칠한 곳은 없는지 잘 체크합니다.

### \ 뉴트럴 그레이II를 도색 /

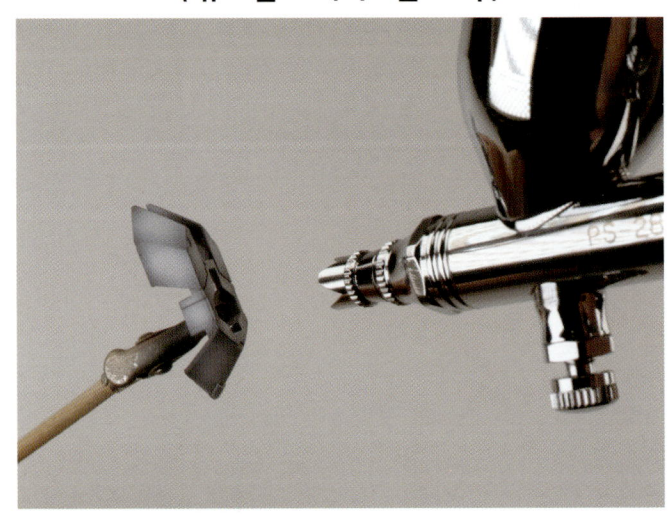

▲가이아노츠의 뉴트럴 그레이II는 거의 흰색에 가까운 회색. 건담의 흰색에도 어울리는 색입니다. 이 도료를 희석액과 1:1로 희석하고, 각 부품의 중앙 부근에 뿌려줍니다. 밑색으로 사용한 저먼 그레이, 그레이 FS36320을 완전히 덮어버리지 않도록 주의하세요.

### \ 명암 도색 완료! /

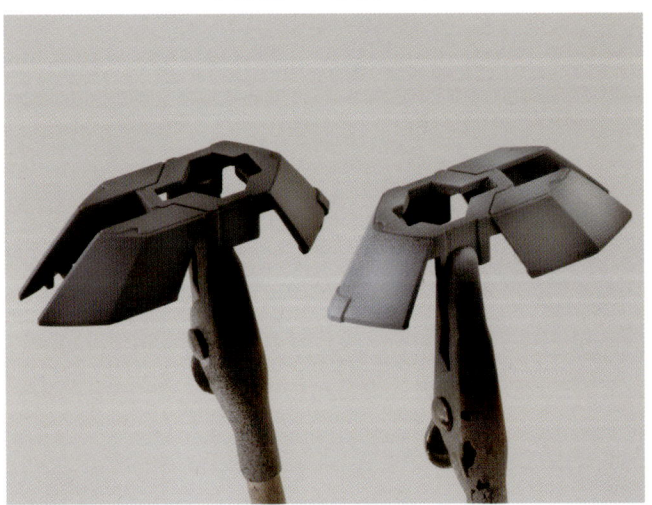

▲마지막에 칠한 뉴트럴 그레이II는 이렇게 각 면의 중앙에만 칠했고, 덕분에 음영이 뚜렷해졌습니다. 명암 도색의 포인트는 색이 변할 때마다 칠하는 면적을 줄여가는 것. 이것에 의해 강약이 두드러지는 그러데이션이 발생합니다.

### \ 조립하고 체크해보자! /

◀각 부품을 조립하고 자신이 생각한 대로 됐는지 확인합니다. 에어브러시를 가늘게 뿌리도록 조절하면 조립한 상태에서도 핀포인트로 에어브러시 도색에 익숙해지면서 전체 톤을 조절하는 것도 가능합니다. 지면도 꼭 도전해보세요.

# 명암 도색을 익히면 그러데이션의 발상 폭이 넓어집니다!

어두운 바탕색부터 칠해가는 '명암 도색'. 이 방법을 익혀두면 금세 다른 색으로도 그러데이션 도색이 가능합니다. 사용할 메인 컬러보다 한 단계 어두운색을 밑색으로 칠하기만 하면 됩니다. 그 예를 소개하겠습니다.

### \ 파랑 그러데이션 /

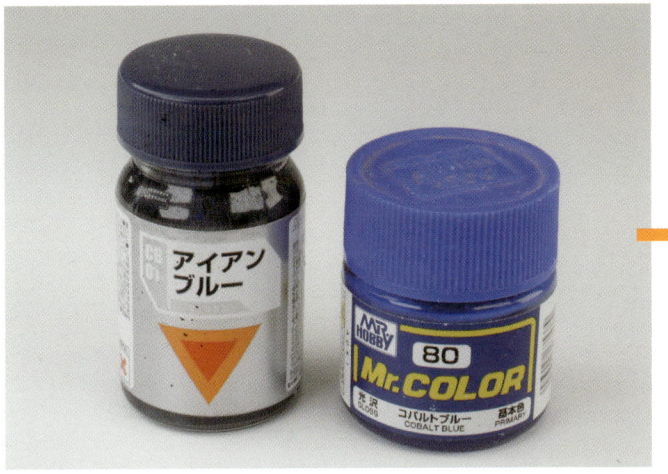

▲파랑색은 가이아노츠 더그럼 컬러에 있는 '아이언 블루'를 밑색으로, Mr.컬러 코발트 블루를 칠합니다.

### \ 어두운 파랑에서 밝은 파랑으로 /

▲아이언 블루를 전체에 칠한 뒤에, 엣지 부분에 아이언 블루가 남도록 코발트 블루를 뿌립니다. 칠하는 방법은 똑같습니다.

### \ 빨강은 RED MADDER를 베이스로! /

▲명암 도색으로 묵직한 느낌을 주고 싶으니까, 빨강도 깊이가 있는 RED MADDER를 선택. 밑색은 이 색을 균일하게 칠합니다.

### \ 흰색을 살짝 섞어서 명도를 높이자 /

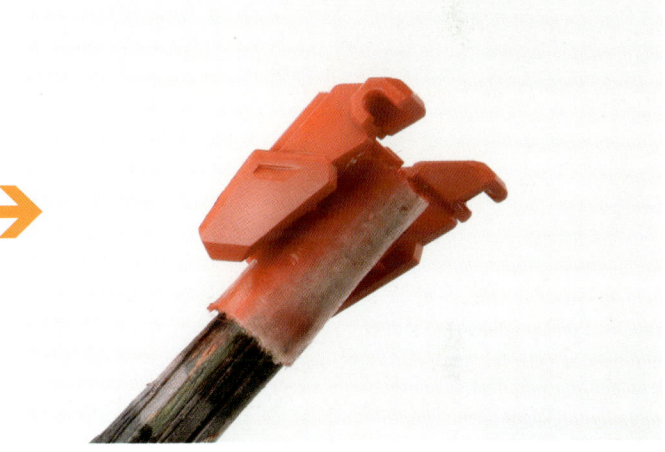

▲빨강은 다른 색을 칠하는 게 아니라 RED MADDER에 무광 화이트를 조금 섞은 색을 중앙에 칠했습니다. 흰색을 너무 많이 넣으면 핑크색이 돼버리니까, 빨강 1에 흰색 0.2 정도 비율이면 좋습니다.

### \ 노랑은 발색이 좋아지는 일거양득 /

▲노랑은 단색으로 발색시키려고 하면 상당히 힘들지만, 그러데이션 도색에서 노랑 계열 색을 겹치면 발색도 보기도 좋아집니다. 노랑 밑색으로 좋은 색이 오렌지 계열 색. 그것을 밑색으로 칠하고 메인 컬러로 삼고 싶은 노랑색을 칠하면 좋습니다.

### \ 밑색을 활용해서 확실하게 발색 /

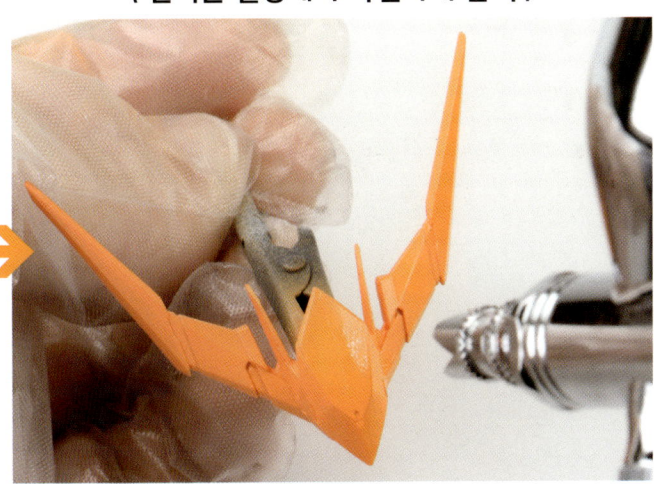

▲밑색으로 칠한 코랄 오렌지가 엣지에 남도록, 그 위에 비비드 오렌지(상당히 노랑에 가까운 오렌지)를 칠합니다.

# 발바토스다운 중후한 느낌으로 완성!
## 명암 도색으로 그러데이션 도색을 마스터해보자!!

▼완성된 상태. 이 중후한 느낌. 그러데이션의 강약. 원래 정보량이 많은 MGSD에 색 정보량이 더해지면서 상당히 박력 넘치는 모습으로 완성됐습니다!

FRONT

SIDE

REAR

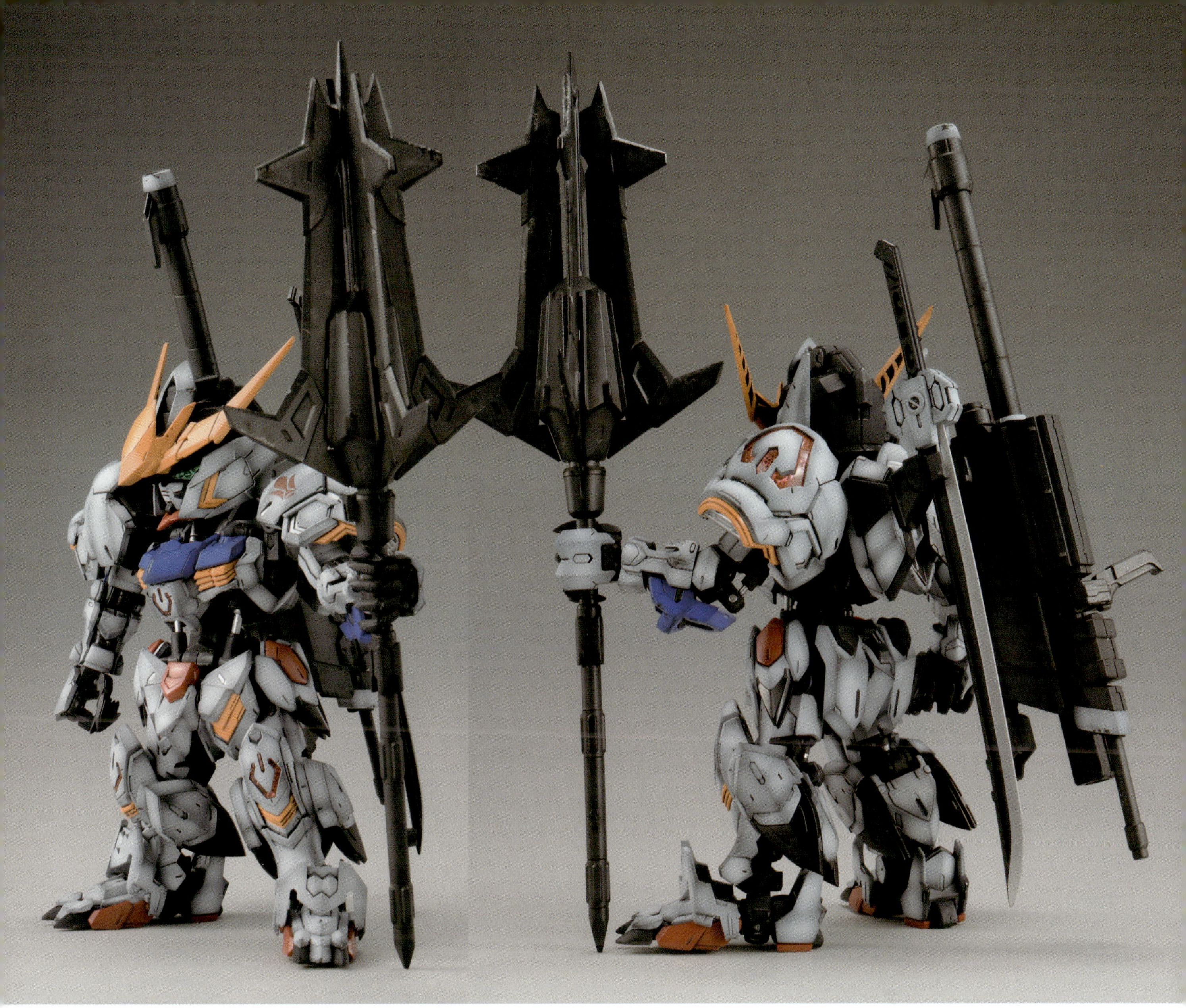

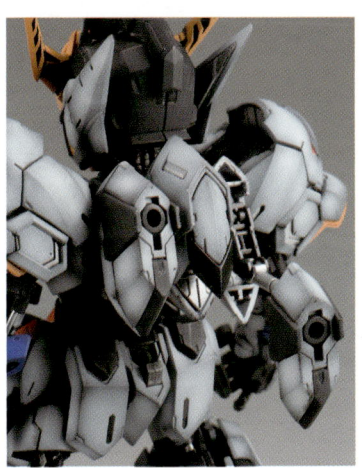

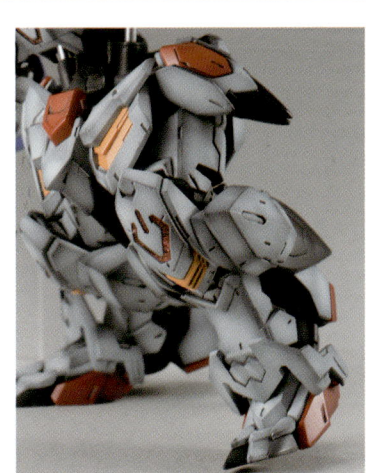

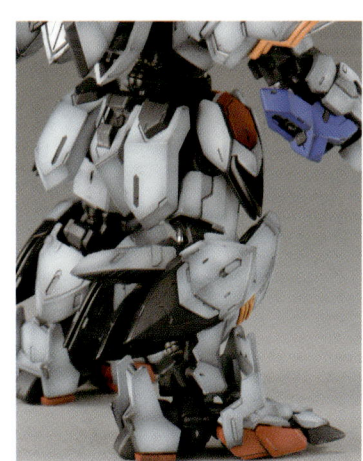

◀등은 전개해서 서브 암으로 기능하는 기믹이 있습니다. 이런 부분에 메탈릭 컬러 등을 칠해주면 악센트가 돼서 좋습니다.

◀MGSD는 가동에 따라 아머가 연동합니다. 도색한 뒤에도 움직이고 싶은 분은, 탑코트를 확실하게 뿌려서 도막을 보호해주세요.

◀이번에는 전부 칠한 뒤에 각 부분에 드라이 브러시로 웨더링도 했습니다. 명암 도색처럼 완급을 주는 도색 방법은 웨더링과도 상성이 좋습니다.

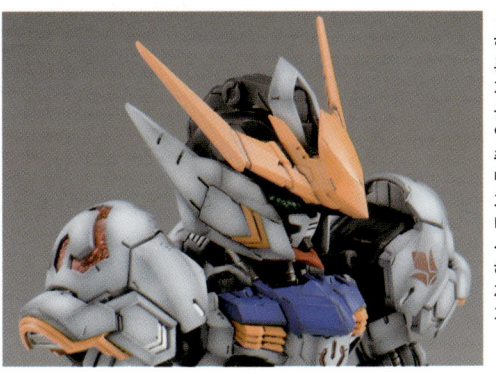

◀명암 도색으로 칠한 흰색에 어울리도록 채도가 낮은 오렌지에 가까운 노랑색을 선택했습니다. 메인 컬러의 색감에 맞춰서 각 색을 선택하면 최종 상태에 변화가 생겨서 재미있습니다. 에어브러시는 색을 자유롭게 선택해서 뿌릴 수 있으니까, 색 선색도 꼭 즐겨보세요.

BANDAi SPIRITS 논 스케일 플라스틱 키트 'MGSD'

# ASW-G-08 건담 발바토스

제작·글 / **켄타로**

## \ 마무리 /

작금의 건프라 도색은 깔끔하게 칠하는 쪽이 주류지만, 이런 그러데이션 도색을 마스터하면 캐릭터성을 보다 강조할 수 있고, 웨더링 처리 했을 때에 더욱 깊은 느낌을 주는 등 표현의 폭이 넓어집니다. 그리고 그러데이션의 안배를 조절할 때는, 에어브러시 도색 특유의 작업하는 느낌도 줄어들고 부품과 함께 어울리는 느낌으로 도색을 즐길 수 있습니다. 그러데이션이 잘 표현됐을 때는 정말 기분이 좋습니다! 꼭, 명암 도색으로 그러데이션 도색에 도전해보시고, 여러분의 모형에 새로운 도색 표현을 더해보세요.

\ 밑색 도색 단계에서 명암을 표현! /
# 블랙&화이트 도색에 챌린지!!
## 아주 간단히 명암 차이를 표현할 수 있습니다

여기서부터는 미니어처 도색과 전차 모형 등에서 많이 사용하는 기법인 '블랙&화이트'를 소개하겠습니다. 이 도색 방법은 밑색 도색 단계에서 미리 검정과 흰색을 구분하는 것입니다. 우묵한 부분과 음영이 지는 부분을 '검정', 부품 윗면과 디테일이 튀어나온 곳에는 '흰색' 바탕을 칠합니다. 검정과 흰색으로 구분한 밑색 위에 도료를 칠하는데, 단색으로 칠했는데도 각 면에서 색 변화가 나타나면서 간단히 그러데이션 도색이 완성됩니다. 아주 즐거운 도색 방법이니까 꼭 도전해보세요. HGUC 걸작 키트 '즈곡크'를 베이스로 설명하겠습니다.

BANDAI SPIRITS 1/144 스케일 플라스틱 키트 '하이 그레이드 유니버설 센츄리'
### MSN-07 즈곡크
제작·글 / 후미테시

\ 흰색과 검정으로 구분하는 이유는? /

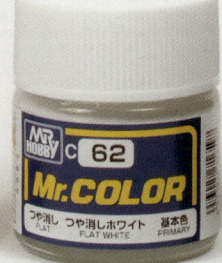

BANDAI SPIRITS 1/144 scale plastic kit "High Grade Universal Century" MSN-07 Z'GOK
modeled & described by FUMITESHI

\ 몇 개든 만들고 싶어지는 명작! 「HGUC 즈곡크」/

▲조립만 했는데 이 완성도! 시리즈 초기 아이템이지만 지금도 걸작 키트로 군림하고 있습니다. 가격도 저렴하고 정말 만들기 쉬운 즈곡크는, 도색을 즐기는 데도 아주 적합한 건프라입니다.

\ 밑색에 사용할 두 색 /

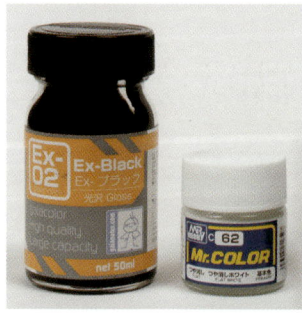

◀검정은 가이아노츠의 「Ex-블랙」. 흰색은 Mr. 컬러 「무광 화이트」를 사용합니다. 검정→흰색 순서로 칠합니다.

\ 즈곡크 색에 딱! /

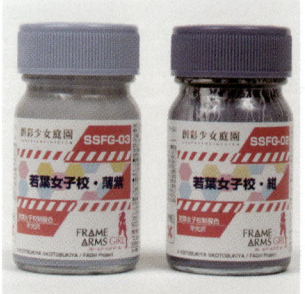

◀옅은 라벤더 같은 색과 보라색은 가이아노츠에서 발매하는 「와카바 여학교 연보라」와 「와카바 여학교 남색」이 딱! 명도가 높아서 검정색 위에서도 색이 잘 죽지 않습니다.

## 유광 Ex-블랙으로 검정 바탕을 칠하자!

▶먼저 검정 밑색을 칠합니다. 가이아노츠의 Ex-블랙은 차폐력이 좋아서, 플라스틱의 색을 바로 검정색으로 바꿔줄 수 있습니다. 그리고 칠하기만 해도 예쁜 광택이 납니다. 유광 검정을 칠한 것은 제 취미. 검정을 유광, 흰색을 무광으로 해주면 밑색 단계에서 광택 차이도 표현할 수 있습니다. 이 덕분에 위에 칠하는 색에도 색감은 물론이고 광택 변화까지 동시에 줄 수 있습니다. 랜덤한 광택감은 프라모델의 악센트가 돼서 재미있습니다.

## 우묵한 부분도 칠하자!

▶팔과 다리, 관절 등을 벌려서 검정을 꼼꼼하게 칠합니다. 칠하기 힘든 부분은 부품을 일부 분리해서 칠합니다. 팍팍 움직이면서 가지고 놀고 싶은 분은 부품 안쪽 등에도 검정을 뿌려주면 좋습니다. 저는 기본적인 포즈로 세워놓기 때문에, 서 있을 때 보이는 범위만 검정을 칠했습니다.

## 잘 말리세요!

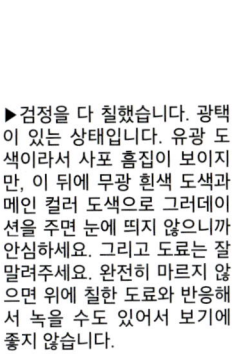

▶검정을 다 칠했습니다. 광택이 있는 상태입니다. 유광 도색이라서 사포 흠집이 보이지만, 이 뒤에 무광 흰색 도색과 메인 컬러 도색으로 그러데이션을 주면 눈에 띄지 않으니까 안심하세요. 그리고 도료는 잘 말려주세요. 완전히 마르지 않으면 위에 칠한 도료와 반응해서 녹을 수도 있어서 보기에 좋지 않습니다.

### POINT

1 / 부품을 전부 분해하지 않고 덩어리 상태로 밑색을 칠하자.

2 / 흰색을 칠할 때는 검정을 약간 남기는 느낌으로. 다 칠해버리지 않게 주의.

3 / 덧칠하는 도료는 약간 묽게 희석해서 밑색이 비치도록 해주자.

## 흰색은 위에서 뿌리는 이미지로

▶다음으로 흰색을 칠합니다. 흰색은 빛이 잘 비치는 부분, 각 부품의 위쪽이나 디테일이 튀어나온 곳에 뿌려줍니다. 에어브러시로 모형 위에서 뿌리는 느낌으로 칠해주면, 부품 위쪽에 흰색이 랜덤하게 입혀지면서 작위적이지 않은 음영이 생겨납니다. 위쪽에서 뿌려서 흰색이 칠해지지 않는 발 등은, 밝게 해주고 싶은 부분을 노려서 흰색을 칠해주세요.

## 블랙&화이트 밑색이 완성!

◀정수리부터 얼굴까지는 밝을 것 같아서 흰색 면적을 많이 줬습니다. 위쪽과 엣지 부분에 흰색을 칠해줬습니다. 반대로 우묵한 부분에는 전혀 칠하지 않고 검정을 남겨뒀습니다. 좀 과한가~ 싶은 정도가 캐릭터 모델에 확실한 완급을 줘서 멋져 보이게 해준다고 생각합니다.

## 기본 도색도 덩어리로 칠하자

▲부품을 완전히 분리하는 게 아니라, 색마다 덩어리로 덧칠해주면 좋습니다. 이러면 음영을 콘트롤하기 쉽고, 색의 통일감을 줄 수 있습니다.

## 색을 덮어버리지 않게 주의!

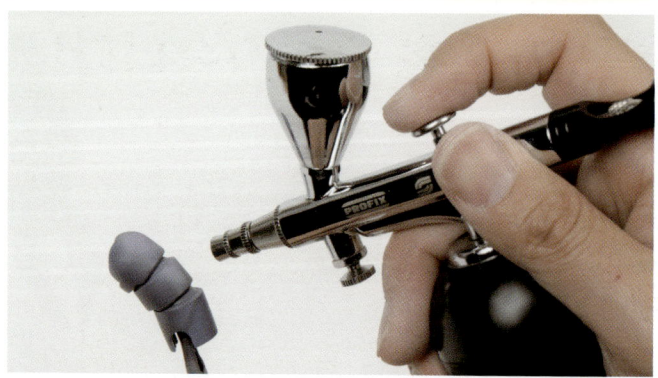

▲밑색 위에 칠할 때는 전부 덮어버리지 않게 주의하세요. 이미 밑칠로 음영을 줬으니까, 묽은 도료로 균일하게 칠해주기만 해도 그러데이션이 생겨납니다. 묽은 도료로 전체를 감싸주는 느낌으로, 세 번 정도 칠해주면 좋습니다.

## 자주 체크합시다

▶ 머리처럼 눈에 띄는 고슴은 완성도가 결정되는 포인트. 이런 부분은 한 번 칠한 뒤에 전체의 그러데이션 느낌을 확인하는 공정을 거친 뒤에 추가로 칠해주세요.

## 단색이라고 믿을 수 없는 표정이 나옵니다!

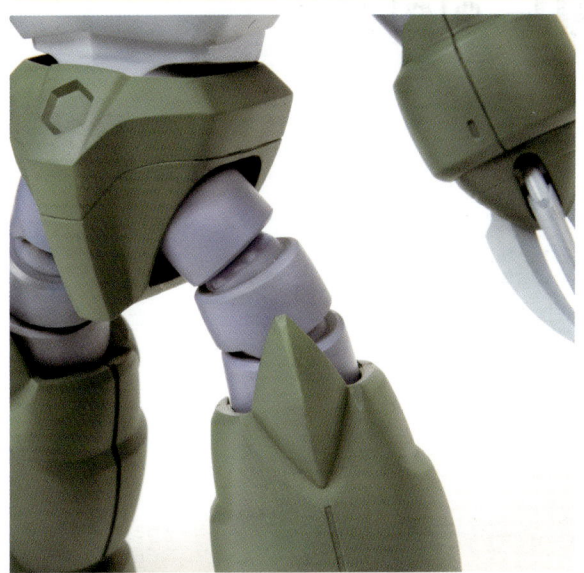

▶ 검정과 흰색의 밑색 효과로, 한 가지 색을 칠했을 뿐인데 이런 그러데이션 효과가 생겨납니다. 밝은색과 어두운색을 추가로 칠하지는 않았습니다.

## 먹선은 전체의 그러데이션을 정리합니다!

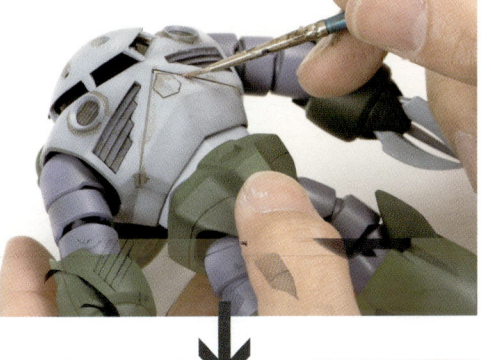

▶ 디테일을 두드러지게 해주는 효과가 있는 '먹선'. 먹선은 그러데이션을 정리해주는 효과도 있습니다. 먼저 디테일 부분에 'Mr.웨더링 컬러 셰이드 브라운'을 흘려 넣어줍니다.

▶ 여분의 도료를 Mr.웨더링 컬러 전용 희석액을 조금 머금은 면봉으로 닦아줍니다. 닦아낼 때 희미하게 남은 도료가 그러데이션의 색과 색을 이어주면서 음영의 완급을 좋은 느낌으로 정리해줍니다.

## 블랙&화이트 도색으로 「HGUC 즈곡크」 완성!!

## 분위기가 확 좋아졌습니다!

▶ 먹선을 넣기 전보다 분위기가 훨씬 좋아지고, 적당히 좋은 음영이 되었습니다. 블랙&화이트 도색은 먹선은 물론이고 본격적인 웨더링과도 상성이 좋습니다.

\ 마무리 /

밑색 도색으로 사전에 검정과 흰색 음영을 준 뒤에 기본 도색을 해주는 '블랙&화이트'. 위에 칠하는 도료가 한 가지 색이라도 상당히 풍부한 도면으로 완성됩니다. 적은 수고로 멋진 그러데이션 도색을 즐길 수 있는 방법이니까 꼭 도전해보세요. 전차 모형에서도 많이 사용하는 방법이고, 웨더링 도색과도 상성이 뛰어납니다. 웨더링 처리 할 때의 도색 방법으로서 익혀두면 절대로 손해는 보지 않을 겁니다.

\ 에어브러시이기에 마음껏 즐길 수 있는 /
# 「컬러 모듈레이션」 도색
## 입체감이 크게 두드러진다!

마치 CG 일러스트처럼 명암이 뚜렷하고 입체감이 강조되는 도색으로 인기 있는 도색 방법이 '컬러 모듈레이션'입니다. 해외 전차 모델러가 시작한 도색 방법으로, 지금까지의 명암 도색등과 다른 '면마다 명암을 구분하는' 것이 포인트. 입체감이 더욱 강조되고 눈에 확 들어오는 존재감 넘치는 작품으로 완성됩니다. 이 MG 제타 건담 Ver.Ka도 컬러 모듈레이션을 의식해서 칠했습니다. 컬러 모듈레이션이란 어떤 것일까? 왕도인 전차 모형의 방법을 보고, 그 뒤에 건프라에 피드백해보겠습니다.

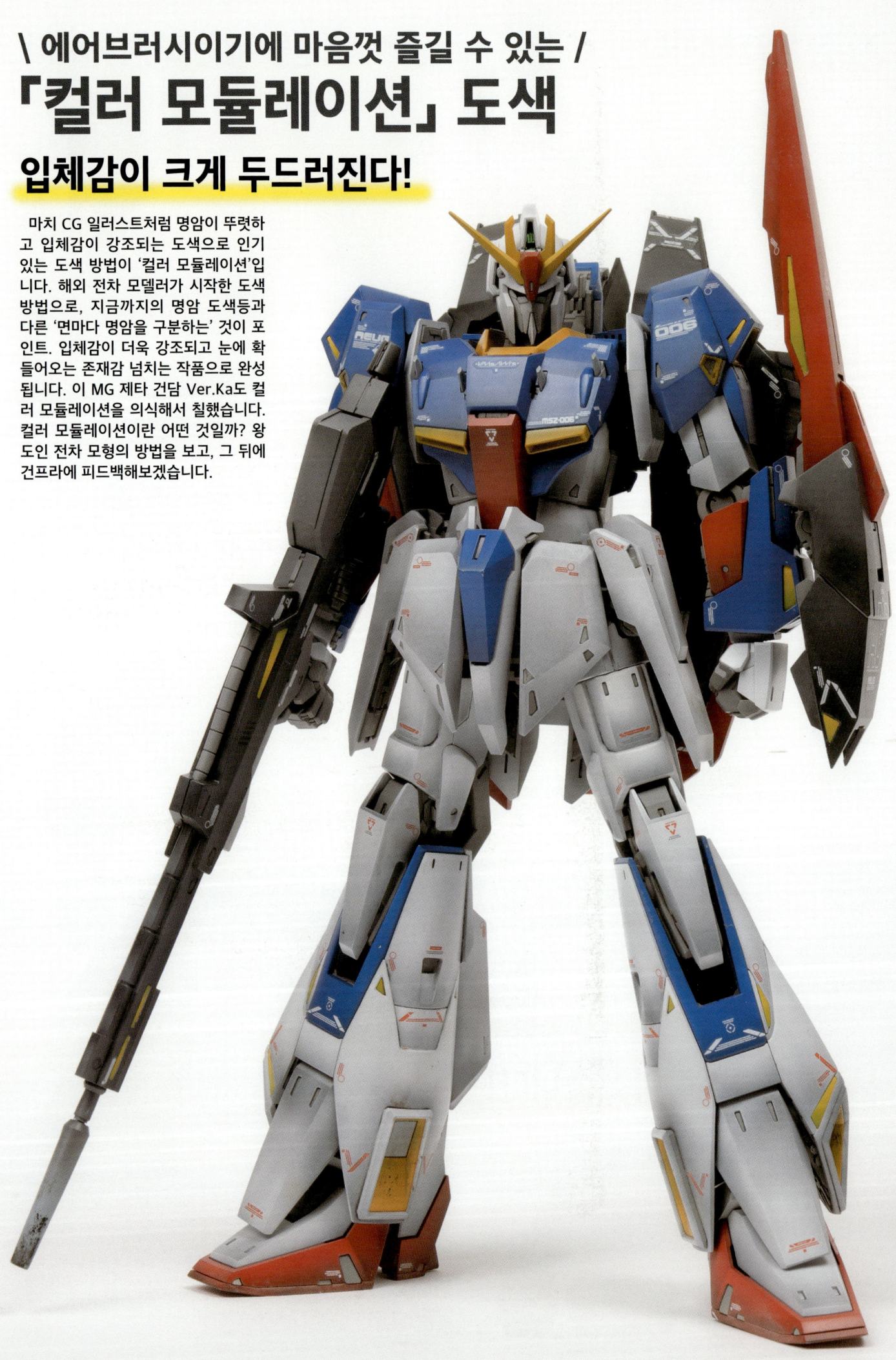

## 컬러 모듈레이션이란?

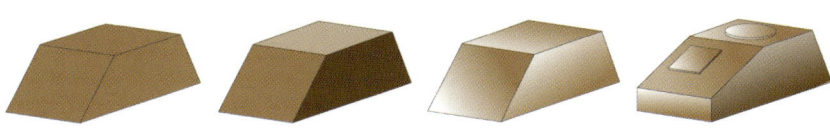

▲가르쳐주는 사람 **켄타로**

◀지금까지는 심플한 도색으로 전차 모형을 즐겨왔는데, 컬러 모듈레이션을 시도해봤다가 그 깊은 재미에 푹 빠졌습니다. 캐릭터 모델 도색에도 피드백하며 즐기고 있습니다.

▲게임 CG 일러스트처럼 각 면의 섀도우와 하이라이트를 명확하게 구분해서 입체감을 강하게 연출하는 기법. 면 하나의 색 정보량도 늘어나면서 모형이 아주 멋있어지는 도색 방법입니다.

# 컬러 모듈레이션 도색을 왕도인 「전차 모형」으로 봅시다!

▲그냥 조립한 상태. 먼저 밑색을 칠합니다. 밑색은 검정으로 해보겠습니다.

▲빨리 끝내고 싶어서 캔 스프레이로 검정 서페이서를 전체에 뿌려줍니다. 그림자 색으로도, 깊은 색을 만드는 밑색으로도, 검정 서페이서는 편리합니다.

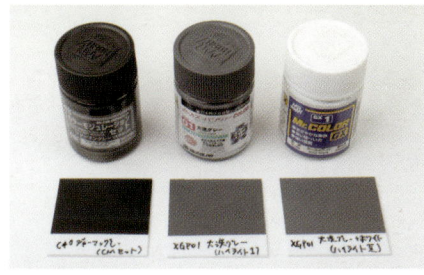

▲그럼 컬러 모듈레이션에 도전. 컬러 모듈레이션은 색 준비도 포인트입니다. 왼쪽부터 셰이드 부분이 되는 어두운 'C50 저먼 그레이', 메인 컬러인 '오아라이 그레이', 하이라이트색 '오아라이 그레이+화이트' 세 가지를 준비합니다.

▲먼저 명암 도색과 마찬가지로 밑색을 남기는 느낌으로 저먼 그레이를 칠한 상태. 여기서부터 컬러 모듈레이션 도색을 시작합니다.

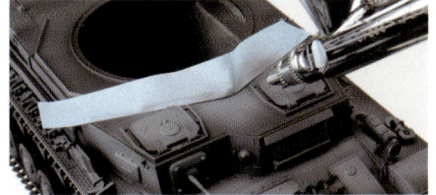

▲컬러 모듈레이션은 전차 면을 각각 구분해서 그러데이션을 줍니다. 명암 도색처럼, 디테일을 피하고 중앙을 밝게 칠하는 그러데이션과 다르게 면으로 구분하니까, 마스킹을 사용합니다. V자 모양 도탄판이 있어서 그것을 덮어줍니다. 사용한 것은 GSI 크레오스의 마스킹 테이프, 약 점착. 붙이고 칠하고 벗기는 컬러 모듈레이션의 루틴에 적합한 테이프입니다.

▲마스킹 테이프 말고 종이로 가려줘도 좋습니다. 한 손으로 종이를 대고 에어브러시로 뿌려줍니다. 아래쪽을 어둡게 하고 위쪽을 밝게 해줍니다. 각 패널도 마찬가지로 앞쪽과 아래를 어둡게, 안쪽과 위쪽을 밝게 칠해줍니다.

▲오아라이 그레이를 칠한 상태. 패널라인과 디테일의 요철, 면이 꺾인 부분에서 면을 구분하고, 섀도우에서 하이라이트로 그러데이션을 줍니다.

▲마지막으로 '오아라이 그레이+화이트'로 하이라이트를 넣어줍니다. 컬러 모듈레이션적으로는 더 하얗게 해줘도 좋을 것 같습니다만, 걸즈&판처의 IV호 전차로 만들고 싶으니까, CG를 참고로 명도 차이를 조절했습니다.

▲마지막에 붓으로 튀어나온 부분에 하이라이트를 칠해줍니다. 이것도 입체감을 강조해주면서 꽤 큰 효과가 있습니다.

◀도색 완료. 하루 만에 완성했습니다. 컬러 모듈레이션은 적은 수고로 멋지게 만들어주는 효과가 큰 기법입니다. 시도해보실 분은 엄밀하게 따지지 말고, 이번처럼 분위기를 중시하면서 칠해보세요. 어디까지나 적은 수고를 들이는 것이 포인트입니다. CG 일러스트처럼 엄밀하게 밝은 부분과 어두운 부분을 꼼꼼하게 마스킹하면서 칠하려고 하면 점점 힘든 작업이 이어진다고 생각하게 됩니다. 먼저 면의 경계에 확실하게 섀도우를 남기고, 밝은 부분은 겁내지 말고 밝게 칠해주는 대담한 방식으로 시도해보세요. 익숙해지면 마스킹 방법 등을 생각하면서 정보량을 더 늘려보세요.

**다음 페이지부터 실제 건프라에 컬러 모듈레이션으로 칠한 예를 보겠습니다!**

# 컬러 모듈레이션 도색으로 건담을 독특하게 칠해보자!!

제작·글 / **사이토 요시타카**

## 면마다 명암을 줘서 입체감을 강조!

앞 페이지에서 설명한 도색 방법 '컬러 모듈레이션'으로, 1/144 건담을 칠해보겠습니다. 각 부품의 면마다 극단적인 명암을 줘서 일반적인 그러데이션 도색보다 입체감을 강조할 수 있습니다. 완성한 작례를 보시면 알 수 있듯이, 디테일을 건드리지 않고 도색만으로도 이만큼 개성적이고 존재감 있는 상태로 완성됩니다. 자, 컬러 모듈레이션 도색의 공정을 보도록 하겠습니다!

가르쳐주는 사람

**사이토 요시타카**

▲모형지 편집부터 작례까지 해온 베테랑 모델러. 특기인 전차 모형의 메소드인 컬러 모듈레이션으로 건담을 칠합니다.

 **POINT**

- 기본색을 정하자!
- 하이라이트, 셰도우의 색감을 정하자!
- 마스킹 테이프로 선명한 명암을 그리자!
- 먹선으로 전체의 그러데이션을 정리하자!

BANDAI SPIRITS 1/144 scale plastic kit
"High Grade UNIVERSAL CENTURY"
RX-78-2 GUNDAM
modeled & described by Yoshitaka SAITO

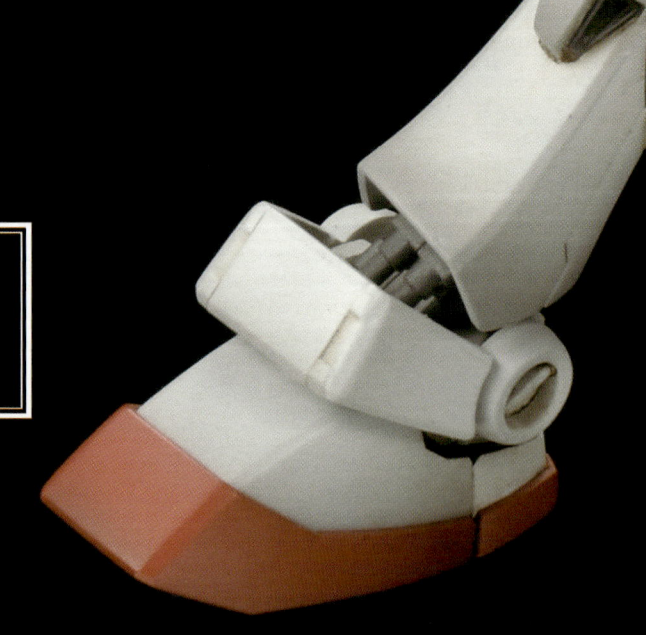

# 컬러 모듈레이션 도색 준비

각 색을 칠하는 순서는 기본색을 균일하게→밝은색→어두운색 순서로 칠합니다. 도료와 마스킹 테이프를 준비하고, 출발!

### \ 흰색 선택 /

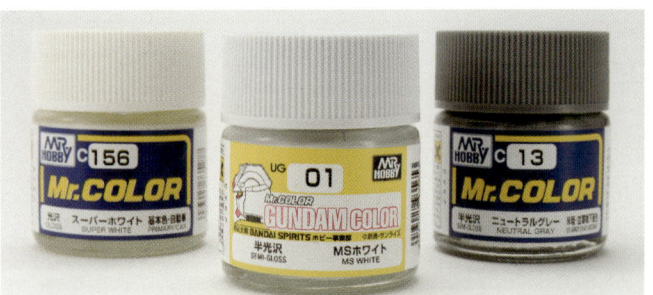

▲도색에는 래커 도료를 사용합니다. 흰색은 MS 화이트를 기본색으로, 밝은색에는 슈퍼 화이트를, 어두운 흰색은 뉴트럴 그레이를 첨가하면 좋은 콘트라스트가 됩니다.

### \ 파란색 선택 /

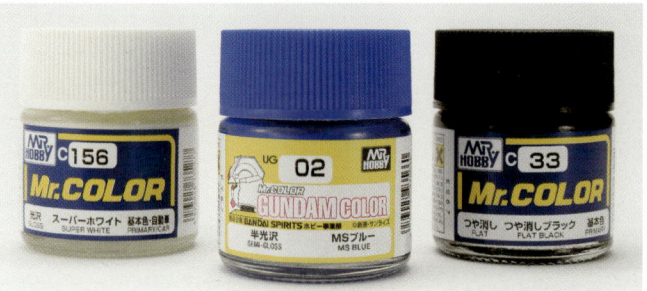

▲파랑은 MS 블루를 기본색으로 사용하고 밝은 파랑은 슈퍼 화이트를 혼색, 어두운 부분에는 무광 블랙을 아주 조금 조색합니다.

### \ 빨간색 선택 /

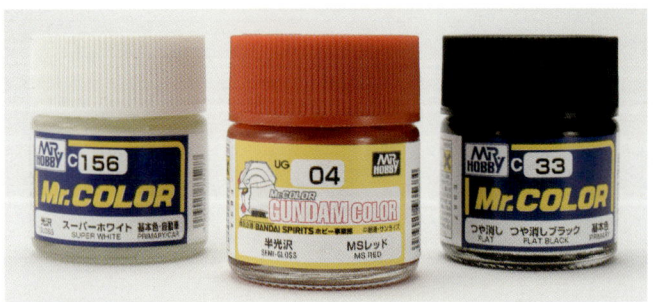

▲빨강은 MS 레드를 베이스로 슈퍼 화이트를 혼색해서 밝은 빨강을, 어두운 검정은 무광 블랙을 아주 조금 조색합니다.

### \ 노란색 선택 /

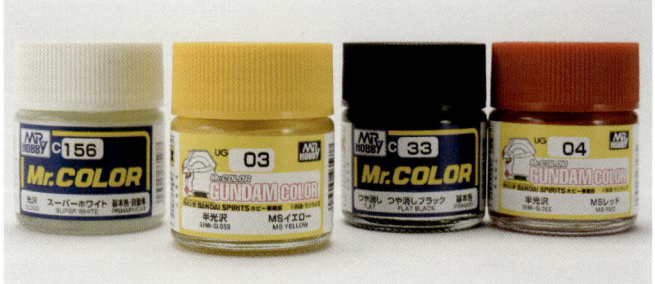

▲노랑은 어둡게 만들면 칙칙해집니다. MS 옐로를 기본색으로 어두운 부분은 무광 블랙을 극소량+MS 레드로 오렌지색으로 만들면 칙칙해지지 않습니다. 밝은 노랑은 슈퍼 화이트로 조색.

### \ 도색 전 준비 /

▲머리 안테나만 깎아서 뾰족하게 만들었고, 나머지 부분은 개조 없이 조립했습니다.

### \ 서페이서를 뿌립니다 /

▲도색 전에 밑색으로 서페이서를 뿌립니다. 다듬으면서 생긴 자잘한 흠집을 체크. 수정하고 도색을 준비합니다. 클리어 부품에는 뿌리지 않습니다.

# 먼저 각 색을 칠합니다!

### \ 흰색은 서두르지 말고 꼼꼼하게 /

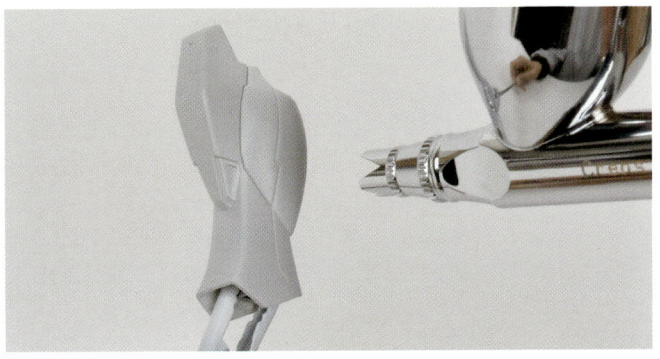

▲먼저 흰색, 기본색 MS 화이트를 칠합니다. 흰색은 발색하기 힘들고, 두껍게 칠하면 도료가 흘러내리니까, 서두르지 말고 여러 번에 나눠서 조금씩 칠하는 것이 포인트.

### \ 노란색을 뿌리기 전에 흰색 바탕을! /

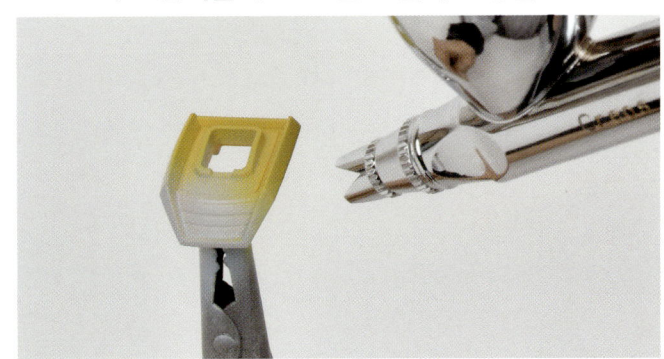

▲노란색은 밑색의 영향을 크게 받습니다. 먼저 흰색을 뿌리고 그 뒤에 노란색을 뿌리면 예쁘게 발색합니다.

### \ 파랑은 회색 위에도 OK /

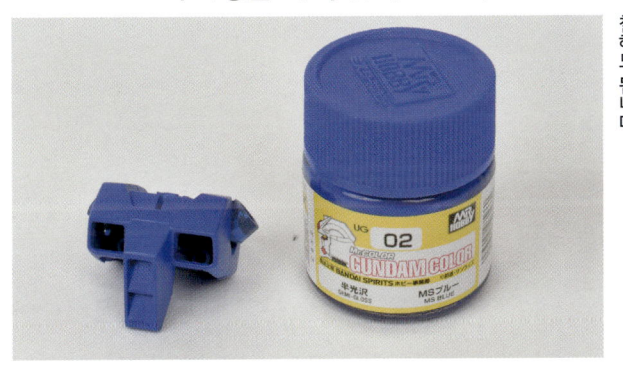

▲파랑은 진한 색이라서 회색 위에 직접 칠해도 됩니다.

### \ 빨강도 흰색 바탕에서 깔끔하게 발색! /

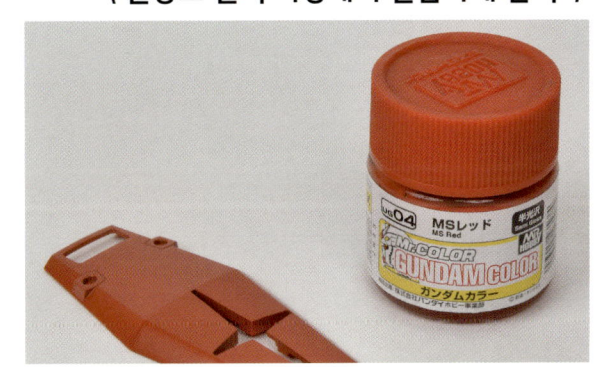

▲빨강도 노랑과 마찬가지로 흰색 바탕을 칠해주면 칙칙해지지 않고 깔끔하게 발색합니다.

# 파랑색 컬러 모듈레이션

### \ 밝은 파랑을 만듭니다 /

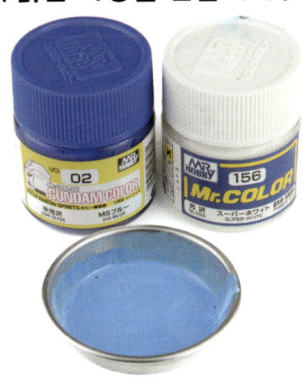

▲컬러 모듈레이션에 들어갑니다. 먼저 파랑, 기본색 MS 블루에 슈퍼 화이트를 더해서 라이트 블루를 만듭니다.

### \ 마스킹합니다 /

▲모듈레이션 도색은 각 면마다 마스킹을 하면서 칠합니다. 마스킹 도색은 면 외에 패널라인을 따라서도 해줍니다.

### \ 밝은 파랑 칠하기 /

▲도료를 뿌려줍니다. 전체에 뿌리지 말고 마스킹 테두리에 도료가 입혀지지 않도록, 위나 아래 한쪽 미가 없습니다. 면 중에 도록 칠합니다.

### \ 하이라이트 부분이 완성! /

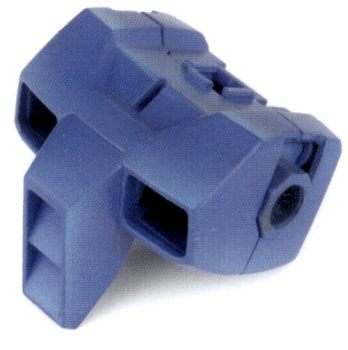

▲각 면마다 마스킹과 도색을 반복해서 하이라이트 도색을 완료했습니다. 하이라이트 도색은 가능한 한 밝게 칠하는 것이 베스트입니다. 서로 접하지 않도록 칠하는 부분이라서.

▲각 색의 컬러 모듈레이션을 잘 처리하면 이 중후한 느낌을 맛볼 수 있습니다.

## 음영색을 칠하자!

### \ 어두운 파랑을 만듭니다 /

◀ 다음은 어두운 파랑. MS 블루에 무광 블랙을 아주 조금 섞어서 짙은 파랑을 만듭니다. 많이 섞지 않도록 주의합니다.

### \ 마스킹해서 도색 /

▲먼저 뿌린 밝은색과 반대쪽 테두리를 도색. 밝은 하이라이트로 칠하는 부분을 먼저 생각해두면, 어두운 파랑을 뿌리는 것은 비교적 쉬울 겁니다.

### \ 파랑색 도색 완성! /

▲파란 부분 도색이 끝났습니다. 기본색 양쪽 끝에 밝고 어두운색을 구분해서 칠한 게 보이실까요. 빨강, 노랑, 하양에서도 같은 작업을 반복합니다.

## 빨강색 컬러 모듈레이션

### \ 밝은 빨강을 만들자 /

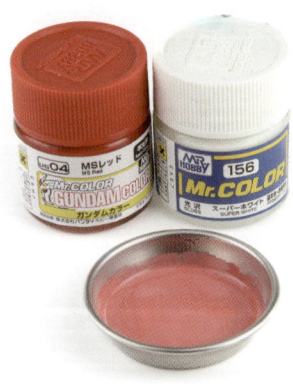

◀ MS 레드에 흰색을 더해서 밝은 빨강 부분색을 만듭니다.

### \ 때로는 마스킹 없이 /

◀인접한 파란 부품을 참고로, 색이 달라도 '어두운 부분과 인접하는 부분에 밝은색'의 룰을 지키며, 보다 입체감이 두드러지도록 고려하면서 칠합니다.

### \ 어두운 빨강을 만들자 /

◀어두운 빨강은 기본색 MS 레드에 무광 블랙을 극소량 섞어서 조색합니다.

### \ 실드도 표정이 풍부해졌습니다 /

◀'어두운색과 인접한 부분에 밝은색'이라는 룰 덕분에, 정면과 측면 엣지 부분에 선명한 콘트라스트가 생긴 것이 보이실까요. '조금 과한가?' 싶은 정도가 강약이 두드러져서 딱 좋다고 생각합니다.

## 노란색 컬러 모듈레이션

### \ 노란색 컬러 모듈레이션 /
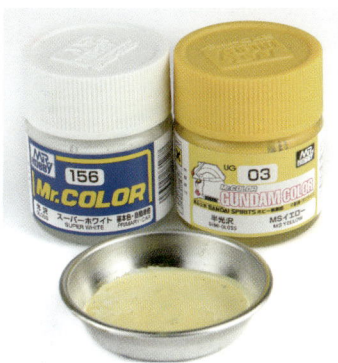
▶MS 옐로에 슈퍼 화이트를 더한 색으로 밝은 부분을 칠합니다.

### \ 하이라이트를 칠합니다 /
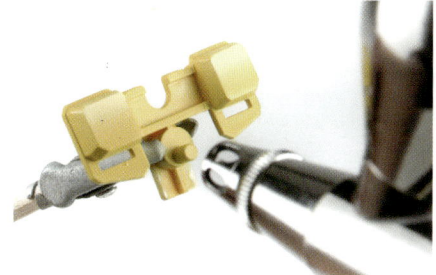
▲노란색 부분은 목깃 외에는 면적이 작은 부분이니까, 마스킹을 안 해도 핸드 피스로 뿌리는 각도를 컨트롤해서 칠할 수 있습니다.

### \ 노란색 음영색 /

▶어두운 부분 색을 만듭니다. MS 옐로에 MS 레드와 소량의 무광 블랙을 더해서 약간 짙은 오렌지색을 만들었습니다. 기본색입니다.

### \ 음영이 생길 것 같은 부분을 노립니다 /

◀짙은 노랑색(오렌지색)을 뿌립니다. 색의 경계가 흐릿해지는 모듈레이션 도색은, 에어브러시와 상성이 좋은 도색 방법 중 하나입니다.

### \ 붓이 등장!! /
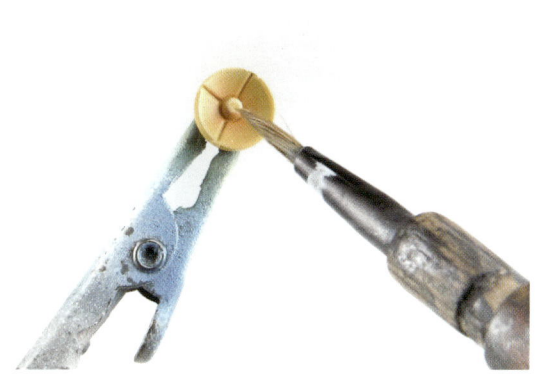
◀색의 경계를 흐릿하게 해주고 에어브러시로 칠하는 기본이지만, 세세한 부분은 붓을 써도 좋습니다. 터치업의 요령입니다.

## 흰색과 회색의 컬러 모듈레이션

### \ 흰색은 대담하게 /

▲흰색 부분도 지금까지와 같은 방법이지만, 다른 색보다 효과를 알아보기 어려우니까 대담하게 가겠습니다. MS 화이트에 슈퍼 화이트를 섞어서 밝은색을 만듭니다.

### \ 마스킹해서 구분 도색! /

▲마스킹을 확실하게 해주고 칠합니다. 약간 회색에 가까운 MS 화이트를 기본색으로 사용해서 명암 차이를 알기 힘드니까, 빠트리거나 깜박하지 않도록 주의하세요.

### \ 하이라이트를 다 칠했습니다! /
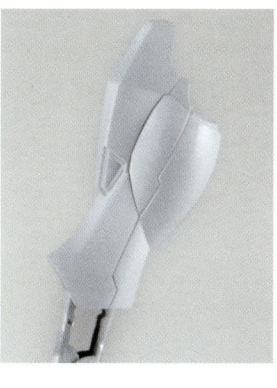
◀앞에서 패널라인을 따라 명암을 뿌려준다고 설명했는데, 종아리 같은 곡면은 중앙의 몰드를 무시하고 곡면 전체를 하나로 생각해서 칠했습니다. 룰이 있는 듯 없는 것도 재미이고, 동시에 어렵기도 한 도색 방법입니다.

### \ 흰색 음영색을 만듭니다 /
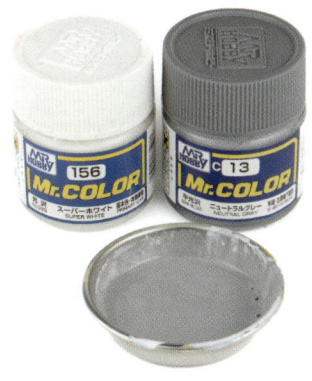
◀어두운 흰색은 MS 화이트에 뉴트럴 그레이를 더해서 조색. 뉴트럴 그레이는 백팩, 무광 도색에서도 기본색으로 사용했습니다.

### \ 마스킹 /

▲어두운 흰색을 칠합니다. 면마다 마스킹하고 에어브러시로 뿌리기를 반복. 수고를 들인 만큼 완성했을 때 입체감이 살아납니다.

### \ 백팩 회색 /
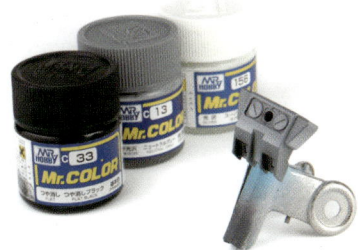
▲회색 부분은 앞서 얘기한 뉴트럴 그레이에 슈퍼 화이트와 무광 블랙을 더해서 명암 2색을 만들고 모듈레이션 도색. 흰색 부분과 차이가 느껴지도록 신경 써주세요.

# 마무리 공정

### \ 데칼을 붙입니다 /

▲도색이 끝났으면 마무리에 들어갑니다. 먼저 가지고 있는 데칼을 사용해서 데코레이션. 필요 최소한? 정도 범위로 붙여서 정보량을 늘려봤습니다.

### \ 표면을 코팅하자! /

▲데칼이 마르면 광택을 정돈합니다. 슈퍼 클리어 무광을 에어브러시로 뿌렸습니다. 에어브러시가 캔 스프레이보다 도막을 얇게 만들 수 있습니다.

### \ 먹선은 아주 중요합니다! /

▲Mr.웨더링 컬러 그라운드 브라운으로 먹선을 넣었습니다. 전체에 칠하는 워싱이 아니라 몰드 부분에만 핀포인트로 도료를 흘려넣었습니다.

### \ 닦아낼 때 흐릿~한 느낌으로 톤을 정리! /

▲먹선에서 생긴 여분의 도료는 Mr.웨더링 컬러 전용 희석액을 머금은 면봉으로 닦아냅니다.

### \ 메탈릭 도료는 마지막에 /

▲금속 질감을 연출하고 싶은 부분은 클리어 도색을 마치고 마지막에 칠합니다. 붓으로도 칠하기 쉬운 Mr.메탈 컬러 아이언을 사용했습니다.

### \ 센서 씰을 붙이자!! /

▲머리 앞뒤에 있는 카메라 부분은 키트에 포함된 씰을 사용했습니다. 클리어 도색처럼 보이니까 효과적입니다. 클리어 부품 눈 안쪽에는 은박지를 붙였습니다.

▲왼쪽의 평범하게 도색한 건담과 비교하면 같은 키트라는 것을 믿을 수 없을 만큼 달라 보이는 것을 알 수 있습니다. 중후하고 강약이 느껴지는 완성도를 즐기고 싶을 때는 꼭 컬러 모듈레이션 도색에 도전해보세요!

# 컬러 모듈레이션 도색으로 건담 완성!!

## \ 마무리 /

도색에 드는 수고는 많아지지만, 그만큼 아주 표정이 풍부한 완성품이 나왔습니다. 마스킹도 한 번 칠할 때마다 꼼꼼하게 붙이는 게 아니라 구분해서 칠할 부분에만 해주고, 에어브러시로 가늘게 뿌리는 방법으로 처리하면 의외로 템포 좋게 칠할 수 있습니다. 밝은 부분, 어두운 부분을 엄밀하게 따지다 보면 작업이 막힐 수도 있으니까, 일단은 분위기에 따라 '여기는 밝게 해보자', '여기는 어둡게 해볼까~'라는 느낌으로 칠해보세요. 익숙해진 뒤에 빛과 그림자의 관계를 더 깊이 파고드는 것이 좋습니다. 부디 컬러 모듈레이션 도색을 즐겨보세요.

**BANDAI SPIRITS 1/144 스케일 플라스틱 키트**
'하이 그레이드 유니버설 센추리'
### RX-78-2 건담
제작·글 / 사이토 요시타카

◀균일하게 칠한 다음, 각 면마다 하이라이트 색과 음영색을 칠해서 색의 정보량이 아주 많아졌습니다. 덕분에 게임 CG 같은 강약이 두드러지는 모습으로 완성됐습니다.

# 메탈릭 컬러를 균일하게 칠해도 중후한 느낌이 살아난다!

제작·글 / **키무라 마나부**

　에어브러시라면 섬세한 메탈릭 보디도 그리 어렵지 않게 칠할 수 있습니다. 특히 최근에는 Mr.메탈릭 컬러의 GX 같은 한 번 뿌리기만 해도, 겹쳐 칠하는 캔디 도색을 하지 않아도 충분히 만족할 수 있는 메탈릭 색감을 즐길 수 있습니다. 여기서는 MODEROID 철인 28호를 사용해서 메탈릭 도색을 해보겠습니다.

- 도료는 혼색하지 않고 병 상태 그대로 사용!
- 후조립 가공으로 마스킹을 최소화
- 본체색에 맞춰서 다른 색도 유광으로!

## 철인 28호

\ 가르쳐주는 사람 /

하비재팬 편집장 **키무라 마나부**

▲모형과 한신 타이거즈를 한없이 사랑하는 월간 하비재팬 편집장! 프라모델도 만들고 책도 만드는 모형 업계 멀티 플레이어 편집장에게 메탈릭 도색의 요령을 배워보겠습니다!

GOOD SMILE COMPANY non scale plastic kit
"MODEROID"
TETSUJIN 28
modeled & described by Manabu KIMURA

# 어떤 메탈릭 블루가 좋은지 시험 삼아 뿌려보자

철인 28호의 본체색은 메탈릭 블루. 하지만 메탈릭 블루라고 해도 사실은 Mr.컬러에만 세 종류나 있습니다. 여기서는 어떤 메탈릭 블루가 어울리는지, 일단 플라스틱 숟가락(밑색을 고려해서 숟가락을 흰색, 검정 두 가지 색으로 준비)에 뿌려봤습니다.

### C76 메탈릭 블루

▲◀가장 기본적이고 오래전부터 있었던 76번 메탈릭 블루. 검은 성형색(왼쪽) 위에 뿌리면 철인 28호의 이미지에 상당히 가까워 보입니다.

### GX204 GX 메탈 블루

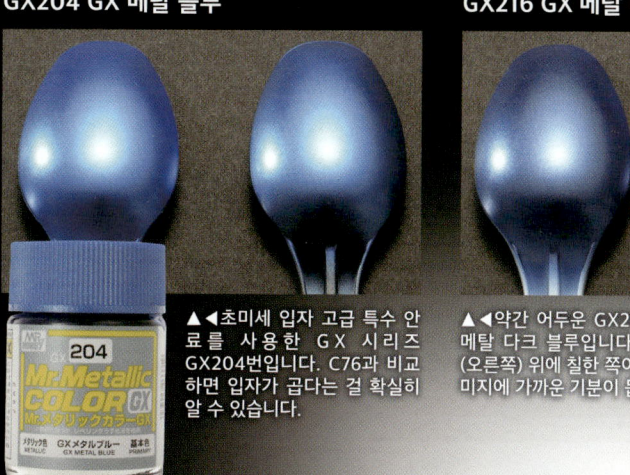

▲◀초미세 입자 고급 특수 안료를 사용한 GX 시리즈 GX204번입니다. C76과 비교하면 입자가 곱다는 걸 확실히 알 수 있습니다.

### GX216 GX 메탈 다크 블루

▲◀약간 어두운 GX216번 GX 메탈 다크 블루입니다. 검은색(오른쪽) 위에 칠한 쪽이 훨씬 이미지에 가까운 기분이 듭니다.

## 칠하기 전에 런너에 테스트

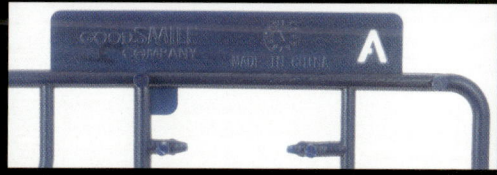

▲▶최종적으로 가장 이미지에 가까웠던 GX216 GX 메탈 다크 블루를 사용하기로. 용제와의 희석비는 도료 1에 용제 3 정도로 약간 묽게 했습니다. 이번에는 서페이서와 밑칠 도색 없이 성형색 위에 직접 뿌리니까, 먼저 키트의 런너로 테스트했습니다. 어떤가요? 거의 성형색에 가까운 색이 됐습니다.

## 마스킹하는 수고를 줄이는 후조립 가공

## 접합선 처리

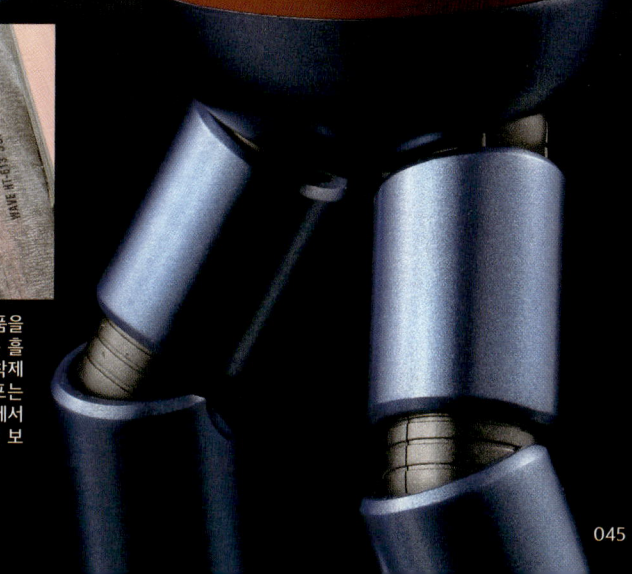

▲마스킹하는 수고를 최대한 줄입시다. 무릎 관절은 위아래 모두 후조립 가공이 가능합니다. 종아리 쪽 축받이 구멍을 사각형으로 잘라주기만 해도 후조립이 가능합니다. 하지만 완성한 뒤에 쉽게 빠지니까, 접착제로 고정하는 쪽이 좋습니다. 허벅지 쪽도 마찬가지로 축받이를 잘라주면 후조립이 가능합니다.

▲이번에는 성형색에 직접 뿌리니까 부품을 더 꼼꼼히 다듬었습니다. 부품 접합선은 흘려 넣는 접착제를 사용한 뒤에 순간접착제를 흘려 넣어서 틈새를 메웁니다. 사포는 400번, 600번, 800번 뒤에 100엔 숍에서 판매하는 네일용 사포로 마무리. 흠집이 보이지 않을 때까지 연마했습니다.

# 마스킹 테이프로 도료가 새는 것을 차단!

▲도저히 후조립을 할 수 없는 팔꿈치 관절은, 팔꿈치 관절을 흑철색으로 칠한 뒤에 마스킹. 에어브러시라면 도료가 흠뻑 묻는 일은 없으니까, 전부 꼼꼼하게 마스킹할 필요는 없습니다. 특히 팔꿈치 앞쪽은 메탈릭 블루색 커버를 씌우니까, 도료가 약간 새더라도 괜찮습니다.

# 도색면이 거칠어졌다면…

▲도료 농도가 진하면 사진처럼 도색면이 거칠어지기도 합니다. 이런 경우에는 도료를 잘 말린 뒤에…

▲스펀지 사포 1000번 정도로 표면을 가볍게 연마해주면 매끄러워집니다. 너무 세게 문지르면 도색면이 깎여 나가니까 살살 연마해주세요.

▲표면을 깔끔하게 만들었으면 이번에는 좀 더 묽게 희석한 도료로 가볍게 오버코트. 그렇게 해주면 매끄러운 도색면이 만들어집니다.

# 다른 색도 성형색을 살려서 병 상태 도료를 뿌리자

▲◀노란색은 차폐력이 약하고 비칠 우려가 있어서, 먼저 오렌지색을 칠하고 그 위에 노란색을 살짝 입 허주듯이 칠했습니다.

▲◀배의 녹색은 64번 연두색을 조색 없이. 이쪽도 깔끔하게 발색했습니다.

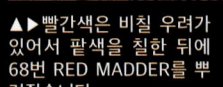

▲ 손목의 노란 부품은 GX2303 GX 메탈 옐로를 뿌렸습니다. 노란 성형색이라서 잘 발색되었습니다.

▲▶빨간색은 비칠 우려가 있어서 끝색을 칠한 뒤에 68번 RED MADDER를 뿌 려줬습니다.

# 완성!

**굿스마일 컴퍼니 논스케일 플라스틱 키트 'MODEROID'**
## 철인 28호
제작 / 키무라 마나부

▲키트에는 비행 포즈로 전시하기 위한 전용 커넥트 부품이 포함. THE 심플 스탠드를 사용하면 멋진 비행 포즈도 얼마든지!

　에어브러시는 캔 스프레이와 달라서 약간의 도료로 작은 면적을 칠할 수 있습니다. 게다가 병 타입은 색 종류도 풍부하고 혼색도 가능해서, 자신이 원하는 색을 만들 수 있습니다. 물론 이번 작례처럼 혼색하지 않고 병에 든 상태 그대로 사용해도 좋습니다.

　그리고 메탈릭 도색은 붓도색으로 깔끔하게 칠할 수 없습니다. 이번 철인 28호는 그야말로 에어브러시이기에 가능한 금속 느낌을 충분히 즐길 수 있는 결과물이라고 할 수 있습니다. 이 MODEROID 철인 28호는 부품 수도 콤팩트해서 조립하기 쉽고, 에어브러시 도색을 즐기기에 적합한 아이템이라고 할 수 있습니다.

　이번에는 일부에 순간접착제를 사용해서 시간을 단축했는데, 접합선을 크게 신경 쓰지 않는다면 주말 등 쉬는 날 하루 만에 도색까지 끝낼 수 있습니다(이번 작례는 접합선 처리까지 포함해서 주말 이틀 동안에 완성했습니다). 여러분도 이 기사를 참고로 꼭 철인 28호(태양의 사자 버전도 있습니다)를 완성해보세요. 틀림없이 보다 중후한 느낌의 철인을 만들 수 있습니다.

# 에어브러시 도색의 참맛!! 「메탈릭 도료」

## 에어브러시 도색이기에 즐길 수 있는 지고의 빛

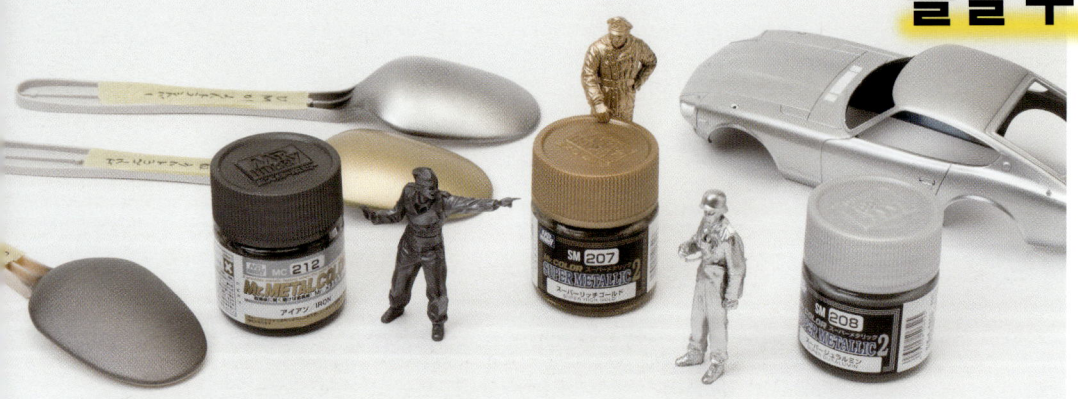

에어브러시를 입수했으면 꼭 즐겼으면 싶은 것이 '메탈릭 도색'. 에어브러시로 메탈릭 도료를 뿌리면 얇고 균일한 도색면이 되면서 아주 아름다운 빛을 보여줍니다. 그야말로 에어브러시 도색의 전매특허라고 할 수 있는 효과입니다. 여기서는 그렇게 칠하기만 해도 즐거운 메탈릭 도료 중에서 추천하는 도료를 선정해서 전해드립니다.

해설 / 켄타로

## 에어브러시 도색으로 더 멋있어지는 메탈릭 도료의 정예! 「Mr.컬러 슈퍼 메탈릭 2」

GSI 크레오스에는 통상적인 금속색 외에 메탈릭 전문 래커 도료 시리즈도 있습니다. 그중 하나가 「Mr.컬러 슈퍼 메탈릭 2 시리즈」인데, 2라는 이름이 붙은 것처럼 개량해서 빛이 더 좋아진 시리즈입니다.

### 슈퍼 파인 실버 2

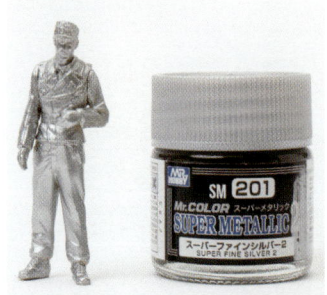

◀슈퍼 파인 실버는 휘도와 매끄러움이 뛰어난 은색입니다. 입자 느낌도 반짝반짝 아름다운 빛을 발합니다. 그야말로 슈퍼라는 이름이 걸맞은 은색!!

### 슈퍼 리치 골드

◀슈퍼 리치 골드는 몇 겹으로 뿌려도 금속 느낌이 달라지지 않는 것이 포인트. 복잡한 부품에도 계속 겹쳐서 균일한 금색을 얻을 수 있습니다.

### 슈퍼 듀랄루민

◀실버보다 반사가 강한 빛이 슈퍼 듀랄루민. 아름답지만 오버코트를 한다면 수성 탑코트만 사용해주세요.

## 문지르면 광택이 달라진다?! Mr.메탈 컬러

Mr.메탈 컬러는 칠하고 마른 뒤에 문질러주면 광택이 달라지는 재미있는 특성을 지닌 금속색입니다. 문지르기 전에도 통상적인 메탈릭 같은 색이지만, 문질러주면 번뜩, 하는 메탈릭 느낌을 얻을 수 있습니다. 실제로 보도록 하겠습니다.

※Mr.메탈 컬러는 기본적으로 붓도색용 도료니까, 에어브러시로 칠할 때는 구경이 큰 모델을 권장합니다!

▲Mr.메탈 컬러 중에서도 추천하는 것이 아이언. 뿌린 상태에서는 이렇게 아주 묵직한 색인데, 문질러보겠습니다.

▲뭔가 엄청난 일이 벌어졌습니다…! 문지르지 않은 곳과 멋진 그러데이션 느낌이 나면서 중후한 존재가 됐습니다. 아이언은 실린더의 가는 부분에 칠하고 문질러주면 아주 좋은 실린더 느낌이 납니다.

▲다음은 브라스. 칠해보면 약간 따뜻한 금색이 됩니다.    ▲헬멧 윗부분과 옷 엣지 등이 아주 아름답게 빛납니다.

# 수성 하비 컬러 최강의 은색! 「수성 슈퍼 파인 실버」

### 차체에 수성 슈퍼 파인 실버를 칠한 예

▲자동차 차체에 칠해봤습니다. 수성 도료로 이렇게까지 매끄러운 금속 색은 없었는데, 이 새로운 슈퍼 파인 실버의 성능은 기쁠 따름입니다.

### 수성 하비 컬러에서도 아주 예쁜 실버가 발매! 「수성 슈퍼 파인 실버」

▲가운데가 수성 하비 컬러에서 새로 등장한 '수성 슈퍼 파인 실버'. 사진 왼쪽이 기존 수성 하비 컬러 실버. 예전의 실버는 샘플에 있는 것처럼 입자가 보이고 묵직한 느낌이었지만, 이번 슈퍼 파인 실버는 매끈한 금속색입니다. 오른쪽의 래커계 실버에 가까운, 깔끔하고 매끈한 금속 느낌입니다.

# 이름도 대단! Mr.컬러 울트라 메탈릭

이쪽은 소재부터 특수한 메탈릭 파우더를 사용한 타입으로, 강한 메탈릭 느낌을 줍니다. 사실은 투명한 부품에 뿌려주면 뒤쪽이 살짝 보일 정도인데, 덕분에 밑색에 따라 색감이 바뀌어서 재미있는 표현이 가능한 도료입니다.

▼자동차 차체에 칠해보면 입자 느낌이 강한 광택을 보여줍니다. 이 반시감이 지금끼지 없었던 금색 느낌입니다.

▲울트라 골드는 입자 자체가 뉴트럴하고 밝은 금색입니다. 이것도 겹칠해도 색 변화가 발생하지 않는, 다루기 편한 금색입니다.

▼울트라 실버는 밝은 반사와 입자 느낌이 재미있는 은색입니다. 이것도 아무리 겹칠해도 균일한 은색이고, 독특한 메탈릭 느낌을 얻을 수 있습니다.

▶테두리 등을 보면 알 수 있는데, 강한 반사와 광택 느낌이 잘 표현되고 있습니다. 샤인 실버나 러프 실버와 또 다른 광택을 보여주는, 새로운 표현이 가능한 실버입니다.

### \ 마무리 /

메탈릭 계열은 에어브러시와 상성이 좋고, 자꾸만 뿌리고 싶어지는 재미가 있습니다. 이번에 소개한 메탈릭 도료 외에도 색이 들어간 메탈릭 도료가 많은 GX 메탈릭 시리즈나 통상적인 라인업의 메탈릭 도료(청죽색) 등도 잔뜩 있고, 각각 매력이 있습니다. 에어브러시를 입수했으면 꼭 다양한 메탈릭 컬러를 즐겨보세요!

\ 펄 도색과 캔디 도색!! /
# 에어브러시로 즐기는 아름다운 반짝임.

## 에어브러시이기에 태어나는 광택!

여기서부터는 대표적인 광택 도색인 「펄 도색」과 「캔디 도색」 테크닉을 소개하겠습니다. 양쪽 모두 에어브러시로 즐겨주셨으면 싶은 도색 방법입니다. 캔디 도색은 다음 페이지부터 SD 건담 작례와 함께 소개하니까, 그쪽도 같이 체크해주세요.

코토부키야 1/12 스케일 플라스틱 키트
**MARUTTOYS NOSERU**
제작·글 / 마이스터 세키타

예쁘고 귀엽게 완성해주세요.

펄 도색+클리어 코팅으로 고급 가전이나 자동차 외장 같은 질감을 표현. '미래에 판매하는 로봇'다운 느낌을 연출했는데, 그 공정을 보도록 하겠습니다.

펄 도색의 순서를 보겠습니다!

| 본체색 : 펄 핑크 |
|---|
| 밑색 : GX 쿨 화이트+이로노모토 마젠타+이로모모토 옐로 |
| 2번째 층 : GX 슈퍼 클리어Ⅲ+운모당본포 FG 펄 오팔 레드 |
| 3번째 층 : GX 슈퍼 클리어Ⅲ→5일간 건조한 뒤에 중간 연마 |
| 4번째 층 : GX 슈퍼 클리어Ⅲ (3번째 층보다 얇고 액을 많이) |

▲밑색으로 핑크를 칠합니다. 이 시점에서 어느 정도 광택을 만드는 게 포인트입니다. 그러면 펄의 반사가 잘 정돈되고 예쁘게 완성됩니다.

▲클리어에 펄 파우더를 섞어서 뿌렸습니다. 밑색의 명도가 높아서 펄의 반사는 약간 적은 편. 파우더를 너무 많이 넣거나, 너무 여러 번 겹쳐 뿌리면 하얗고 탁해지니까 주의.

▲거기에 클리어 코팅. 클리어 코팅은 완전히 말리기 위해 5일 동안 방치한 상태입니다. 도막 내부의 용제 성분이 적어질수록 중간에 연마했을 때의 표면 상태가 깔끔해집니다. 방치 기간이 충분하지 못하면 깊은 흠집 등이 생길 우려가 있습니다.

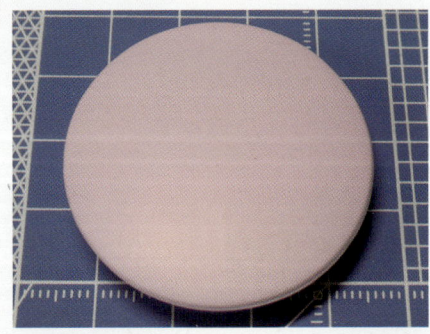

▲사포로 중간 연마한 상태. 여기서 도막의 요철을 정리합니다. 웨이브의 '사포 스틱 피니시'가 이런 작업에 편리해서 추천합니다.

▲다시 한 번 클리어 코팅해서 다시 광택을 낸 상태. 용제를 많이 섞어서 도막의 초기 경화까지 시간을 줄여주면 다른 작업을 하지 않아도 광택이 납니다. 이 상태에서 완성입니다. 용제를 많이 섞은 도료는 흐르기 쉬우니까 집중해서 작업하세요.

# 펄 도색의 포인트 / 마이스터 세키타

「NOSERU」도색은 펄 층에 유광 클리어 코팅을 겹쳐서 자동차 차체나 예쁜 가전제품의 질감을 의식하며 만들었습니다.

클리어 코팅은 두 번, 흐르기 직전까지 아슬아슬하게 듬뿍 뿌려준 뒤에 5일 동안 방치. 딱딱하게 굳은 도막을 웨이브 '사포 스틱 피니시'로 연마하고, 그 뒤에 다시 클리어 코팅을 했습니다. 이것은 도료의 표면 장력을 살려서 광택을 내는 방법으로, 연마→컴파운드 처리에 비해 연마 흠집이 생기지 않는다는 이점이 있습니다. 두툼하게 뿌린 클리어 코팅을 완전히 말리는 것이 포인트입니다. 때때로 도색은 기다리는 것도 중요합니다. 펄 도색이나 클리어 도색은 '완전 건조'까지 기다리는 것도 완성도를 결정짓는 중요한 포인트입니다.

반짝반짝 빛납니다!

## 반사층과 표면층을 구분해서 빛나는 '캔디 도색'

메탈릭 도료를 직접 칠하는 게 아니라, 실버나 골드를 밑색으로 칠하고 그 위에 클리어 도료를 칠해서 예쁜 빛을 표현하는 것이 '캔디 도색'. 밑색의 실버나 골드를 입자 느낌이 적은 것으로 칠하면 거울처럼 반짝이고, 입자 느낌이 큰 것을 사용하면 거칠게 빛나는 도색면을 표현할 수 있습니다.

### \ 밑색은 실버나 골드 /

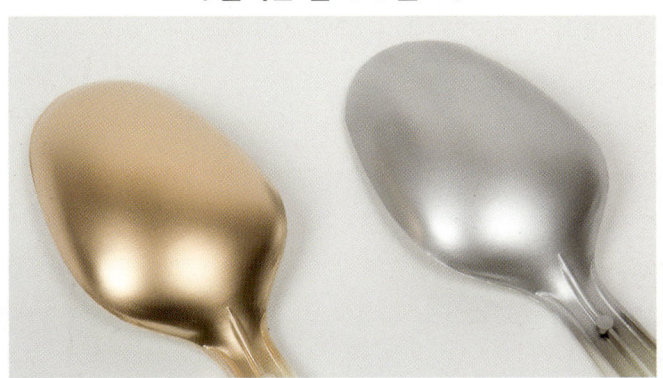

▲입자 느낌이 적은 실버와 골드를 칠해봤습니다. 이 위에 클리어 레드를 칠해보겠습니다.

### \ 밑색의 차이로 인한 빛의 변화! /

▲왼쪽이 골드, 오른쪽이 실버 위에 칠한 것. 골드는 따뜻하게 빛나고 실버는 딱딱하고 묵직한 분위기가 됐습니다. 캔디 도색은 메탈릭 컬러가 없는 색으로 커버하거나, 밑색으로 사용하는 실버나 골드 도료의 차이에 따라 빛나는 정도를 취향대로 조절할 수 있습니다.

**다음 페이지의 「슈페리얼 스트라이크 프리덤 드래곤」으로 캔디 도색을 소개!!**

# 캔디 도색으로 깊이 있는 색감을

실버 위에 클리어 컬러를 겹칠해서 깊이 있는 메탈릭을 표현하는 기법이 '캔디 도색'입니다. '복수의 색을 겹친다'는 것은 하나하나의 색을 묽고 확실하게 올려야 한다는 뜻이기에, 이런 작업에는 역시 에어브러시 도색이 가장 적합합니다. 본지 모델러 중에서도 깔끔한 도색으로 정평이 난 urahana3가 SDW HEROES 슈페리얼 스트라이크 프리덤 드래곤으로 캔디 도색을 포함한 메탈릭 도료 겹쳐 칠하기를 해설합니다.

제작·글 / **urahana3**

BANDAI SPIRITS plastic kit "SDW HEROES"
SUPERIOR STRIKE FREEDOM DRAGON
modeled & described urahana3

슈페리얼 스트라이크 프리덤 건담

👉 **POINT**
- 메탈릭 도색은 표면 처리에서 완성도가 정해진다
- 방향성은 밑색이 좌우한다
- 금색은 밑색→금색 2단계 도색
- 빨강은 밑색→반사층 금→표면층 빨강 3단계 도색

\ 가르쳐주는 사람 /

**urahana3**

▶ 하비재팬에서 건프라와 걸프라 작례로 활약하는 모델러. 도색 기법이 뛰어나고, 이번에 그 기능을 유감없이 발휘했습니다.

# 메탈릭 도색의 첫걸음은 표면 처리부터

메탈릭 도색은 빛의 반사에 영향을 많이 받으니까, 표면 처리를 제대로 하지 않으면 각도에 따라 조잡하게 보일 수 있습니다.

▲키트는 터치 게이트 방식을 채용했습니다. 먼저 이 터치 게이트 자국을 800번 종이 사포로 다듬어줍니다.

▲다음으로 1200~1500번 정도의 스펀지 사포로 전체를 다듬어줍니다. 부품의 모양이 상당히 복잡해서 평범한 방법으로는 어렵지만, 번호가 큰 스펀지 사포라면 각을 뭉개지 않고 다듬어줄 수 있습니다.

▲마지막으로 3000번 정도의 스펀지 사포로 마무리합니다. 모양이 복잡한 덕분에 수축도 거의 보이지 않고, 부품 자체도 예쁘게 나왔으니까 슬쩍 문질러주는 정도로도 충분하다고 봅니다.

# 도색할 부품 확인과 사용할 도료

▲도색할 부품을 확인합니다. 먼저 전체 금색인데, 성형색에서는 두 가지 금색을 사용했습니다. 하지만 이번에는 금색 도색이 메인이 아니니까 단색으로 칠하겠습니다.

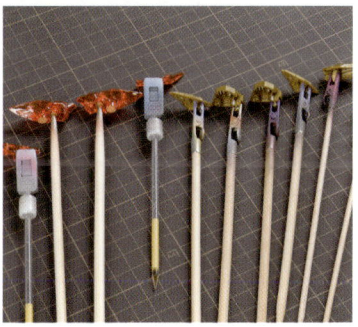
▲이번 메인은 이쪽 부품입니다. 전체적으로는 금색이지만 부분적으로 빨간색을 칠했습니다. 이 빨간 부분을 캔디 도색으로 칠하겠습니다.

▲사용할 도료입니다. ①은 빨간 도색에서 표면층이 되는 'GX 클리어 루즈', ②는 빨간 도색에서 반사층이 되는 '스타 브라이트 샴페인 골드', ③은 공통 밑색인 'AT-16 블러드 레드+CB-23 브라운', ④는 금색 도색의 표면층인 '브라이트 골드+스타 브라이트 골드+엘드란 골드'. ②의 스타 브라이트 샴페인 골드는 옅은 실버에 가까운 골드인데, 실버 대신 선택했습니다.

# 밑색이 중요합니다

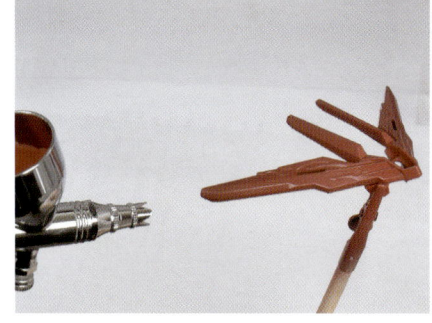
▲먼저 밑색을 칠합니다. 슈페리얼 스트라이크 프리덤 드래곤의 금색은 불그스름한 금색이니까, 혼색한 빨강을 밑색으로 뿌려줍니다.

▲▶밑색을 뿌린 상태입니다. 이 빨강이 다음 항목에서 덧칠할 금색의 토대가 되면서 불그스름한 금색이 됩니다. 밑색을 살려서 겹칠할 때는, 밑색에 따라 표면층이 달라 보이니까, 먼저 다른 곳에 시험해본 뒤에 칠하는 쪽이 좋을 수도 있습니다.

# 먼저 금색부터

▲밑색을 다 칠했으면 먼저 전체를 구성하는 금색을 칠합니다. 먼저 칠한 색 덕분에 불그스름한 금색이 됐습니다.

## 반사층 금색 → 표면층 빨강 칠하기

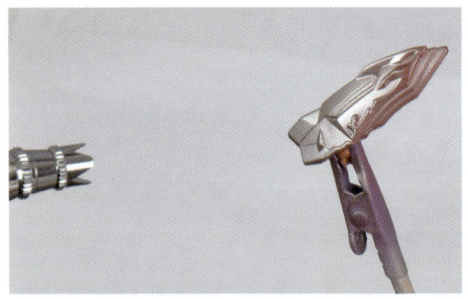

◀▼여기서부터 캔디 도색의 메인인 반사층과 표면층 도색을 합니다. 먼저 반사층인 '스타브라이트 샴페인 골드'를 칠합니다. 앞 페이지에서도 소개했지만, 상당히 실버에 가까운 인상입니다.

◀▼표면층이 되는 'GX 클리어 루즈'를 칠합니다. 밑색→반사층→표면층 3단계 도색입니다. 얼핏 보면 밑색의 의미가 없어질 것 같지만, 밑색을 통일해서 금색과 빨간색이 위화감 없이 어우러집니다.

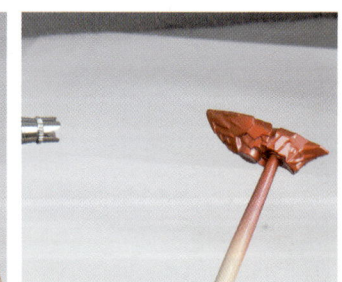

▲표면층 도색이 끝난 상태. 도료가 마르면 빨간색을 남길 부분을 마스킹하고 금색을 칠합니다.

▲금색 인상이 강해서 확인하기 힘들지만 이마 장식, 볼 가리개와 어깨 아머, 허리 아머의 한 단계 깊은 면의 빨간색을 확인해주세요.

# 완성!

**BANDAI SPIRITS 플라스틱 키트**
**'SDW HEROES'**

## 슈페리얼 스트라이크 프리덤 드래곤

제작 · 글 / **urahana3**

▼▶ 작례는 앞 페이지에서 설명한 도색을 마친 뒤에 먹선을 넣었습니다. 먹선 덕분에 각 몰드의 모양이 보다 선명하게 보입니다.

## 캔디 도색으로 메탈릭 도색의 폭이 넓어진다

캔디 도색을 포함한 메탈릭 도색 겹쳐 칠하기로 제작한 슈페리얼 스트라이크 프리덤 드래곤을 완성했습니다. 전체를 구성하는 깔끔한 금색이 눈을 끄는데, 캔디 도색을 이용한 빨강이 금색과 다르게 반짝이면서 악센트가 됩니다. 전체를 스탠더드한 메탈릭 도색으로 칠하는 것보다, 칠하는 방법을 바꿔주면서 빨강이 금색에 묻히지 않고 존재감을 주장하고 있습니다. 캔디 도색을 마스터하면 메탈릭 도색의 폭이 더 넓어집니다.

# \ 식품용 랩과 에어브러시로 가능한 특수 도색! /
# 「랩 도색」
## 랩의 요철이 자아내는 매혹적인 도색면

식품용 랩을 활용해서 도색하는 조금 특이한 방법인 '랩 도색'을 소개합니다. 랜덤하게 구긴 랩에 도료를 묻히고 모형에 칠해주는 것이 특징입니다. 뱀 무늬 같은 멋진 무늬를 간단히 즐길 수 있습니다.

> 신나게 즐겨봅시다

### \ 집에 있는 랩이면 OK /

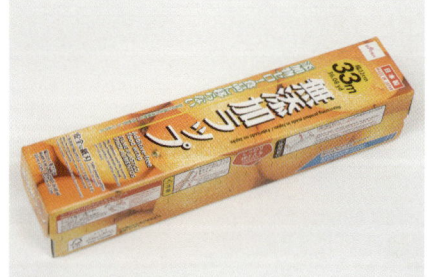

▲아주 일반적인 랩을 사용합니다.

### \ 적당히 구기는 게 포인트 /

▲랩을 구겨줍니다. 이때 너무 꽉 뭉치는 게 아니라 사진처럼 적당히 구겨주면 예쁜 무늬가 나옵니다.

### \ 랩에 은색을 묻혀줍니다 /

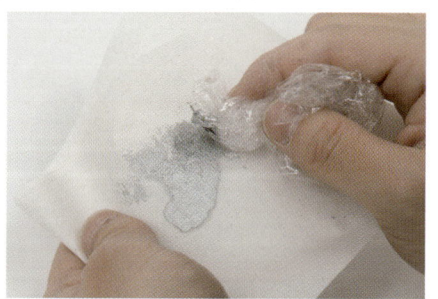

▲랩에 은색을 묻혔으면 키친 타월에 톡톡 두드려서 여분의 도료를 덜어냅니다.

### \ 검은색 바탕 부품에 랩으로 터치 /

▲유광 검정을 칠한 숟가락에 랩으로 톡톡 두드려줍니다.

### \ 랜덤한 무늬가 완성! /

▲붓이나 에어브러시로는 표현할 수 없는 랜덤한 무늬를 만들었습니다.

### \ 부품을 칠해봅시다 /

▲실제로 부품에 칠해봅니다. 곡면과 무늬의 상성이 좋아서 괴이한 분위기를 자아냅니다. 검은 바탕을 얼마나 남길지 생각하면서 칠해주면 완급이 살아나서 좋습니다.

### \ 클리어 레드를 칠하자! /

▶실버 위에 클리어 컬러를 칠하면 다양한 메탈릭 컬러를 표현할 수 있습니다. 랩으로 랜덤하게 칠한 실버 위에 여러분이 좋아하는 클리어 컬러를 칠해보세요. 이번에는 클리어 레드를 칠했습니다.

### \ 멋집니다! /

▶랩 도색 완성입니다. 이런 랜덤한 무늬는 베이스나 미소녀 프라모델의 의복 등 도색에 활용하면 재미있습니다.

### \ 치마도 화려하게 체인지! /

▶부품 단계에서는 검정 단색이었던 치마를, 랩을 이용해서 괴이하게 빛나는 분위기로 바꿔봤습니다.

▶랩 도색으로 평소와 다른 분위기로. 간단하면서 효과가 뛰어나다는 걸 알 수 있습니다!

**맥스팩토리 논스케일 플라스틱 키트 'PLAMAX' 길티 프린세스 메이드로이드 클로에**

> 랩에 은색 도료를 묻혀서 검은색 위에 찍어주고, 마무리로 클리어 컬러를 칠한다. 그것만으로도 이렇게 재미있는 표현이 가능합니다. 부디 여러분의 모형에도 랩으로 두드리면서 즐겨보세요.

# 필터 도색을 배워보자!
## 천 등을 씌워서 칠해보자!

결이 고운 천이나 환풍기 필터 등을 부품 위에 씌워서 칠하는 '필터 도색'. 씌운 것의 고운 결로 마스킹하면서 대리석 같은 분위기로 칠하거나, 카본이나 망사 스타킹 같은 고운 무늬도 표현할 수 있습니다.

마스킹의 초진화?!

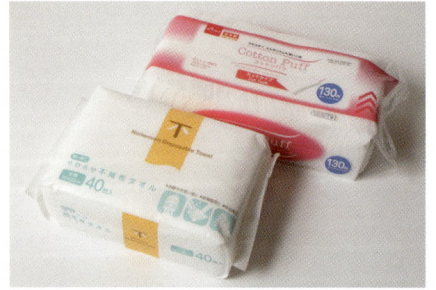
▲필터 도색의 기본을 소개. 100엔 숍에서 파는 코튼 퍼프나 무직포 타월을 활용하면 됩니다.

\ 100엔 숍에서 구입! /

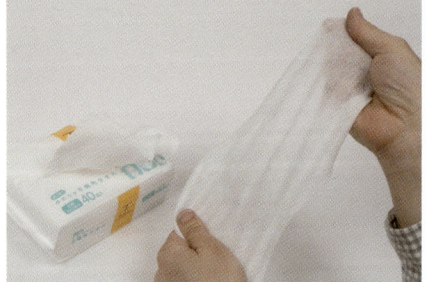
▲부직포 타월의 결을 보다 랜덤하게 만들기 위해 잡아당겨서 결을 벌려줍니다.

\ 당겨주세요! /

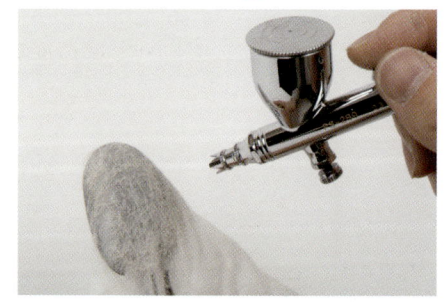
▲검은 바탕색을 칠한 숟가락 위에 씌우고 칠합니다. 이것만으로도 대리석 같은 표면이 됩니다.

\ 검은 바탕색을 칠한 대상에 씌워주세요 /

▲부직포 타월을 벗기면 이렇게 멋진 무늬가. 간단하고 효과적인 도색 방법입니다.

\ 완성! /

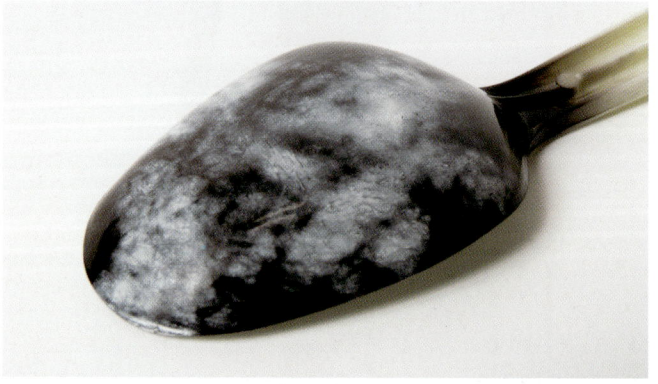
▲위에 씌우는 것을 살짝 씌우는지 밀착시키는지에 따라서 표정이 달라집니다.

\ 씌우는 방식에 따라 표정이 달라집니다 /

# PLAMAX 서바인에 사용한 예

▶PLAMAX 서바인에 필터 도색으로 칠한 예. 장갑 표면에 재미있는 텍스처 느낌을 표현하면서 색의 정보량이 늘어났습니다. (제작/사쿠라이 노부유키)

## 스타킹을 활용한「카본 표현」

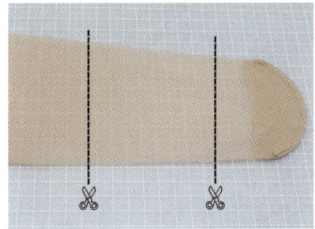
▲100엔 숍에서 파는 스타킹을 사용합니다. 먼저 사용하기 편한 크기로 절단.

▲밑색으로 실버를. 그 뒤에 부품을 스타킹에 대고 각 면에 검정 서페이서를 뿌립니다. 스타킹을 펼친 상태를 유지하기 위해 플라스틱이나 나무 상자를 사용하면 좋습니다.

▲그물눈에 대는 강도에 따라 무늬가 달라지니까, 취향에 맞도록 조절. 그물에서 뗄 때 실패 방지와 건조 시간을 단축하기 위해 휘발성 높은 용제와 서페이서를 추천합니다.

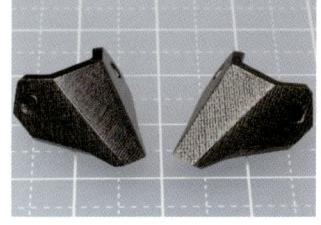
▲그물눈이 생겼으면 색에 깊이를 주기 위해 클리어 블랙을 칠합니다(실버 카본의 경우에는 GX 클리어 실버를 도색). 수지에 탄소 섬유가 들어간 분위기가 납니다.

## 채소 망으로「망사 스타킹」

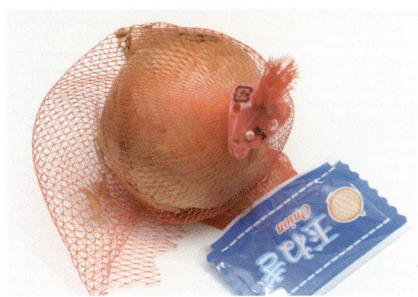
▲양파나 귤이 들어 있는 그물망. 이것도 필터 도색에 최고입니다.

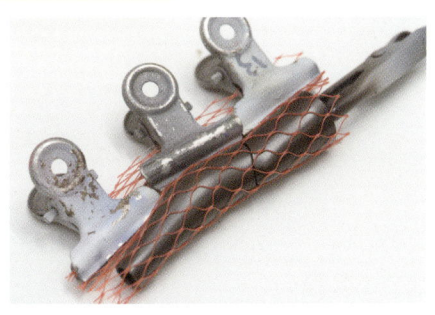
▲검정 스타킹의 예. 검정에 가까운 갈색을 칠한 뒤에 그물과 꽉 밀착합니다. 집게로 잡아주면 보다 밀착됩니다.

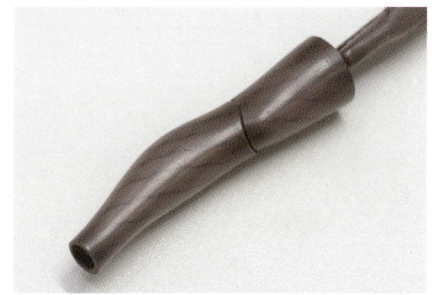
▲그 위에 한 단계 밝은 갈색을 뿌리면 망사 스타킹 무늬 완성! 미소녀 프라모델의 다리에 최고의 악센트가 됩니다.

# 수성 도료 에어브러시 도색을 마스터해보자!

여기서부터는 최근에 성능이 향상된 '수성 도료'의 에어브러시 도색을 소개하겠습니다. 수성 도료는 냄새가 순해서 가정환경에도 부담이 적은 것이 특징. 잘 다루게 되면 간이 도색 부스 등만 준비해도 에어브러시 도색을 즐길 수 있습니다. 이 책에서는 수성 도료 중에서도 '수용성 도료'와 '에멀전계 도료' 두 종류를 선정해서 소개하겠습니다.

# 「수성 하비 컬러 에어브러시 도색」을 마스터 해보자!

## 래커 도료에 가까운 느낌으로 아주 부드럽게 칠해집니다!

수성 하비 컬러로 건프라를 칠하면 재미있어요!

Mr.컬러를 판매하는 GSI 크레오스의 또 하나의 주력상품 '수성 하비 컬러'. 수성 하비 컬러는 완전히 리뉴얼해서 정말 다른 물건이 됐습니다. 강한 도막, 좋은 발색, 적은 냄새로 아주 쾌적하게 칠할 수 있습니다. '미묘한 도료'라는 옛날 이미지를 품고 있는 당신! 그 생각은 이제 버리세요!! 아주 제대로 칠해집니다!

특히 도색할 때 '냄새'가 신경 쓰이는 분께 아주 추천하고 싶습니다. 저 자신도 6년 전에 아이가 태어난 뒤로 도료를 전부 수성으로 바꿨습니다. 이 도료로 바꾼 뒤로 가족이 냄새 문제로 뭐라고 하는 일 없이 도색을 즐기고 있습니다.

여기서 수성 하비 컬러를 애용하는 후미테시의 메소드를 소개하겠습니다.

◀ 이쪽은 수성 하비 컬러로 발매된 건담 컬러를 메인으로, 수성 하비 컬러만 사용해서 칠한 건담.

해설 / 후미테시

---

\ 수성 하비 컬러 에어브러시 도색의 포인트 /
1. 희석비는 기본적으로 1:1!
2. 에어 압력은 높게!
3. 건조 시간을 알아두자!

\ 수성 하비 컬러란? /

정확히는 수용성. 건조하기 전에는 물에도 녹는 도료. 완전히 물에 녹는 수성 도료는 '에멀전 계'(P.64부터 소개). 도료의 성능을 최대한 발휘하고 싶다면 전용 '수성 하비 컬러 희석액'을 준비하세요. 냄새가 적으니까, 에어브러시 도색 같은 뿌리는 도색도 쾌적하게 즐길 수 있습니다.

## 1. 너무 묽지 않게! 희석비는 기본적으로 1:1로 설정

수성 하비 컬러 에어브러시 도색에서 '실패했다~! 나는 못 다루는 도료다~'라는 사람은 대부분 희석 비율을 잘못 맞춘 경우가 많습니다. Mr.컬러와 전혀 다른 것이라서, 래커 도료와 같은 감각으로 묽게 희석하면 크게 다릅니다. GSI 크레오스에서도 공식적으로 발표한 대로, 희석은 도료와 희석액 '1:1'. 이것을 잘못 맞추면 다루기 힘들어지는 성질의 도료입니다. 그걸 보도록 하겠습니다.

**전용 희석액을 준비합니다**

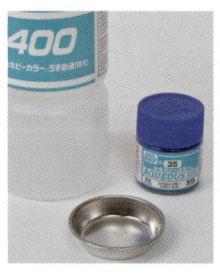

◀에어브러시로 칠할 때는 물로 희석하면 안 되고, 전용 수성 하비 컬러 희석액으로 희석하세요.

**잘 섞어줍니다**

▲수성 하비 컬러는 안료와 용제가 분리되어 유백색이 되는 경우가 있습니다. 잘 섞어주면 뚜껑과 같은 색이 됩니다.

**여기가 가장 중요!**

▲희석은 도료 1 : 희석액 1. 아주 정확하지는 않더라도 최대한 같은 양으로 맞춰주세요.

**컵 가장자리에서 도료가 매끄럽게 흘러 내립니다**

▲1:1로 희석하면 발색을 유지하면서 컵 가장자리에서 매끄럽게 흘러내립니다. 이 농도라면 틀림없이 깔끔하게 칠해집니다.

---

**첫 번째는 밑색이 비칠 정도로**

◀첫 번째 도색. 한 번에 다 칠하려고 하지 말고, 밑색이 희미하게 비치는 정도로 해줍니다. 이것은 래커 도료와 마찬가지입니다.

**두 번째에서 제대로 발색!**

◀완전히 말랐으면 두 번째 칠. 전체에 살살 뿌려줍니다.

**깔끔하게 칠했습니다!!**

◀코발트 블루를 아주 깔끔하게 칠했습니다. 차폐력이 동사의 Mr.컬러와 똑같이 조정됐습니다. 그래서 밑색이 비치는 느낌을 마치 래커 도료를 칠하는 느낌으로 컨트롤 할 수 있습니다.

---

**도료 1:희석액 2로 칠해봅시다**

▲희석액을 아까의 2배 넣어보겠습니다. 어떻게 될까요?

**순식간에 컨트롤하기 어려워졌습니다!**

◀묽어지면서 도료가 표면에 잘 정착하지 않습니다. 너무 묽으면 도료가 프라 표면에 정착하지 않고 흘러내리기 쉬우니까, 많이 뿌리지 않도록 주의.

**얼룩덜룩한 칠이 됩니다**

◀컨트롤이 안 되는 채로 계속 칠하면 이렇게 얼룩덜룩 해집니다. 1:1을 지키면 이런 일은 일어나지 않고 컨트롤하기 쉬운 채로 칠할 수 있으니까, 희석 비율을 지켜주세요.

## 2. 에어 압력은 높은 쪽을 추천!

수성 하비 컬러는 뿌리는 데 파워가 필요합니다. 낮은 압력으로 뿌리려고 하면 힘없이 나옵니다. 저는 0.1~0.12MPa 정도로 칠합니다. 이 압력이라면 1:1 농도 도료를 문제없이 뿌릴 수 있습니다.

### 레귤레이터가 있으면 편리!

◀에어 압력 조정도 중요하니까, 레귤레이터는 꼭 장비하세요.

### 손끝으로 콘트롤!

◀조금 높은 에어 압력이라도 손끝으로 버튼 컨트롤하는 것만 익혀두면, 높은 압력인 채로 세세한 도색이 가능합니다. 이건 프라모델을 잔뜩 칠하면 저절로 몸에 익으니까 걱정하지 않아도 됩니다! 팍팍 칠하세요! 그래야 몸에 익습니다.

### \ 추천하고 싶은 색 /
## 「제비꽃색」

#### 제비꽃색

▲수성 하비 컬러 '제비꽃색'과 만났을 때는 충격이었습니다. MS에 어울리는 옅은 블루가 한방에 깔끔하게 발색했습니다. 혼색 없이 이렇게까지 붉은 느낌의 블루를 칠할 수 있습니다!

▶부분 도색으로 만든 HG 건담 AGE-1. 흰색과 노랑 성형색. 파랑과 빨강, 회색을 칠했습니다. 파랑은 제비꽃색을 그대로 사용. 에비카와 카네타케 씨가 디자인한 건담에도 딱 맞는 파란색입니다.

▶이쪽은 HG 플래그. 제비꽃색은 반광 도료. 색감은 물론이고 광택도 아름답습니다. 그대로 칠해서 비행기의 하이 비지 도색 같은 질감으로 만들었습니다.

### Let's Challenge!
## 3. 건조 시간을 알아두자!

도료 건조 시간은 아주 중요. 수성 하비 컬러는 래커 도료처럼 뿌리자마자 마르지 않습니다. 하지만 처음에 칠한 부품이 다른 부품을 칠하는 사이에 마를 정도는 됩니다. 무광 레드를 칠하고 3분, 8분, 10분으로 시험해봤습니다.

**3분**

◀광택도 안정됐고, 보기엔 괜찮아 보이는데…

**WAO!**

◀지문 스탬프 완료! 3분은 줄였습니다.

**8분**

◀지문이 보이진 않지만, 눌렀을 때 물렁하는 느낌이 들었습니다. 아직 완전히 마르진 않았습니다. 그래도 겹칠은 가능한 상태입니다.

조금 물컹 했습니다

**10분**

◀손가락으로 꾹! 촉감은 괜찮은데…

◀손 맛이 좋습니다!

◀문제 없음! 딱딱한 느낌의 도색면이 됐고, 잘 말랐습니다. 10분이면 확실히 마릅니다.

# 물론 그러데이션 도색도 즐길 수 있습니다!

래커 도료처럼 밑색을 비치게 하거나 위에 밝은색을 덧칠할 수 있으니까, 그러데이션 도색도 마음대로. 그 공정을 보겠습니다!

### 자쿠 다리를 그러데이션 도색!

▲예로 HGUC 자쿠의 다리를 칠해보겠습니다. 어두운색부터 밝은색 순서로 칠하겠습니다.

### 자쿠라면 '쑥색'입니다!

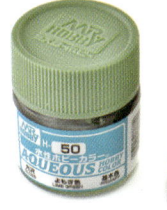

▲GSI 크레오스의 담당자분께서 '자쿠 색에는 쑥색이 최고입니다'라고 가르쳐주셔서, 그 뒤로 이 색만 쓰고 있습니다. 절묘한 옅은 녹색입니다.

### 밑색은 수성 서페이서 블랙을 사용

▲자주 사용하는 서페이서는 서페이서 1:희석액 1로 희석한 것을 안약병에 담아서 보관합니다. 이러면 쓰고 싶을 때 직접 컵에 담을 수 있습니다. 검은 밑색 위에 쑥색을 칠하겠습니다.

### 우묵한 부분은 검정을 남기며

▲우묵한 부분은 검은색을 남기는 느낌으로 쑥색을 칠합니다.

### 밑색 검정이 비칩니다

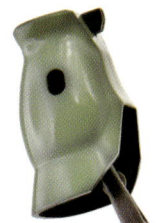

▲이렇게 밑색 검정이 비치면서 쑥색이 한 단계 어두워졌습니다. 이것이 베이스가 되고, 이 위에 밝은색을 얹어줍니다.

### 쑥색+무광 화이트

▲쑥색에 흰색을 더해서 밝은색을 만듭니다. 정해진 밝기는 없으니까, 취향대로 만드세요.

### 불룩한 면을 중심으로 칠합니다

▲곡면의 높은 부분과 엣지에 밝은색을 칠해서 하이라이트처럼 만들어줍니다. 에어브러시를 가까이 대고 가늘게 뿌려주세요.

### 완성! 그러데이션 도색은 재미있다!!

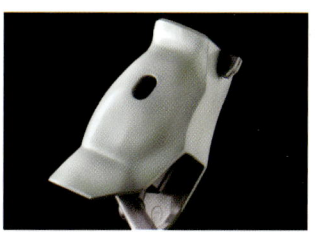

▲수성 하비 컬러도 이렇게 그러데이션 도색이 가능합니다. 칠하는 느낌도 래커 도료와 크게 다를 게 없으니까, 희석 비율만 잘 맞추면 문제없이 갈아탈 수 있습니다. 도색 환경 때문에 고민하는 분은 꼭 써보셨으면 싶은 도료입니다!!

# 냄새가 거의 없는 수성 에멀전 도료 에어브러시 도색에 도전!

## 완전히 물에 녹는 무취 도료

수성 하비 컬러 같은 수용성 도료 외에도, 현재 지분을 늘려가고 있는 것이 완전히 물에 녹는 수성 에멀전계 도료. 붓도색에 주목하기 쉬운 도료입니다만, 전 세계에서 에어브러시 도색에도 사랑받고 있습니다. 여기서는 일본에서 구할 수 있는 대표적인 에멀전계 도료인 '아크리존', '시타델 에어', '바예호 모델 에어'의 에어브러시 도색을 소개하겠습니다.

### \수성 에멀전계 에어브러시 도색의 특징/

1/ 냄새가 거의 없어서 도료가 튀는 것 등을 막기 위한 간이 부스에서 쾌적하게 칠할 수 있습니다.
2/ 보다 깔끔하게 칠하고 싶을 때는 각 회사의 전용 용제 사용을 추천.
3/ 압력은 높게 설정해서 칠합니다.
4/ 빨리 마르니까 정기적으로 니들 끝의 도료를 청소합니다.

## 일본 메이커 GSI 크레오스가 발매하는 수성 에멀전계 도료 「아크리전」

GSI 크레오스가 전개하는 아크리전은 많은 매장에서 구할 수 있는, 가장 거리감이 가까운 수성 에멀전계 도료. 물로 희석해서 에어브러시 도색도 가능하지만, 최근에 개량해서 발매된 '아크리전 에어브러시용 희석액 개(改)'가 등장하면서 칠하기가 아주 편해졌고, 노즐이 잘 막히는 점도 개선됐습니다.

**도색 준비**
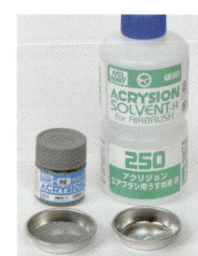
◀도료와 '아크리전 에어브러시용 희석액 개', 도료 접시를 준비. 도료 접시는 아크리전과 희석액을 더는 데 사용합니다.

**도료 1:희석액 0.3?!**
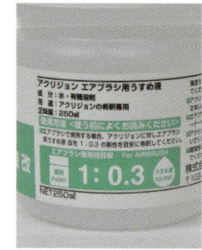
◀이것이 황금 비율. 꼭 지켜달라고 합니다. 그것만으로도 아크리전이 아주 칠하기 쉬워진다는군요. 해보겠습니다.

**콘트롤이 잘 됩니다!**

▲에어 압력은 0.12MPa로 약간 높게 설정. 바로 뿌려봤더니 Mr. 컬러와 수성 하비 컬러와 거의 같은 감각으로 뿌릴 수 있었습니다! 아주 좋습니다.

**희석액이 많은 경우**

◀황금 비율을 지키지 않고 희석액을 많이 넣어서 칠해보니… 스멀스멀~ 하고 지저분해졌습니다. 에멀전은 어느 도료든지 용제와 물에 잘 녹으니까, 조금만 넣어도 됩니다.

**어라? 도료가 툭툭…**

▲아크리전을 계속 뿌렸더니 갑자기 도료가 툭툭 끊어지기 시작했습니다.

**도료가 굳었다!**

◀에멀전계는 굳으면 도료가 물에 녹지 않게 됩니다. 그래서 오래 칠하면 노즐이나 니들 주위에 이렇게 마른 도료가 엉겨 붙습니다. 이것을 전용 희석액으로 제거합니다.

**붓으로 씻어냅니다**

▲희석액을 머금은 붓으로 니들 주변을 잘 씻어줍니다. 이제 다시 도료가 잘 나옵니다.

## 시타델 컬러의 에어브러시판! 시타델 에어

워해머 미니어처로 익숙한 게임즈 워크숍이 발매하는 고성능 도료 '시타델 도료'의 에어브러시판. 독자적인 케이스에 들어 있고, 워해머 세계관을 표현한 색감이 다수 발매됩니다. 차폐력, 발색 모두 좋습니다. 많은 도료에서 발색하기 힘든 노란색 도료로 리뷰해보겠습니다.

**에어브러시 도색에 적절한 농도입니다**

◀통상적인 시타델 컬러보다 큰 병에 들어 있습니다. 병에 든 도료는 그대로 에어브러시로 칠할 수 있는 농도입니다.

**에어 압력은 0.1~0.15MPa**

◀시타델 에어도 다른 에멀전계와 마찬가지로 파워가 필요합니다. 에어 압력을 높여서 뿌려주면 깔끔하게 칠해집니다.

**2~3방울이면 됩니다.**
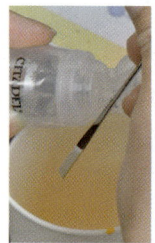
◀도료를 희석하기 위한 전용 '에어 캐스트 시너'라는 것이 있습니다. 시너라고 하지만 냄새가 거의 없습니다. 2~3방울이면 충분히 희석됩니다. 조금만 사용하니까 오래 쓸 수 있습니다.

**먼저 전체에 가볍게 도료를 입혀봅니다**
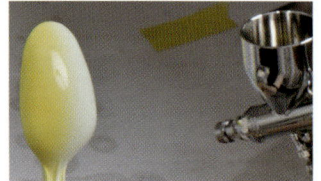
▲바로 뿌리는 게 아니라, 일단 전체에 도료를 입히는 것처럼 뿌립니다.

**밑색이 비쳐도 OK**

◀이런 느낌으로 일부러 완전히 발색하지 않았습니다. 이것이 마르면 이 도료가 프라이머 역할을 하고, 두 번째 칠을 확실하게 잡아줍니다.

**바로 발색합니다!**

◀처음에 칠한 것 덕분에 두 번째에 바로 발색! 도료가 확실히 정착됐습니다. 에멀전계는 플라스틱을 녹이지 않는 만큼, 바로 색을 입히면 정착하지 않고 흐릅니다. 그래서 첫 번째 칠하기가 중요합니다.

**마르면 무광이 됩니다**

◀시타델 에어는 완전히 마르면 광택이 사라집니다. 이렇게 되면 겹칠하거나 수성 탑코트로 코팅해주세요.

# 바예호

세계에서 가장 사랑받는 에멀전계 도료 '바예호'. 바예호에는 에어브러시용으로 조정한 도료 '모델 에어'가 있습니다. 색 종류가 풍부해서 캐릭터 모델부터 스케일 모델까지 폭넓게 사용할 수 있습니다. 병에 든 상태에서도 에어브러시 도색이 가능하지만, 희석할 때는 정제수나 전용 '에어브러시 시너'를 사용하면 보다 쾌적하게 칠할 수 있습니다.

### 잘 흔들어주세요

◀병을 잘 흔들어서 도료를 섞어주세요.

### 에어브러시 시너를 준비

◀바예호를 매끄럽게 칠할 수 있고 건조 시간도 줄일 수 있는 '바예호 에어브러시 시너'. 에어브러시 세척에도 사용하니까 꼭 하나 장만해주세요. 냄새가 거의 없습니다.

### 도료 9:시너 1!

◀위의 비율로 희석합니다. 시너는 아주 조금만 넣어도 도료를 잘 희석해줍니다. 너무 희석하면 정착하지 않으니까 주의하세요.

### 첫 번째는 가볍게 뿌려줍니다

▲표면에 살짝 입혀지는 정도로 칠합니다. 이것이 두 번째 칠이 잘 정착되게 해줍니다.

### 표면이 마르면 또 칠합니다

▲에멀전계는 꼭 표면이 마른 뒤에 칠하세요. 그것만으로도 깔끔한 도색면이 됩니다.

### 색이 거의 발색했습니다
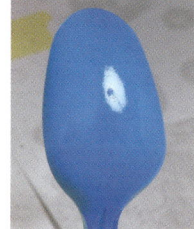
◀두 번째에서 전체에 색을 입힙니다. 래커 도료와 마찬가지로 한 번에 색을 입히려고 하지 말고 두세 번에 나눠서 칠하세요.

### 세 번째 칠!

◀도료 본래의 색이 제대로 발색했으니까 이걸로 종료. 완전히 말립니다.

### 완전히 마르면 광택이 사라집니다

◀시타델 에어와 마찬가지로 완전히 마르면 광택이 사라집니다.

> **\ 압도적인 종류! 수성 에멀전계 에어브러시 도색은 바예호에 맡겨주세요/**
>
> 바예호는 종류가 다른 도료보다 압도적으로 많습니다. 그리고 일본 메카닉의 색에 맞춰서 개발된 '메카 컬러'라는 상품도 있습니다. 거주하시는 지역이나 가족, 파트너 등에 맞춰서 냄새가 없는 도료로 에어브러시 도색을 하고 싶다면, 꼭 바예호를 써보세요!
>
>
> ◀바예호 진열장. 모델 에어만 해도 박력 넘치는 진열!
>
>
> ◀메카 컬러는 일본 캐릭터 모델에 찰떡 궁합!

# 에어브러시 도색이 쾌적해지는 「플로우 임프루버」를 써보자!

바예호로 에어브러시 도색할 때 막히는 것을 해소해주는 플로우 임프루버. 도료 건조를 지연시켜서 니들 주위에 도료가 굳어서 막히는 것을 막아줍니다. 이것과 에어브러시 시너를 섞어서 전용 용제를 대량으로 만들어두면, 바예호 에어브러시 도색이 단번에 쾌적해집니다.

▲바예호 메카 컬러도 그대로, 또는 희석해서 에어브러시 도색이 가능합니다. 에어브러시 시너와 플로우 임프루버를 섞어보겠습니다.

### 3:1로 섞은 용제를 먼저 넣어줍니다!

◀에어브러시 시너 3:플로우 임프루버 1의 비율로 만든 전용 용제. 도료를 잘 희석해주고, 노즐이 막히려는 것을 어느 정도 막아줍니다. 먼저 이 용제를 2~3방울 컵에 넣어줍니다.

### 그 뒤에 도료를 넣습니다

◀도료를 넣고 안에서 섞어주면 도색 준비 OK. 플로우 임프루버는 에어브러시 도색에서 큰 도움이 되는 조합이니까 꼭 따라해보세요.

# 양동이에 물을 준비해두면 핸드 피스 청소가 편해진다!

에멀전계는 물에 녹으니까, 도색이 끝나거나 색을 바꿀 때는 물로 씻을 수 있습니다. 양동이나 수채화용 붓 씻는 통 등에 물을 받아두면 좋습니다.

### 물을 담은 양동이와 붓을 준비

◀도색이 끝나고 다음 색으로 변경! 핸드 피스를 세척합니다.

### 에어브러시를 물속에 다이브

◀에어브러시를 물속에 넣습니다. 이때 붓으로 컵 안쪽도 씻어주세요.

### 뽀글이를 합니다

◀노즐 캡을 풀어서 공기를 역류시키고 컵 안에 있는 물로 뽀글이를 합니다. 이것을 몇 번 반복합니다.

### 깨끗해졌습니다!
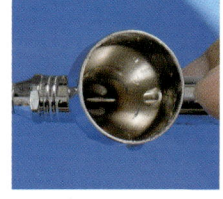
◀컵 안에 마른 도료가 눌러 붙었으면 수성 도료용 시너(바예호 에어브러시나 수성 하비 컬러 전용 희석액)을 적신 티슈 등으로 닦아주세요.

### 시타델 컬러도 똑같이 씻어주세요

◀이렇게 대담하게 씻을 수 있습니다. 재미있어서 빠져들 지경입니다.

### 컵을 씻을 때는 꼼꼼하게

◀컵 안쪽까지 도료가 고여 있으니까 잘 씻어주세요. 씻었으면 공기로 안의 도료를 날려버리고, 에어브러시 안의 도료를 확실히 제거해주세요.

# 아름다운 광택과 펄 표현이 가능한 고성능 수성 하비 컬러 「LINKL PLANET」 컬러로 공략!

제작·글 / **코보판다**

## 기본 도색도 펄 도색도 맡겨주시길!
## 이것이 수성 하비 컬러의 풀 스펙이다!

여기서부터는 수성 하비 컬러 에어브러시 도색을 이용한 건프라 작례를 전해드리겠습니다. 이 사진을 보시면 아시겠지만, 아름다운 광택과 펄 계열 안료를 이용한 반짝임도 수성 도료로 즐길 수 있게 됐습니다. 사용한 것은 수성 하비 컬러 기본색과 펄 안료가 들어간 「LINKL PLANET 컬러」(링클 플래닛). LINKL PLANET 컬러는 수성 하비 컬러에는 라인업이 없었던 펄 계열 안료가 들어간 스페셜 도료. 이것을 칠하기만 해도 많은 사람들이 간단히 반짝이는 아름다운 도색을 즐길 수 있습니다.

이 작례에서는 그 아름다움을 이끌어내는 도색 방법을 소개. 여기서의 도색 방법은 기본색을 칠할 때도 응용할 수 있으니까, 꼭 참고해주세요. (※일부 작례 오리지널 컬러로 구분 도색도 했습니다. 설정 자료나 작중 이미지와 다를 수도 있습니다. 양해해 주세요.)

BANDAI SPIRITS 1/144 scale plastic kit "High Grade
X-EX01 GUNDAM CALIBARN
modeled & described by KOBOPANDA

| 가르쳐주는 사람 |
코보판다

▲ 평소에는 래커 도료를 메인으로 사용하는 하비재팬 모델러 중 한 사람. 이번 작례에서 본격적으로 수성 하비 컬러를 사용해서 건프라를 완성했습니다. 앞으로 수성 하비 컬러를 사용하고 싶은 분께 큰 참고가 되리라고 생각합니다.

POINT

· 색에 맞춘 밑색을 칠해보자!
· LINKL PLANET 컬러의 특성을 알아보자!
· 스텔라 펄의 차폐력에 주의!
· LINKL PLANET 컬러도 혼색해보자!

# 스트레이트 빌드

Before

▲이쪽은 키트 스트레이트 빌드. 작례에서는 유광 도색을 할 예정이라서 각 부분의 표면을 꼼꼼하게 처리하고, 몰드 등도 더 파준 뒤에 도색 공정에 들어갔습니다.

After

▲이쪽이 도색한 상태. 아름다운 광택 속에서 펄의 입자감과 반짝임이 보입니다. LINKL PLANET 컬러는 이 분위기를 병에 든 도료 상태에서 즐길 수 있는 대단한 도료입니다. 크게 추천하니 꼭 써보세요!

\ 주요 색 /

흰색 / 건담 에어리얼 화이트
→오오토 마토이 스텔라 펄 화이트
빨강 / 레드+수성 화이트 서페이서 1000
→이시카와 에리카 스텔라 레드
노랑 / 옐로+수성 화이트 서페이서 1000
→아마카와 레미 스텔라 옐로
녹색 / 페일 그린+수성 화이트 서페이서 1000
→아라이 메이 스텔라 그린
관절 회색 / 수성 블랙 서페이서 1000→
오오토 마토이 스텔라 펄 화이트+이시다 유우카 스텔라 블루
세부 그레이 / 건담 파렉트 그레이+블랙

## 사용하는 주요 도료

### LINKL PLANET 컬러

▲BANDAI SPIRITS의 프라모델 공식 앰버서더로서 다양한 프라모델 계몽 활동을 하는 「LINKL PLANET」과 Mr.HOBBY의 콜라보 컬러. 수성 하비 컬러와 펄 계열 안료를 링크. 펄의 섬세한 반짝임, 튼튼한 도막, 아름다운 광택을 즐길 수 있는 도료입니다.

### 수성 하비 컬러&수성 서페이서

▲수성 하비 컬러는 LINKL PLANET 컬러의 밑색으로 사용합니다. 병행해서 수성 서페이서도 준비. 병 타입 외에 캔 스프레이도 사용했습니다.

## 캔 스프레이를 같이 써도 OK!

흰색 서페이서는 캔 스프레이 「수성 서페이서 1000」을 사용합니다. 캔 스프레이는 에어브러시보다 넓은 면적을 칠할 수 있고, 익숙해지면 균일한 도막도 실현 가능합니다.

▲흰색 밑칠은 수성 서페이서 1000을 사용. 색은 회색. 캔을 잘 흔들어서 안의 도료를 섞어주세요.

▲한 번에 다 뿌리려고 하지 말고, 각 면을 세 번 정도 칠합니다. 슬쩍 한 번 뿌리고 마르면 다시 한 번 뿌리는 방식이 가장 좋습니다.

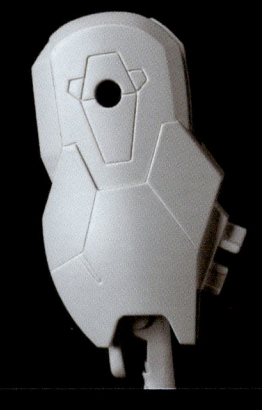

◀흰색 차분한 회색 밑칠이 완성됐습니다. 이걸로 흰색 밑칠이 완성됐습니다.

## 각 색의 밑색을 칠하자

### 수성 서페이서를 혼색!

▼각 부분의 밑색으로 메인 컬러보다 옅고 밝은색을 칠해서 발색을 좋게 하려고 합니다. 레드, 옐로, 페일 그린에 수성 화이트 서페이서를 혼색. 이렇게 해주면 오리지널 「컬러 서페이서」가 완성됩니다. 서페이서의 힘으로 도료가 잘 정착되니까 추천합니다.

### 핑크색 서페이서를 만듭니다

▲레드와 화이트 서페이서를 1:1 정도로 혼색. 이걸로 핑크색 서페이서를 만듭니다.

### 희석은 1:1

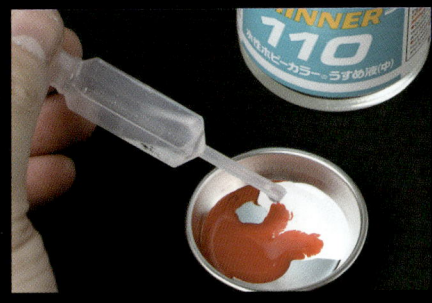

▲수성 하비 컬러 희석액으로 희석. 수성 하비 컬러 희석액을 너무 많이 넣지 않는 게 포인트. 도료와 희석액 1:1 비율이 베스트입니다.

### 핑크 서페이서 완성!

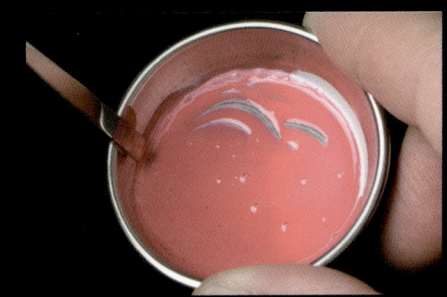

▲잘 섞어주세요. 이걸로 빨강의 밑색 핑크가 완성됐습니다.

### 노란색과 녹색 밑색도 만듭니다

▲옐로, 페일 그린도 마찬가지로 수성 화이트 서페이서를 혼색한 컬러 서페이서를 준비합니다.

### 뿌리는 느낌은 래커 도료

▲리뉴얼 수성 하비 컬러의 대단한 점은, 뿌리는 느낌이 래커 도료와 거의 같다는 점. 압력만 조금 높여서 뿌려주면 평소와 같은 감각으로 도색을 즐길 수 있습니다. 자세한 것은 P.62 에어브러시 도색의 포인트를 체크해주세요.

### 발이 핑크색으로!

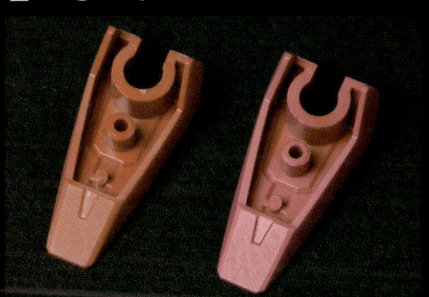

▲왼쪽이 키트 사출색. 오른쪽이 핑크색을 뿌린 상태. 이 옆은 핑크색 위에 'LINKL PLANET 컬러 이시카와 에리카 스텔라 레드'를 칠합니다.

## 「LINKL PLANET 컬러」로 도색 개시!

### 잘 섞어주면 반짝반짝 빛납니다

▲LINKL PLANET 컬러는 펄 계열 안료가 들어 있어서 더 잘 섞어줘야 합니다. 잘 섞어주면 병 안에 있는 도료가 아주 매끄럽고 예쁜 표정이 됩니다.

### 처음에는 표면에 살짝 뿌려줍니다

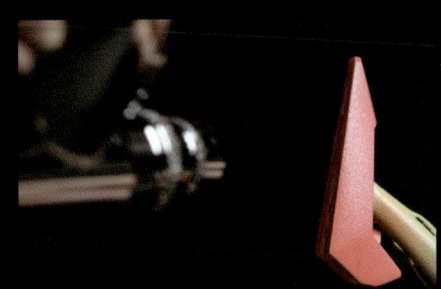

▲이 도료도 1:1 비율로 희석해서 칠합니다. 처음에는 표면에 살짝 입혀주는 정도로 칠하고, 마른 뒤에 다시 제대로 칠해주면 깔끔하게 칠해집니다.

### 밑색 핑크 덕분에 깔끔한 빨강이 됐습니다

▲상당히 섬세한 입자의 반짝임이 보입니다. 스텔라 레드는 빨간색이 강하게 두드러지는 것이 특징. 밑색의 핑크 느낌도 없어지고 선명한 빨강이 발색합니다.

### 스텔라 옐로 도색

▲이쪽은 옐로. 노란색은 통상색도 발색하기 힘든 색이지만, 옐로 서페이서를 밑색으로 칠해준 덕분에 도료 정착이 안정. 디테일의 우묵한 곳까지 도료가 잘 입혀졌습니다.

### 트윈 아이도 펄로

▲면적이 작은 부분이지만, 다른 부분에 맞춰서 트윈 아이도 펄로 칠했습니다.

# 흰색은 에어리얼 화이트와 스텔라 펄의 융합!

흰색은 스텔라 화이트 펄을 칠합니다. 회색 서페이서 위에 칠하면 흰색 느낌이 감소해서 그레이 펄 같은 표정이 됐습니다. 그래서 서페이서 위에 에어리얼 화이트를 칠한 뒤에 다시 도전했습니다.

### 그야말로 진주

▲그야말로 진주 같은 스텔라 화이트 펄. 도료를 보면 흰색 색감도 좋아서, 회색 수성 서페이서 1000 위에 직접 칠해봤습니다.

**회색이 비쳤다!**

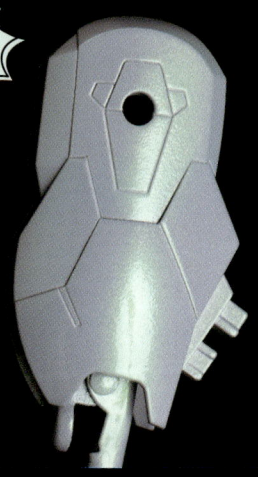

▶차폐력이 조금 약한 탓인지 회색이 비쳐서 흰색의 느낌이 약해졌습니다. 이건 하얀 성형색 위에 직접 칠해도 됐을지도 모르겠습니다. 이럴 때는 밑색으로 흰색을 칠해봅시다.

### 에어리얼 화이트는 고급 흰색!!

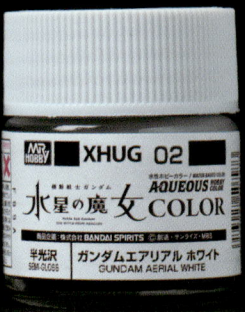

▲회색 서페이서 위에 수성 건담 컬러 에어리얼 화이트를 칠합니다. 이 흰색, 수성 하비 컬러 중에서도 최고라고 할 수 있는 도료니까 꼭 구해보세요.

◀에어리얼 화이트 위에 스텔라 화이트 펄을 칠했더니 이 반짝임!! 이 조합은 그야말로 최강입니다.

# 프레임에도 악센트를 더해보자

### 수성 블랙 서페이서를 밑색으로!

▶수성 서페이서 중에는 검정도 있습니다. 관절은 그 색을 밑색으로 하고, 그 위에 LINKL PLANET 컬러를 덧칠하겠습니다.

### 혼색할 수 있습니다!

▶LINKL PLANET 컬러는 혼색도 가능합니다. 스텔라 화이트 펄과 스텔라 블루를 혼색해서 푸르스름한 프레임으로 칠하겠습니다.

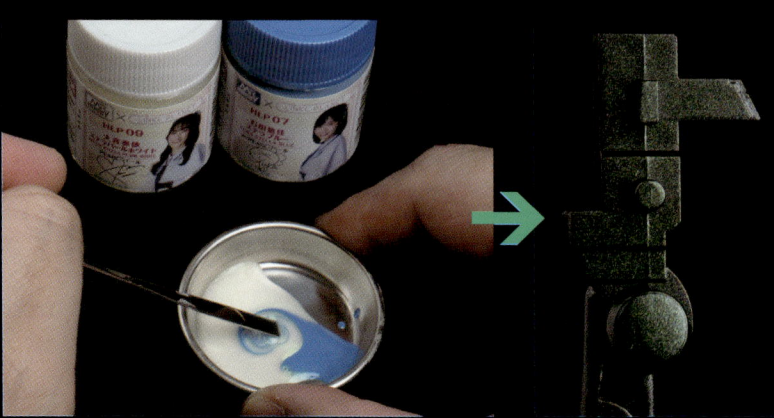

### 프레임에도 색을 추가

◀검은색 위에 직접 혼색한 도료를 칠하면 이런 분위기로. 파랑과 녹색 같은 반짝임이 생겨납니다. 이걸로 각 프레임과 외장에 조화가 생겨났습니다.

# 수성 하비 컬러로 반짝이는 「건담 캘리번」 완성!

▲◀수성 하비 컬러는 도막도 튼튼. 특히 클리어 코팅의 성능이 상당히 좋습니다. LINKL PLANET 컬러에도 그 성능이 이어졌습니다. 그러니까 평범하게 움직이거나 만지는 정도로는 도막은 끄떡도 안 합니다.

BANDAi SPIRITS 1/144 스케일 플라스틱 키트 '하이 그레이드'

## X-EX01 건담 캘리번
제작 / 코보 판다

\ 마무리 /

균일하게 칠하기나 그러데이션, 붓도색만이 아니라 유광 도색과 펄 도색까지 가능해진 「수성 하비 컬러」. 이 도료는 그야말로 거침없이 진화하고 있습니다. 일본산 프라모델과 궁합이 좋은 색을 확실하게 조사&선정한 도료라서 건프라와도 궁합이 발군. P.62에서 해설한 에어브러시 도색의 포인트만 지켜도, 당신의 도색 스타일에 새로운 힘을 더해줄 수 있습니다. 부디 이 책의 기사를 참고해서 수성 하비 컬러 에어브러시 도색을 즐겨주세요.

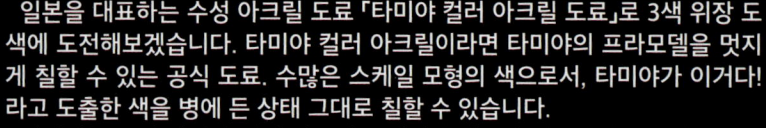

# 타미야가 도출한 색으로 건프라를 멋지게 칠하자!

BANDAI SPIRITS 1/144 scale plastic kit
"High Grade UNIVERSAL CENTURY"
MSN-04 SAZABI
modeled & described by KENTARO

일본을 대표하는 수성 아크릴 도료 「타미야 컬러 아크릴 도료」로 3색 위장 도색에 도전해보겠습니다. 타미야 컬러 아크릴이라면 타미야의 프라모델을 멋지게 칠할 수 있는 공식 도료. 수많은 스케일 모형의 색으로서, 타미야가 이거다! 라고 도출한 색을 병에 든 상태 그대로 칠할 수 있습니다.

이번에는 그런 타미야 컬러 아크릴 중에서 독일군의 대표적인 3색 위장 색을 선정해서 '빛과 그림자 위장'을 HGUC 사자비에 칠해볼까 합니다. 이 위장은 콘도 카즈히사 씨가 그린 육전형 사자비에 그려진 위장. 이번에는 그것을 오마주하는 형태로 에어브러시 위장 도색 예로 소개합니다.

위장 도색 자체는 사실 그렇게 어렵지 않습니다. 그리고 칠하고 나면 멋지게 보이는 도색 방법이니까, 부디 이 기사를 읽고 따라해보세요.

**POINT**
- 전부 조립한 상태에서 칠하자!
- 주된 위장 도색 방법 2종을 배우자
- 위장 도색은 리터치가 중요!

## 타미야 컬러 아크릴이란?

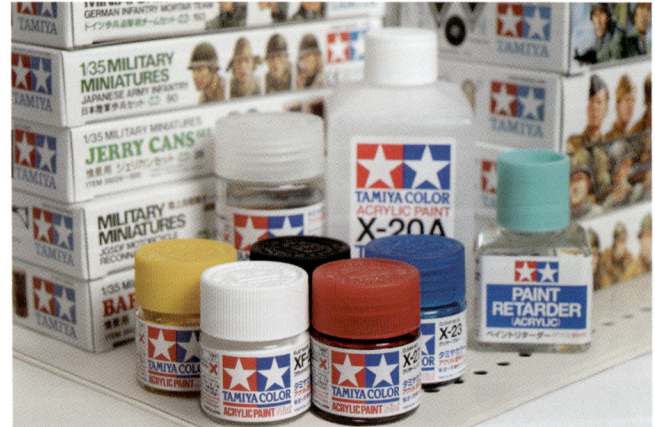

▲스케일 모델을 즐기는 사람은 메인 도료로 사용하는 사람도 많은, 전세계에서 사랑받는 도료. 자극적인 냄새도 없고 아크릴 도료만의 높은 차폐력도 매력적. 많은 모형점 등에서 취급해서 보충하기 쉬운 점도 이점입니다.

◀물로도 희석할 수 있는 수용성 도료지만, 에어브러시로 칠할 때는 전용 아크릴 용제를 사용하는 것을 추천합니다. 도료와 아크릴 용제 1:1 비율로 희석해서 칠하는 것이 좋습니다.

## 빛과 그림자 위장이란?

▲독일군이 제2차 세계대전 말기에 투입했던 야크트 티거(사진)과 킹 티거, 팬터 등의 제2차 세계대전 유럽 전선의 클라이맥스에서 연합군과 격전을 펼친 독일군 차량의 위장 중 하나. 3색 위장 중에서 작은 점들이 있는데, 이것은 '나무 사이로 비치는 햇살'을 표현했다고 합니다.

## 사용하는 것은 「이 3색」!!

◀타미야가 2018년에 발매한 다크 옐로2, 다크 그린2, 레드 브라운2 세가지 색을 사용합니다. 이것은 2018년 시점의 고증을 바탕으로, 대전 후기 독일군 차량에 칠했던 색을 이미지로 만든 도료. 대전 후기의 빛과 그림자 위장 패턴에도 딱 어울리는 색감입니다. 이것을 혼색 없이 그대로 칠합니다!

# 위장 도색 준비

도색하는 사람은 켄타로. 전차 모형에서도 밑칠에 사용하는 옥사이드 레드 서페이서를 뿌린 뒤에 에어브러시 도색을 하겠습니다.

## 가르쳐주는 사람

켄타로

▲하비재팬 How to의 대장이라고 할 수 있는 켄타로. 스케일 모델부터 건프라까지 다양한 How to 기사를 담당합니다.

### 제작 공간 「크래프트 네스트」에서 도색했습니다!

▲최근에 화제인 제작 공간. 저희도 실제로 찾아갔고, 그 자리에서 건프라를 도색해봤습니다. 결과는 정답. 만약 도색을 해보고 싶어도 자택의 환경 문제로 힘들어서 고민하는 분은 꼭 한번 방문해보세요. 즐거운 모형 체험이 기다리고 있습니다.

### 캔 스프레이로 밑칠 도색

▲캔 스프레이 '타미야 파인 서페이서 옥사이드 레드'로 밑색을 뿌리는 켄타로. 에어브러시 책인데! 라고 제지했더니 '타미야 파인 서페이서 옥사이드 레드는 타미야 아크릴과 궁합이 좋아서 정말 칠하기 좋아진다. 그리고 3색 위장 밑색이라면 옥사이드 레드지'라고 반론. 뭐, 좋습니다. 캔 스프레이도 도색과 병행해도 되니까!

### 손잡이와 도색 베이스

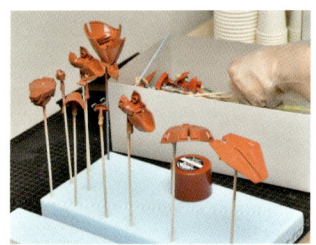

▲에어브러시 도색, 캔 스프레이 도색 때는 손잡이와 도색 베이스를 꼭 준비해주세요. 도색할 때도 말릴 때도 필수!

### 배 부분을 마스킹

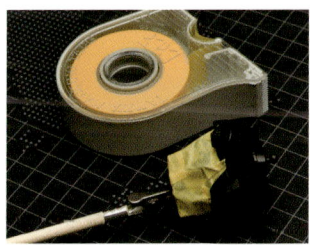

▲3색 위장은 전체를 조립하고 칠해서 위장의 라인을 연결합니다. 여기서 P.15부터 소개하고 있는 마스킹 테크닉이 도움이 됩니다. 배의 회색은 회색 그대로 두고 싶으니까 마스킹을 합니다.

### 다크 옐로2를 도색

▲이쪽은 다크 옐로2를 칠하는 모습. 도료와 희석액 1:1, 에어 압력 0.1MPa로 설정하고 칠했습니다.

### 밑색 옥사이드 레드를 살려봅시다

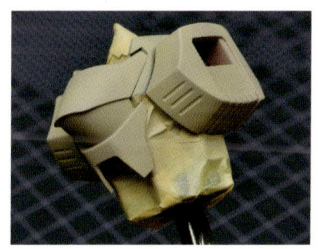

▲완전히 덮어버리면 옥사이드 레드를 칠한 의미가 없어집니다. 살짝 비치는 정도까지만 칠합니다.

# 위장 도색 시작

## 다크 옐로2를 칠하고 조립한 상태

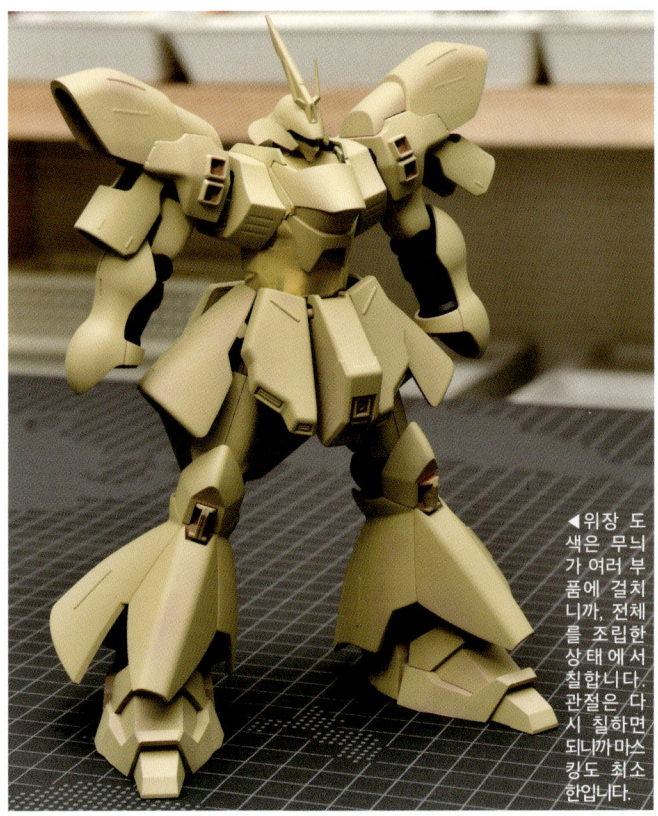

◀위장 도색은 무늬가 여러 부품에 걸치니까, 전체를 조립한 상태에서 칠합니다. 관절은 다시 칠하면 되니까 마스킹도 최소한입니다.

### 가는 선을 그리고~

▲기본 도색과 다르게 겹치는 색은 가늘게 뿌리니까 농도도 1:1.5, 공기 압력도 0.05MPa로 낮췄습니다. 일단 뿌리는 방법을 보세요.

### 조금씩 굵게 해줍니다

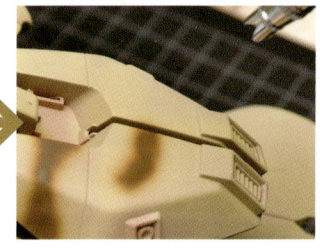

▲위장 도색은 물결치는 것 같은 무늬가 기본. 그래서 선을 하나 그린 뒤에 그것을 조금씩 굵게 해주면서 무늬를 확대해가면 위장 무늬가 완성. 이것이 첫 번째 방법.

### 윤곽선 그리기

▲다른 방법은 무늬를 정하고 테두리를 그린 뒤에 안을 채우는 방법. 옅게 뿌리면서 테두리를 그려줍니다.

### 안을 채워줍니다

▲테두리를 그렸으면 안을 채웁니다. 이 방법이면 끝이 뾰족한 무늬도 그리기 쉽습니다. 보통 이 두 가지 방법으로 위장을 그립니다.

# 레드 브라운 위장 도색의 포인트

### \ 옆의 장갑과 라인을 연결합니다 /

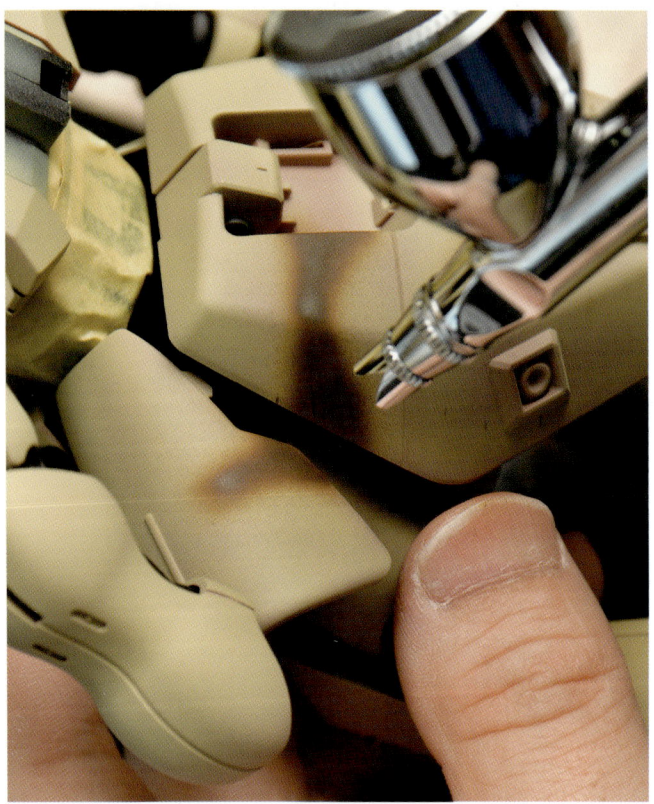

▲라인을 그릴 때 도료가 튄 부분을 그대로 위장 라인으로 이어서 리커버. 여기도 선을 그린 뒤에 같은 곳에 계속 뿌려서 선을 굵게 해줍니다.

### \ 다크 그린의 여지를 남깁니다 /

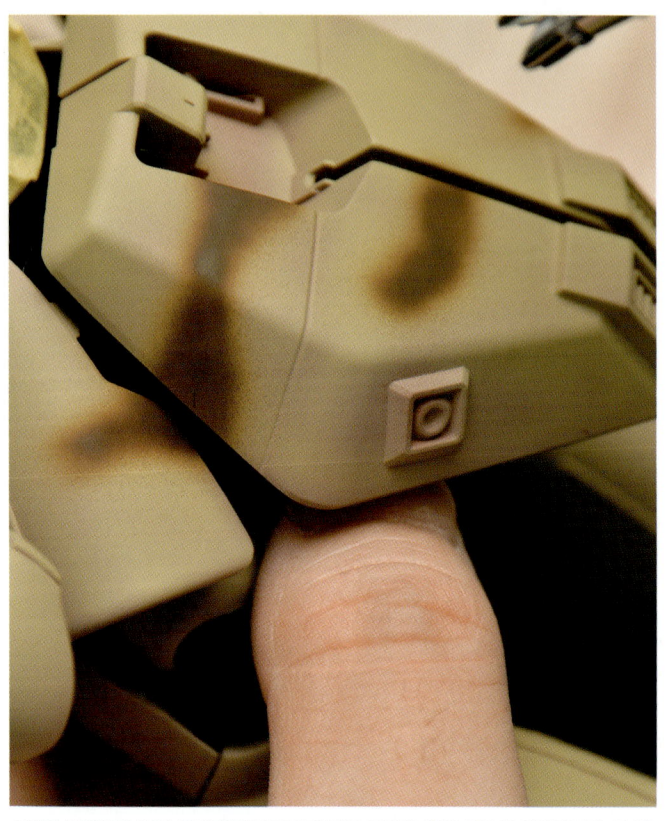

▲다크 브라운을 너무 많이 뿌리면 나중에 다크 그린을 칠할 공간이 없어집니다. 주의!

### \ 빛과 그림자 위장은 위장을 굵게 /

▲다크 브라운 안에 2색 도트를 배치해야 하니까 폭을 확대. 다크 그린도 마찬가지니까, 항상 어렴풋이나마 완성한 이미지를 의식합니다.

### \ 발을 칠할 때는 종이를 깔아주세요! /

▲왼발 끝이 브라운이면 오른발에 그린 라인을 넣어주면 멋있습니다. 안 쓰는 종이를 깔아주면 책상을 더럽히지 않고 발을 칠하기 편합니다.

## \ 덜 칠하지 않게 주의! /

▲허벅지에도 위장. 주위의 위장 라인의 상태를 보면서, 여기에도 나중에 그린이 들어 간다는 것을 의식하며 칠해줍니다.

## \ 무릎 뒤쪽도 의외로 맹점 /

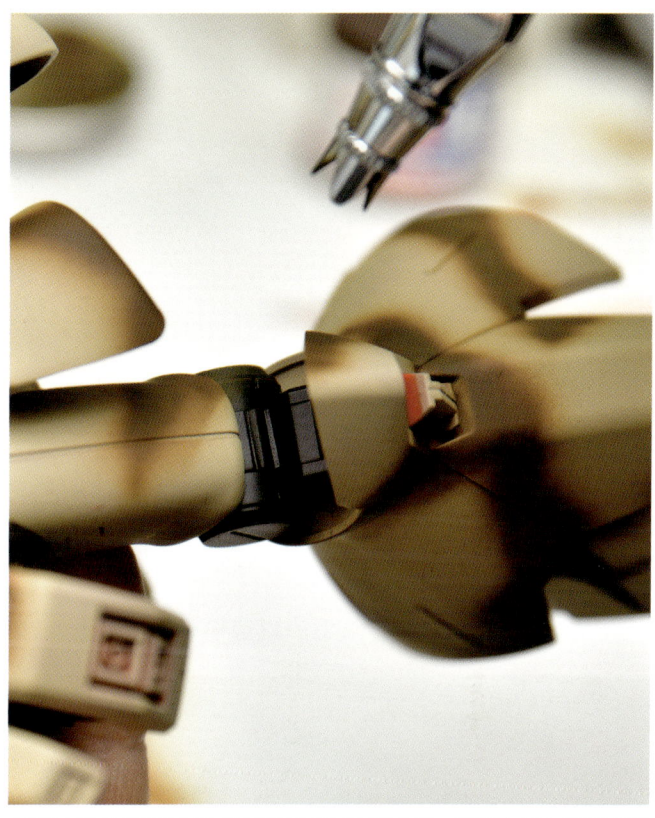

▲가동 부분을 움직여서 덜 칠한 부분이 없도록 칠합니다. 허벅지와 무릎 아머가 겹쳐 지는 부분 등이 빠트리기 쉽습니다.

## \ 실드에도 레드 브라운을 도색 /

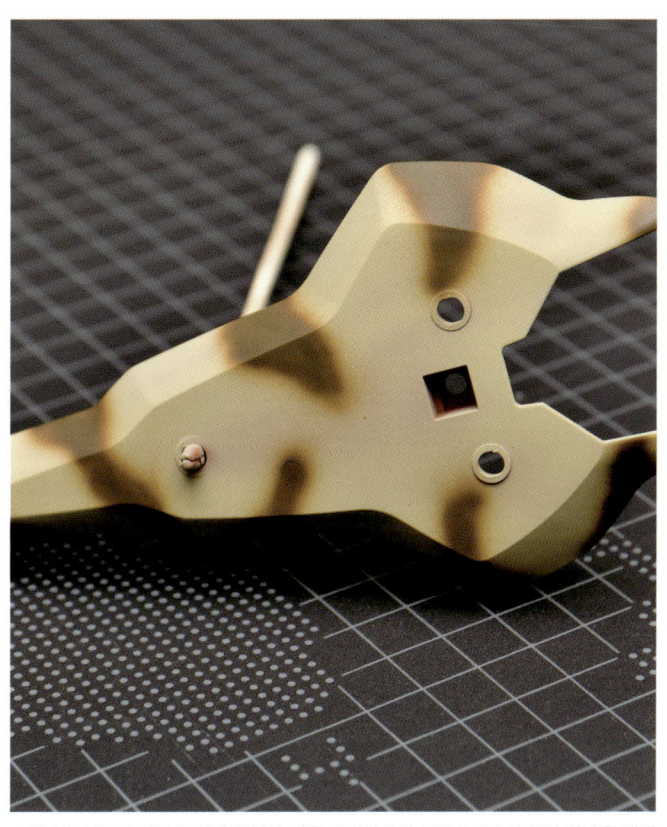

▲실드도 나중에 다크 그린이 들어갈 것을 고려하면서 브라운으로 조금씩 위장을 배치 합니다.

## \ 2색 위장 완성! /

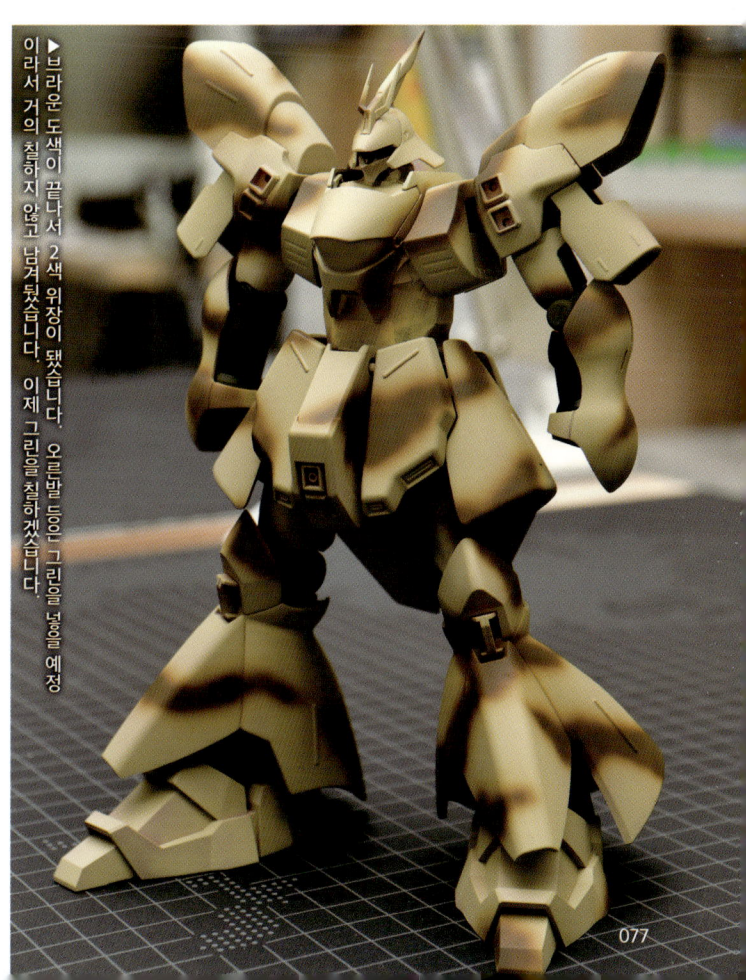

▶브라운 도색이 끝나서 2색 위장이 됐습니다. 오른발 등은 그린을 넣을 예정이라서 거의 칠하지 않고 남겨뒀습니다. 이제 그린을 칠하겠습니다.

# 다크 그린 위장 도색의 포인트

### \ 다크 그린2 도색…… 어라?! /

▲다크 그린을 뿌리다가 잘못 뿌려서 얼룩이 생겼습니다. 위장 도색은 농도와 에어 압력 조절이 까다로우니까, 가능하다면 시험해본 뒤에 칠해주세요.

### \ 수정은 아주 간단! /

▲얼룩이 졌으면 그곳을 커버하면서 칠하면 됩니다. 다크 그린도 선을 조금씩 굵게 해주면서 실패한 부분을 덧칠해서 커버합니다.

### \ 실드의 색이 늘어났습니다 /

▲실드는 위장을 실험하기 딱 좋습니다. 녹색과 갈색은 서로 접해도 되고 옐로 1.5, 그린 1, 브라운 1 정도의 기분으로 칠했습니다.

### \ 본체에 다크 그린2를 칠합니다 /

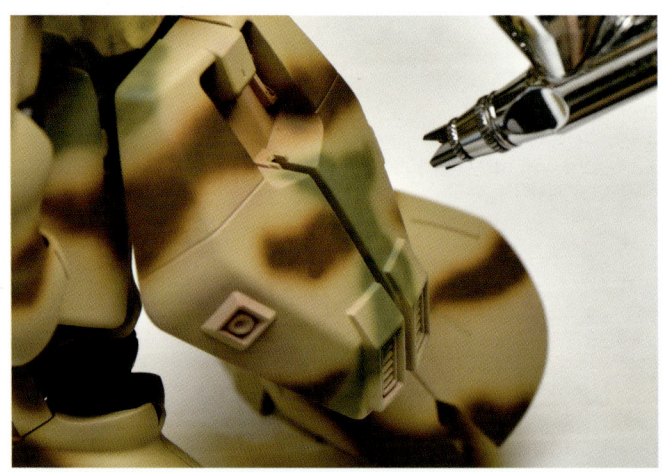

▲브라운과의 밸런스를 보면서 옐로 위에 그린을 겹칠합니다. 브라운은 가로 위장이지만 그린은 세로로 선을 뻗어나갔습니다.

### \ 색이 부딪치는 부분을 확인 /

▲브라운은 그린보다 짙은 색이니까, 먼저 칠하면 그린 도료가 브라운 위에 입혀지면서 색의 농도를 중화합니다. 이것이 좋은 블렌딩 효과를 자아냅니다.

### \ 3색을 다 칠했습니다! /

▲브라운 위장을 연결하고 일부러 선을 가늘게 구부렸더니, 위장 라인이 여러 부품에 걸치는 흐름을 구축했습니다. 조립하고 칠하면 이렇게 여러 부품에 걸치는 위장을 칠하기 쉽습니다.

# 3색 위장의 마무리와 붓을 이용한 도트 무늬

\ 다시 한 번 위장 도색 /

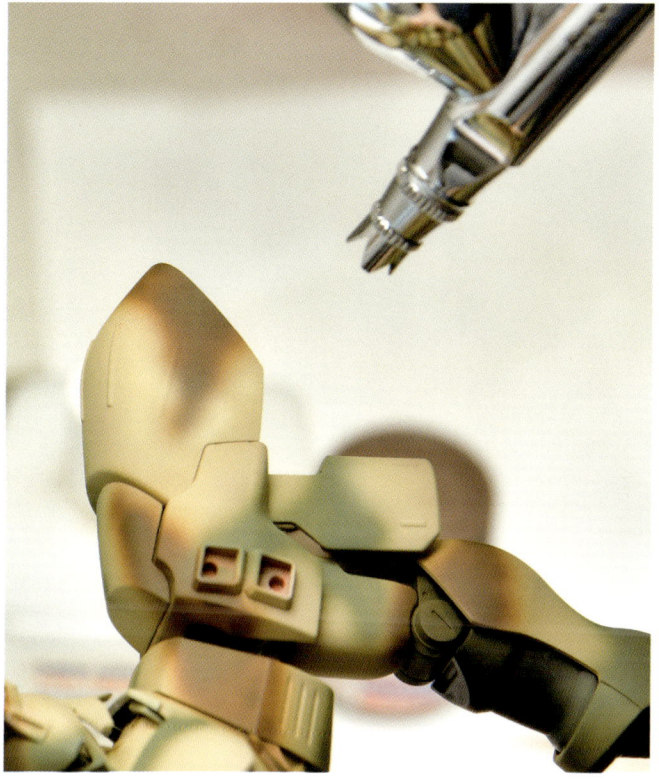

▲여기서 다시 한 번 전체를 보고 브라운과 녹색의 숫자를 체크해서 부족하면 추가하고, 밸런스가 나쁜 부분은 다른 색으로 덮어씌웁니다. 삐져나온 곳이나 도료가 튄 부분도 같이 수정합니다.

\ 우묵한 부분도 꼼꼼히 확인 /

▲우묵한 부분은 에어브러시를 가늘게 뿌려서 대처. 부품을 아슬아슬한 정도까지 부품에 가까이 대고 수정하세요.

\ 점은 붓으로 그립니다 /

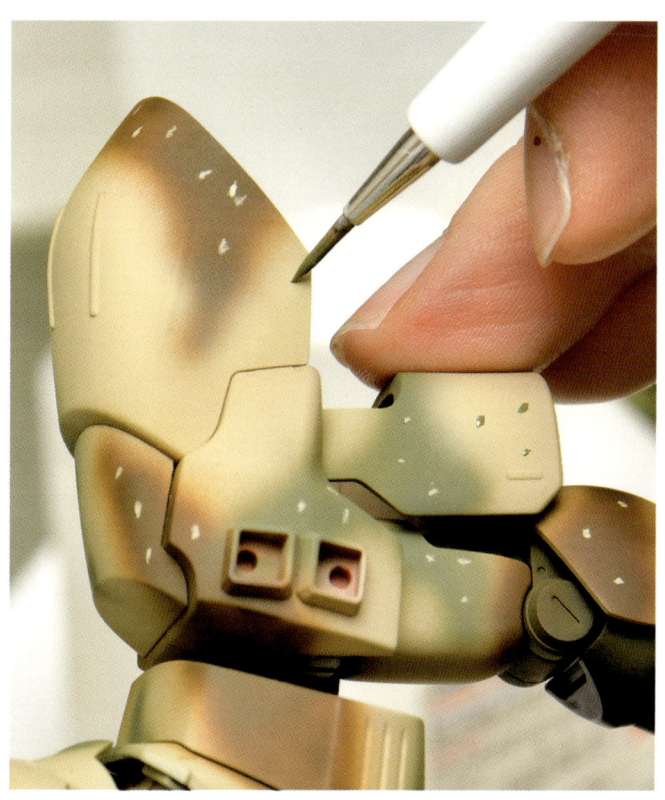

▲위장을 정리했으면 마지막으로 도트를 그립니다. 다크 옐로라면 브라운과 그린을 각각 붓으로 그립니다. 붓끝 터치도 위장의 맛이니까, 도트 모양은 붓이 가는 대로 맡겨보세요.

\ 빛과 그림자 위장을 칠했습니다! /

▲왼팔뿐이지만 빛과 그림자 위장이 완성됐습니다. 이 도트를 전신에 찍어줍니다. 만약 도트에 실패해도 베이스 색을 다시 칠해서 리터치하면 OK.

# Finished!
# MSN-04 SAZABI

BANDAI SPIRITS 1/144 scale plastic kit
"High Grade UNIVERSAL CENTURY"
MSN-04 SAZABI
modeled & described by KENTARO

**BANDAI SPIRITS 1/144 스케일 플라스틱 키트**
**'하이 그레이드 유니버설 센추리'**
## MSN-04 사자비
제작·글 / 켄타로

▲실드 등의 진한 검정 부분은 검정 서페이서 위에 저먼 그레이로 그러데이션 도색. 마킹 데칼 등은 나이팅게일용을 사용했습니다.

▲먹선은 GSI 크레오스의 Mr.웨더링 컬러 셰이드 브라운. 필터링 용도는 물론이고, 이런 아크릴계 도료에는 도막을 해치지 않는 먹선 도료로도 활용할 수 있습니다.

▶위장 무늬는 브라운을 칠하고 그 사이에 도트를 그려 넣었습니다. 도트를 그려 넣는 방식으로 칠했습니다. '곳곳에 도트를 그려 여지를 만들어 라인이 인접하는 부분이 생기면서 위장이 자연스럽게 정리되었습니다.

### \ 마무리 /

위장 도색은 세세하게 칠하면 실루엣을 판별할 수 없을 만큼의 힘이 있으니까, 역설적으로 모형에서는 너무 세세하지 않는 정도가 좋다고 생각합니다. 저는 편하게, 위장 도색을 하라고 명령받은 정비병이 된 기분으로 어느 정도 대충, 그러면서도 파일럿의 마음에 들도록 멋지게 한다는 생각으로 칠했습니다.

빛과 그림자 위장은 위장 도색 중에서도 손이 많이 가는 편이지만, 해보면 의외로 그럴듯하게 나오고, 실패하더라도 기본색을 덧칠해서 리커버할 수 있습니다. 일단 부담 없이 도전해보세요.

**BANDAI SPIRITS 1/144 스케일 플라스틱 키트**
'하이 그레이드 유니버설 센추리'
# MSN-04 사자비
제작 / 켄타로

\ 에어브러시 도색이 더 재미있어진다?! /
# 모델러가 많이 사용하는 이 기술 저 기술

해설 / 켄타로

여기서는 모델러가 자주 사용하는 에어브러시 도색이기에 가능한 이런 기술 저런 기술을 소개. 단순한 것부터 자기 책임으로 하는 것까지 다양하니까, 꼭 즐겨보세요.

## 손잡이로 부품을 잡을 수 없을 때 사용하는 테크닉

발매 이후로 온갖 부품을 잡아서 도색을 도와주는 고양이 손 계열 도구(봉과 집게가 일체화된 아이템). 모형 세계에서는 보통 '손잡이'라고 부릅니다. 그런데 그런 손잡이로도 '잡을 데가 없어!', '부품이 너무 커서 안정적으로 고정이 안 돼!' 같은 경우가 자주 있습니다. 그런 때 사용하는 기술을 잘 배워두면 보다 쾌적한 에어브러시 도색이 가능합니다.

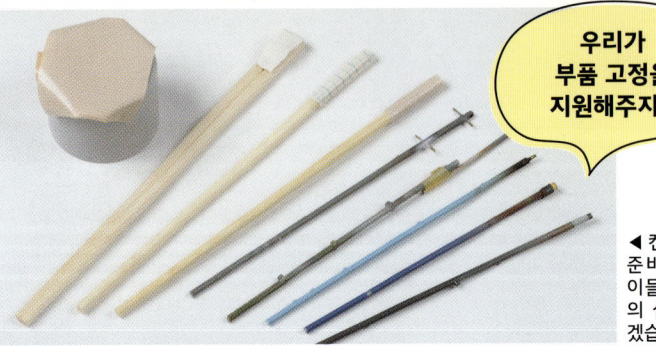

우리가 부품 고정을 지원해주지!!

◀켄타로가 준비한 손잡이들. 이것들의 실력을 보겠습니다!

### 남은 런너를 손잡이로 재사용!

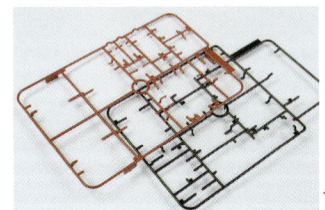

▲프라모델 런너는 여러모로 편리. 도색할 때 손잡이로도 변신합니다.

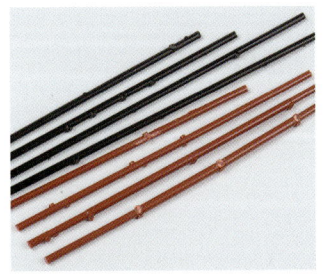

▲어느 정도 길이가 있는 부분을 잘라주면 지름 3mm 프라봉이 됩니다. 손잡이 완성.

▲관절 폴리캡이나 관절 구멍에 딱! 헐렁하면 마스킹 테이프를 감아서 굵게 만들고, 빡빡하면 아트 나이프로 깎아서 조절하면 됩니다.

▲비행기 미사일 등에도 효과적. 집게로 잡으면 그 부분에 도료가 칠해지지 않아서 도막 부분에 차이가 생길 것 같은 부품을 칠할 때는, 1mm 황동봉을 꽂아서 고정하면 됩니다. 부품에 구멍을 뚫을 때는 완성한 뒤에 보이지 않는 접착면 등에 뚫어주세요.

▲블루택은 아주 편리! 떡 지우개보다 안정적으로 고정할 수 있습니다. 나무젓가락에 붙여주기만 하면 손잡이가 됩니다.

## 대충 하는 마스킹도 에어브러시 도색이라면 괜찮아!!

에어브러시를 사용하지 않는 사람들이 흔히 하는 말인 '에어브러시는 철저하게 마스킹을 해야 하니까 힘들겠다…'라는 의견. 전혀 아닙니다! 걱정이 많은 사람이나 고압에 대량으로 뿌리는 타입의 사람은 마스킹을 제대로 하지 않으면 이상한데 도료가 묻을 수도 있지만, 마스킹을 최대한 생략하는 것도 얼마든지 가능합니다. 특히 붙인 뒤에 나이프로 자르는 건 순식간에. 삐져나오면? 리터치하면 그만입니다!! 에어브러시를 가늘게 뿌릴 수 있으면 여기서 소개하는 정도 마스킹으로도 깔끔하게 칠할 수 있습니다!

▲한가운데 해치만 칠하는 데 이정도로 마스킹을 해야 하나~ 라고 생각하는 사람도 많을 겁니다. 에어브러시 도색은 가늘게 뿌려서 가늘게 칠할 수 있으니까, 이렇게까지 마스킹을 할 필요는 없습니다.

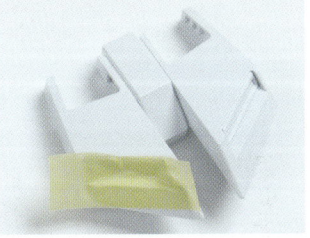

▲V건담의 드러스터를 예로. 먼저 드러스터 부분에 마스킹 테이프를 대략적으로 붙이고, 이쑤시개 등으로 몰드에 밀착합니다.

▲몰드를 따라 아트 나이프로 테이프를 잘라줍니다.

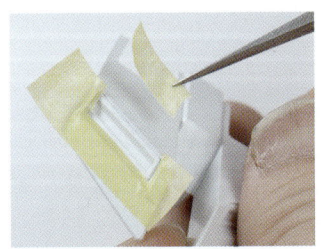

▲드러스터 일부가 드러났습니다. 이렇게 하면 단번에 마스킹이 가능합니다.

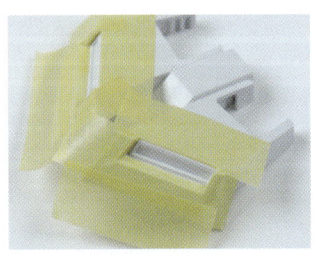

▲이제 드러스터 주위에 마스킹 테이프를 붙이면 끝. 드러스터 이외의 부분을 미이라처럼 칭칭 감을 필요는 없습니다.

▲버니어 내부도 칠해주면 멋지죠. 이쪽도 버니어 부품에 뚜껑을 덮는 것처럼 테이프를 붙이고, 버니어 안쪽을 따라서 잘라줍니다.

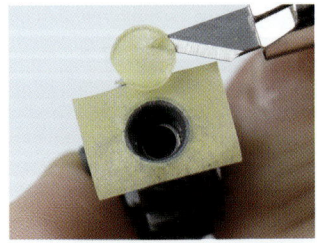

▲자! 마스킹 완성! 내부 색이 버니어 테두리 부분으로 삐져나오면, 붓으로 버니어 바깥쪽 색을 칠해주면 간단히 리터치해줄 수 있습니다.

# 「바람」「물」「서페이서」「클리어」……
# 에어브러시는 다양한 것을 뿌릴 수 있어서 강하다!

에어브러시로 도료만 뿌린다고 생각했다면 큰 착각. 수성 도료의 일시적인 세척에 물을 사용하는 것처럼 액체라면 뭐든지 뿌릴 수 있어서, 캔 스프레이 수요가 큰 서페이서나 클리어 도료도 뿌릴 수 있고, 서페이서와 클리어도 독자적인 블렌딩이 가능합니다. 하지만 메탈 프라이머를 뿌렸을 때는 바로 세척하지 않으면, 메탈 프라이머가 에어브러시 내부를 코팅해버리고 도료가 눌러붙어버리니까 조심하세요.

### 서페이서를 뿌려보자!

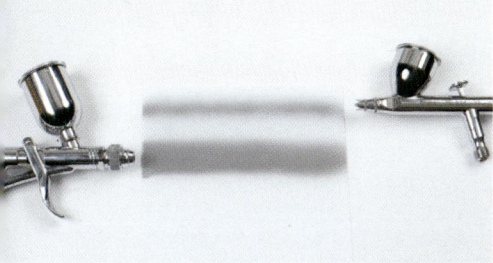

▲병에 든 서페이서를 판다는 것은 에어브러시로 뿌릴 수 있다는 뜻. 에어브러시 구경을 바꾸거나 서페이서 농도를 바꾸기만 해도, 캔 스프레이로 뿌리는 것보다 다양한 방법으로 칠할 수 있습니다. 그리고 서페이서 색을 독자적으로 블렌딩할 수도 있습니다.

난 최강의 에어 마스터가 될 거다!!

▲공기를 뿜으니까, 에어브러시가 있으면 모형에 묻은 먼지나 연마한 찌꺼기를 단번에 날려버릴 수 있습니다. 도색 전에 해주면 먼지를 없앨 수 있습니다. 노즐에 도료가 있을 때 뿜으면, 도료가 날리면서 슬픈 결과가 찾아오니까, 잘 확인한 뒤에 해주세요.

### 투명술사가 되겠어!

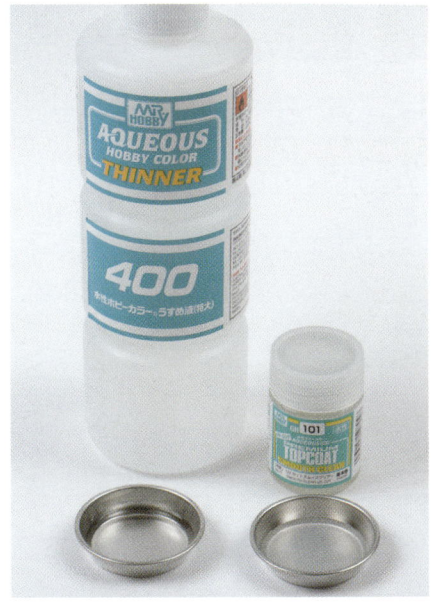

▲에어브러시라면 마감용 클리어도 자유자재. '무광에 가까운 반광'처럼, 무광과 반광을 섞는다든지 해서 독자적인 광택을 조절할 수 있습니다.

### 물을 뿌려서 키트를 씻어주자!!

▲이것은 필자 후미테시가 도색 전날에 하는 테크닉. 공작 등에서 생긴 먼지와 유분 등을 세차하는 느낌으로 씻어줍니다. 씻을 때 아래에 큰 반찬통을 깔아두면 팍팍 씻어도 걱정 없습니다. 그리고 면봉이나 킴스와이프로 닦아서 하루 동안 말립니다.

# 좋아하는 색이 딱딱하게… 그럴 때는「진·용매액」!!

오랫동안 도료를 사용하지 않으면, 딱딱하게 굳어버리는 경우가 자주 있습니다. 특히 혼색해서 만족스럽게 만든 컬러가 딱딱해져 있으면 좀 씁쓸합니다. 그럴 때, 도료를 부활시켜주는 것이 GSI 크레오스의 진·용매액. 바로 한번 해보겠습니다.

▲예전에 조색한 색도 지금은 옛일…. 딱딱하게 굳었습니다.

▲포기하지마!! 진·용매액이 있어! 이걸 부어주고 하룻밤 놔두세요.

▲부활! 이제 다시 칠할 수 있겠네요….

# 용제에 따라 도색면이 달라진다?! 약간 깊은 용제의 세계를 알아보자

'용제'. 에어브러시 도색에서 말하는 '희석액'입니다. 카탈로그를 보면 특히 래커 도료에는 '희석액', '레벨링 희석액', '메탈 마스터' 등 다양한 이름이 붙은 용제가 있고, 그것들의 다양한 효능이 적혀 있습니다. 그리고 같은 색을 각각 다른 용제로 칠해보면 발색이나 건조 시간 등에 변화가 발생합니다. 에어브러시 도색을 더 파고들고 싶은 분은, 용제에 관해서도 체크해주세요.

◀같은 빨강을 다른 용제로 칠해봤습니다. 왼쪽부터 '가이아노츠 프로 유즈 시너', '피니셔즈 퓨어 시너', 'Mr.컬러 희석액', 'Mr.컬러 레벨링 희석액'. 같은 도료라도 용제에 따라 광택이나 색감이 달라집니다.

## \ HJ 모델러가 자주 사용하는 용제의 특징! /

**●GSI 크레오스**
Mr.컬러 희석액 / 영원한 표준. 전국 어디서든 구할 수 있는 용제.
Mr.컬러 레벨링 희석액 / 건조 시간을 늦춰서 보다 매끄러운 도막이 되는 것이 특징.
Mr.컬러 Mr.래피드 속건 희석액 / 이름 그대로 건조 시간이 아주 빨라집니다. 메탈릭 도료와 상성이 좋고, 빨리 말라서 건조 중에 금속 입자가 움직이지도 않습니다.

**●가이아노츠**
브러시 마스터 / 가이아 컬러 희석액에 리타더를 넣은 것. 건조가 늦춰지면서 도료가 매끄럽게 퍼지고, 광택감이 늘어나는 효과도 있습니다.
메탈릭 마스터 / 보통 컬러도 희석 가능. 메탈릭 컬러, 펄 컬러의 입자를 균일하고 뭉치지 않게 희석해서, 지금까지 이상의 금속 느낌을 깔끔하게 표현할 수 있습니다. 통상적인 희석액 성분과 다르게, 메탈릭 입자를 분산하고 정착하는 내용입니다.
프로 유즈 시너 / 메카 서프 희석에 사용하면 마모 내성과 도료 정착력이 향상됩니다. 덕분에 관절 등에 '색'으로 사용해도 벗겨지거나 긁히는 일이 줄어듭니다. 통상 가이아노츠 용제보다 강한 용제입니다. 통상 도료 희석에도 쓸 수 있고, 같은 효과를 발휘합니다.

**●피니셔즈**
퓨어 시너 / 피니셔즈 컬러의 아름다운 광택을 더 이끌어내는 시너. 물론 다른 메이커의 도료도 희석 가능합니다.

## 프로 유즈 시너를 다뤄보자!

모델러 NAOKI 씨가 프로듀스하는 NAZCA 시리즈(발매원/가이아노츠)에 있는 용제. 이것은 강한 용제인 대신에 도료의 정착력을 향상시킨다는 선전 문구와 함께 판매하고 있습니다. 강력한 용제이기에 도료를 녹이는 데 뛰어난 성질이 있어서, 농도가 높은 채 잘 녹은 상태로 도료를 뿌릴 수 있습니다. 에어 압력이 높은 컴프레서가 있다면 한방에 밑색을 차폐하고 아름다운 도색면을 만들 수 있습니다!

 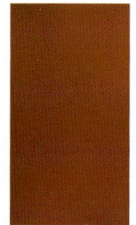

◀검정 밑색에 프로 유즈 시너로 희석한 빨강을 칠했습니다. 양쪽 모두 한 번씩. 왼쪽은 도료와 신너 비율이 1:0.5, 오른쪽은 1:1. 짙은 도료로 칠한 왼쪽은 한 번에 밑색을 확실하게 차폐했고, 시너의 성능 덕분에 표면이 거칠어지지도 않았습니다.

# 계속 뿌리고 싶다! 그렇다면 컵을 특대 사이즈로 체인지!

같은 색을 뿌리다가 중간에 컵의 도료가 떨어지는 경우가 자주 있습니다. 거기서 작업이 끊기고, 거기서 도료를 다시 만들어서 농도를 조절하면 뭔가 텐션이 달라져서 마음대로 안 되고, 하다하다 집중력까지 떨어지는 일도. 그럴 땐 한 번에 도료를 잔뜩 저장해서 뿌리면 좋겠는데… 싶을 때가 있죠! 큰 컵. 타미야라면 '스프레이 워크 도료 컵'이 두 종류 발매되고 있는데, 17cc와 40cc. 게다가 싸게 구입할 수 있다는 놀라운 사실. GSI 크레오스도 마찬가지로 대용량 컵이 있는데, 그 사이즈가 장장 150cc. 이쪽은 금속이라서 아주 튼튼합니다. 대형 모델이나 같은 색을 많이 사용할 때는 이런 큰 컵으로 바꿔주면 작업이 압도적으로 편해집니다!!

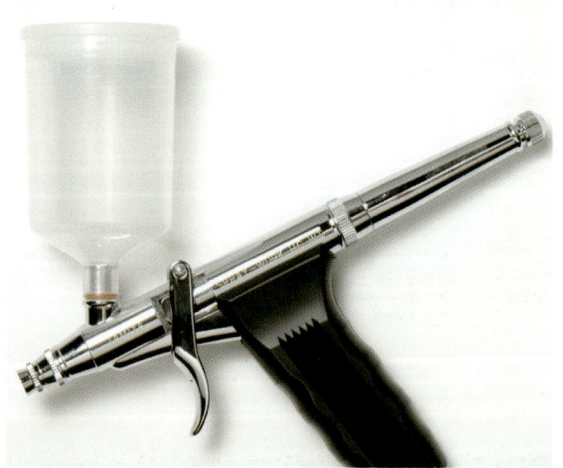 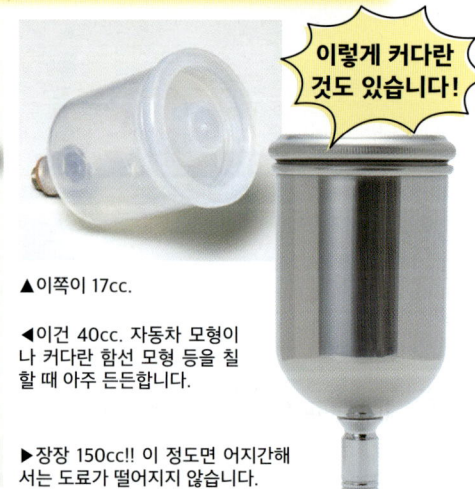

이렇게 커다란 것도 있습니다!

▲이쪽이 17cc.

◀이건 40cc. 자동차 모형이나 커다란 함선 모형 등을 칠할 때 아주 든든합니다.

▶장장 150cc!! 이 정도면 어지간해서는 도료가 떨어지지 않습니다.

# 하는 사람도 있지만 조금 위험한 필살기! 캡 벗기기!!

니들 캡은 핸드 피스의 중요한 니들을 보호하기 위한 것입니다. 하지만 좀 더 넓은 범위에 확 뿌리고 싶다! 반대로 좀 더 가까이 대고 섬세하게 칠하고 싶다! 그런 도전 정신 넘치는 모델러는 가끔씩 이 캡을 벗기고 니들을 노출해서 칠하기도 합니다. 정말로 양날의 검 같은 방법이니까, 해보고 싶을 때는 신중하게 도전하세요.

▲니들 캡을 벗깁니다. 이러면 캡 크기만큼 모형과의 거리를 줄일 수 있습니다. 하지만 니들이 부딪히면 파손을 피할 수 없습니다.

▲위쪽이 캡을 벗기고 칠한 상태. 아래는 크라운 타입 캡을 장착하고 칠한 상태. 위쪽이 약간 폭이 넓고, 뿌리는 거리가 가까워지는 만큼 색이 아주 진한 부분이 보입니다.

▲니들 끝으로 그리는 것처럼 가늘게 뿌리기. 캡이 없는 만큼 거리가 극히 가까워지고, 보다 매끄러운 선이 그려졌습니다.

# 에어브러시는 웨더링 도색에도 아주 적합한 도구입니다!!

최근에 웨더링 도색의 대명사 'Mr.웨더링 컬러'를 에어브러시로 뿌리는 분들이 많아졌습니다. 이 도료는 에어브러시로 뿌리기에 딱 좋은 농도입니다. 병에 든 도료를 바로 컵에 따러서 뿌려봤더니… 정말 균일하게 뿌려집니다! 사막의 바람으로 생긴 균일한 웨더링 같은 것들은 정말 이런 걸 원했다, 수준으로 아주 편리합니다. 색을 바꿔서 먼지 같은 색을 칠하고, 그것을 붓으로 털어냈더니. 오, 이것도 좋은 얼룩이다….

▲웨더링 컬러의 농도를 확인. 도료 접시에 덜어봤더니 에어브러시로 뿌리는 도료 농도와 비슷한 느낌입니다.

▲뿌려보니… 의외로 되네! 약간 묽은 농도지만 제대로 발색됩니다.

▲흙먼지 같은 느낌에 어울리지 않을까…. 바퀴 부분에 뿌려보겠습니다.

▲단번에 웨더링 컬러를 칠했고, 나중에 붓으로 느낌을 조절하겠습니다.

▲웨더링 컬러 희석액을 적신 붓으로 톡톡 두드려줍니다.

▲아주 좋은 느낌으로 흙 얼룩이 눌러붙은 표현이 됐습니다!

▲다음은 사막 차량. 사진을 보면 사막 차량은 균일하게 모래 범벅이 되는 경우가 많습니다. 에어브러시로 샌디 워시를 뿌려보겠습니다.

▲도료가 고이지 않게, 계속 움직이면서 사막색을 잘 발색시켜 줍니다.

▲완성! 마른 웨더링 컬러가 적절한 가루 느낌을 주면서, 정말로 사막에서 사용한 것 같은 멋진 분위기가 됐습니다.

## 아크릴 도료를 사용한 「알코올 지우기」

웨더링 컬러 이외의 도료로도 뿌리고 손질하는 수단이 유효. 알코올 도료를 뿌린 곳에 알코올로 도료를 지워내는 '알코올 지우기'도 대표적인 에어브러시를 사용한 웨더링입니다.

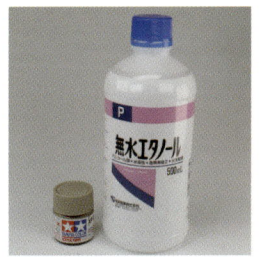
▲아크릴 도료와 무수 에탄올을 준비. 이걸로 알코올 지우기를 해보겠습니다.

▲이 기법을 쓰면 단번에 멋있어지는 전차 궤도로 해보겠습니다. 먼저 단색으로 칠한 궤도를 준비합니다.

▲아크릴 도료 버프를 뿌립니다. 전체를 다 덮어버릴 필요는 없고, 궤도 전체에 입혀주는 느낌으로 칠해주세요.

▲버프가 반쯤 말랐을 때 알코올을 적신 붓으로 깎아내는 느낌으로 문지릅니다.

▲그러면 알코올 덕분에 버프가 흘러나오면서 흙먼지 같은 느낌이 됩니다. 그야말로 퍼펙트한 흙먼지 분위기! 게다가 파스텔 같은 가루와 다르게 만져도 지워지지 않는 게 정말 좋습니다.

## 스퍼트링에 도전!

미그 아모에서 발매하는 스플래시 시리즈를 이용한 테크닉(묽은 에나멜 도료나 웨더링 컬러로도 가능). 이것은 붓에 적신 도료를 에어브러시로 뿌려서 도료를 다양한 방향으로 날리게 하고, 그걸로 진흙이 튄 느낌을 표현하는 '스퍼터링'이라는 기법입니다.

▲도료를 날려서 자연스러운 진흙 느낌을 표현하는 '스퍼트링'. 그 전용 도료도 나오고 있습니다.

▲미그 아모 도료를 열면 이런 느낌. 걸쭉합니다.

▲붓과 에어브러시 꿈의 협연. 컵에는 아무것도 넣지 않고, 붓을 노리고 공기를 고압으로 뿜어줍니다.

▲도료가 랜덤하게 날리면서 진흙이 튄 것 같은 느낌이 됩니다. 이번에 사용한 SPRASHES는 유광 도료. 수분이 남아 있는 진흙 느낌을 표현할 수 있습니다.

▲다른 웨더링 위에 뿌리면 밑색의 광택이 없는 오래된 얼룩과 지금 막 생긴 새로운 얼룩이 겹쳐지면서 정보량이 많아집니다.

\ 나에게 맞는 도색 환경은 어떤 것일까? /
# 도색 환경을 상중하로 생각해보자

프라모델 도색은 '환기', '공간', '조명' 등 다양한 조건을 스스로 골라야 합니다. 여기서는 하비재팬에서 작례를 만드는 모델러들의 사례를 보면서, 도색 환경에 대해 생각해보겠습니다.

## 꿈의 전용 공간!! HJ 공작실

▶이쪽은 도색은 물론이고 모형 제작의 궁극형. 모형을 만들기 위한 방입니다. 여기서는 이번 특집 기사 촬영도 했는데, 만들고→칠하고→촬영까지 하는 모형 제작의 사이클이 여기서 완결됩니다. 게다가 어째선지 방음…. 전용 방을 만드는 건 꽤 어려운 일이지만, 이런 꿈의 공간을 목표로 삼는 것도 좋습니다!!

▲켄타로는 항상 여기서 How to를 촬영. 많을 때는 주 3회 작업합니다. 기사 제작에 빼놓을 수 없는 중요한 장소겠죠.

## 고성능 도색 부스를 설치!

### 모두가 꿈꾸는 「네로 부스」 특주 사이즈!!

\ NAOKI /

▲모델러 NAOKI는 도색 부스의 최고봉이라고 할 수 있는 '네로 부스'를 사용. 래커 도료의 강렬한 냄새와 미스트를 팍팍 빨아들여줍니다. NAOKI는 작업 공간과 도색 공간을 병용. 그래서 가능한 한 크기도 출력도 큰 도색 부스를 검토한 결과, 책상 크기에 맞춘 '네로 부스' 특주품을 선택했습니다. 덕분에 집진력은 뛰어나지만, 동시에 바깥 공기도 엄청나게 들어와서 여름엔 덥고 겨울엔 춥습니다! 조명은 휴대폰 충전기 겸용 타입을 사용. 스마트폰을 보면서 작업할 수 있어서 쾌적합니다.

### 고성능 도색 부스+도색 전용 공간으로 효율화!

\ urahana3 /

▲모델러 urahana3도 고성능 도색 부스로서 많은 모델러가 지지하는 'MOTO 부스'를 사용. 집안에 도색 전용 코너를 만들어서 도색에만 집중할 수 있게 했습니다. 창가라서 자연광도 잘 들어오기에 색감 확인도 문제 없습니다. 도색 부스 위치가 높지 않은가? 라고 생각한 당신, 날카롭군요! urahana3는 항상 서서 도색한다고 합니다. 그래야 집중이 잘 된다나요.

# 인기 도색 부스도 있습니다!

## 수많은 작례가 태어난 편집장의 콕피트

\ 키무라 마나부(하비재팬 편집장) /

▲편집장 자신이 콕피트에 타는 스타일로 작례를 팍팍 만들고 있는 키무라 마나부 편집장의 제작 환경. GSI 크레오스의 인기 도색 부스 'Mr.슈퍼 부스'를 창가에 설치. 긴 책상으로 공작&도색 공간을 확보했습니다. 한신 타이거즈 머그컵이 시선을 사로잡는데, 그 옆에 있는 수납장에는 '빨강 계열', '파랑 계열', '회색 계열' 등 자주 사용하는 도료를 구분해서, 색을 찾는 효율을 높였습니다. 이번 철인 28호 작례도 여기서 만들었습니다.

## 좋은 본보기! 따라하기 쉬운 도색 환경!

\ 에메스 @ifrit /

▲모델러 에메스의 도색 환경. 일반적인 긴 책상에 Mr.슈퍼 부스를 설치. 2013년에 이 도색 부스를 사서 계속 현역으로 사용한다고. 그리고 도료 보관용으로 무인양품의 보관함을 사용해서 도료를 깔끔하게 관리하고 있습니다. 사진을 보면 알겠지만, 아주 콤팩트하면서도 필요 최소한의 물건으로 구축했습니다. 에어브러시 도색을 마음껏 즐기고 싶은 분에게 본보기로 소개하고 싶은 환경입니다.

# 수성 도료라면 주변에 있는 물건으로도 만들 수 있다!

### 상자 부스!

▲냄새가 적고 래커 도료와 비교하면 환경에도 좋은 수성 도료. 이쪽을 메인으로 사용한다면 이런 간이 상자 부스로도 OK! 하비재팬에도 자사의 상자를 잘라서 만든 간이 부스가 있고, 자주 사용합니다. 포인트는 '창가에 설치', 도료가 되돌아오거나 미스트가 흩날리지 않도록 '안에 종이를 뭉쳐서 넣어둔다', '책상에 신문이나 비닐을 깔아준다'입니다. 특히 안에 종이를 뭉쳐서 넣어주면 부스에 뿌린 도료를 종이가 잡아줍니다. P.8에서도 소개한 무선 에어브러시와도 궁합이 좋으니까, 따라해보시면 어떨까요?

# 번외편! 제작 공간에 가서 칠하자!!

현재 일본 전국에는 모형 제작을 즐길 수 있는 장소와 공구, 도료 등을 제공하는 '제작 스페이스'가 탄생하고 있습니다. 집에서는 도저히 도색을 할 수가 없어! 하지만 해보고 싶어! 그런 분은 꼭 제작 스페이스를 활용해보세요. 이번에 켄타로가 제작한 3색 위장 사자비는 도쿄 요요기 우에하라에 있는 제작 스페이스 '크래프트 네스트'에서 도색했습니다. 제작 스페이스에 가면 프라모델에만 집중할 수 있어서 모형을 완성하는 속도도 빨라집니다.

▲2023년 2월에 도쿄 요요기 우에하라에 오픈한 제작 스페이스 '크래프트 네스트'. 건축업에 종사했던 사장님이 오픈한 가게답게 인테리어가 아주 깔끔!

▲공구는 어떤 프라모델에도 대응할 수 있을 만큼 충실!

▲수성, 래커, 에나멜, 서페이서, 탑코트까지 거의 모든 도료를 구비!

▲네로 부스 mini 5대, 네로 부스 2대가 설치된 도색 부스. 원하는 핸드 피스를 빌려서 도색할 수 있습니다.

▲설비가 너무 좋은 덕에 거의 하루 만에 3색 도색 사자비를 칠한 켄타로. 'HJ 공작실보다 좋은 것 같아…'라고 절찬!!

**모형 제작 스페이스 '크래프트 네스트'**
주소/우편번호 151-0066 도쿄도 시부야구 니시하라 3-13-11 T・S 빌딩 2층 전화/03-6407-1049 영업시간/12:00~22:00(입점 마감 20:30. 마감 이후에 입점하고 싶은 분은 전화 상담) 정기 휴일/월요일 ※요금, 각종 서비스는 크래프트네스트 홈페이지(https://craft-nest.com)를 확인해주세요.

# \ 프로 모델러 15명에게 물었다 /
# 어떤 에어브러시를 쓰나요?

자, 지금까지 다양한 How to를 소개했는데, 실제로는 어떤 에어브러시를 쓰는지 궁금하지 않나요? 여기서는 하비재팬이 자랑하는 프로 모델러들 15명의 에어브러시와 그 주변 환경을 알아보겠습니다.

## \ 유즈P /
캐릭터 모델을 메인으로 제작. 10대 시절부터 본지 작례를 맡았고, 도구와 재료 지식도 풍부.

▲핸드 피스는 H&S 제작 에어텍스 판매 '에볼루션A'를 사용.

▲'도색 환경은 항상 깔끔한 상태를 유지'를 의식한다는 유즈P.

▲컴프레서는 하이거 산업 'DC991AL'. 출력이 상당히 세서 사포 연마로 나온 가루를 단번에 날려버릴 수 있다.

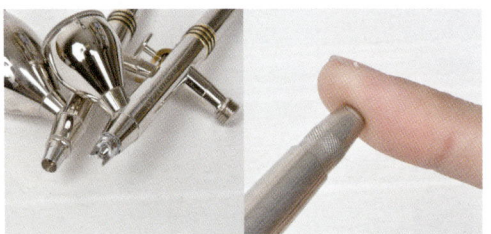
▲핸드 피스는 다양한 커스터마이즈가 가능. 노크식 조절장치로 니들을 조절하고, 다양한 니들 구경, 니들 캡이 발매되고 있어서 커스텀의 폭이 넓다.

## \ urahana3 /
독특한 감성에 바탕을 둔 도색으로 아름답고 완급이 살아있는 모형이 특기인 주부 모델러.

▲GSI 크레오스의 'WA 플래티넘 03 더블 액션 Ver.2'를 사용. 짙게 희석해서 뿌리는 경우가 많기에, 노즐 막힘 등의 문제에 대응할 수 있도록 많이 유통되는 핸드 피스를 선택.

◀컴프레서는 Toolsisland의 '미니 컴프레서(3L 탱크 포함)'. 중국 메이커라서 불안하기도 했지만, 7년 동안 문제없이 사용 중.

## \ nishi /
하이레벨 도색 기술로 미소녀부터 캐릭터 모델까지 아름답게 만드는 올라운더.

▲컴프레서는 절판된 에어텍스의 'APC-007C'. 동등한 성능인 홀베인 '와서 15A'도 추천한다고.

▲도색 부스는 '호환 부스'에 시코로 팬을 장착.

◀핸드 피스는 올림포스 'HP-120B(0.3mm)'를 메인으로 아네스트이와타 'HP-BH(0.2mm)'를 에나멜 도료용, 타미야 'HG(0.3mm)'를 메탈릭용으로 구분해서 사용.

## \ 마이스터 세키타 /
THE GUNDAM BASE TOKYO 건프라 마이스터로 활약하는, 도색 표현의 전도사.

▲컴프레서는 nishi와 마찬가지로 절판된 에어텍스의 'APC-007C'를 사용. 압력도 높고 거의 무음으로 사용 가능.

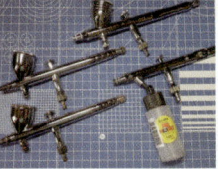
▲핸드 피스는 0.3mm '슈퍼 에어브러시 ADVANCE', 0.2mm 더블 액션 '프로콘 BOY FWA 플래티넘', 흡상식 'HP플러스 시리즈 흡상식' 등, 용도에 맞춰 4개를 사용.

▶조용하고 정비하기 편하도록 도색 부스: 조색과 도색할 때 영향이 없도록 안쪽에 검은 폴리프로필렌 판을 붙였다. DIY한 도색 부스.

## \ NAOKI /
메카닉 디자인, 조형, 조형 프로듀스 등 다양한 필드에서 활약하는 멀티 크리에이터.

▲웨이브, GSI 크레오스의 더블 액션+풍량 다이얼 달린 것을 중심으로 10개. 일이나 작례 등 시간과의 싸움인 경우가 많아서 효율을 추구하다 보니 이렇게 됐다고.

▲에어텍스 'APC-006D', 레이우드 'nitri comp v2'를 사용. 각각 5개의 핸드 피스에 에어를 분배하기 위해 출력이 강한 기종을 사용.

## \ 타나카무시 /
'건담 포워드'에서 '느긋한 모형 생활 즐기기'를 연재. GBWC 2019 챔피언인 남편 Re-ta와 공용.

▲컴프레서와 핸드 피스 2개, 주변기기가 모두 세트로 구성된 GSI 크레오스의 'Mr.리니어 컴프레서 L7/플래티넘 트윈 세트'를 사용.

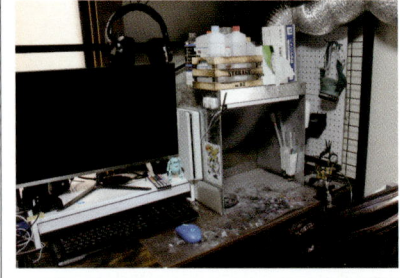
도색 부스는 '네로 부스 mini'를 사용. 니들을 마셔도 냄새가 신경 쓰이지 서 먹지 않는다.

## \ keiichiro /
음영을 잘 살린 도색으로 '창채 소녀 정원' 특집호 '하비 재팬 엑스트라'에서 표지 모델을 제작.

▶▼컴프레서는 GSI 크레오스의 'L5', 도색 부스는 타미야 '트윈 팬'. 안쪽에 보이는 식기 건조기와 병용해서 작업 효율을 높인다.

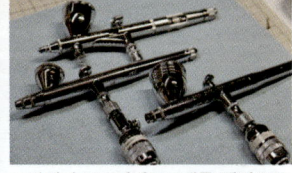
▲타미야 HG 시리즈 2개를 메인으로, 작정하고 그러데이션 도색할 때는 섬세한 컨트롤이 특징인 아네스트이와타 '커스텀 마이크론'을 사용.

## \ nikh /

공작 정밀도, 색 사용, 오리지널리티 넘치는 어레인지 등 '작품성'이 뛰어난 신예 모델러.

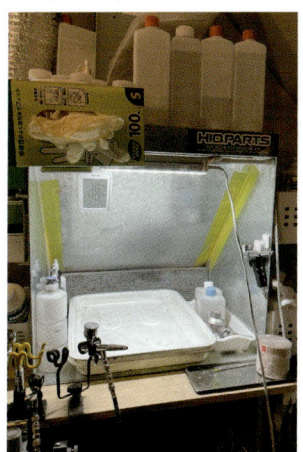

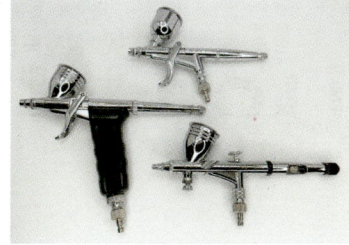

▲사진 중앙의 타미야 'HG 트리거 에어브러시(슈퍼 파인)'을 메인으로, GSI 크레오스 'WA 트리거 타입 더블 액션'은 서페이서와 메탈릭에, 'Mr.에어브러시 커스텀 018 더블 액션'은 섬세한 작업에 사용.

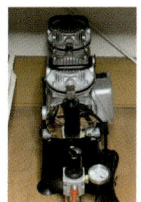

◀에어텍스 '006D'를 사용. 서페이서 등에 압 사용 가능.

◀네로 부스를 중심으로 가로로 손이 닿는 곳에 여러 도색 중에 앉은 채 지를 배치.

## \ 마츠오지 /

꼼꼼한 공작과 도색을 무기로, 캐릭터 키트 메인으로 본지에서 활약하는 모델러.

◀에어텍스 '블랙홀'을 사용. DIY로 판 2개를 비스듬하게 고정해서 흡입력이 극적으로 증가. 컴프레서는 GSI 크레오스 'L5'를 사용.

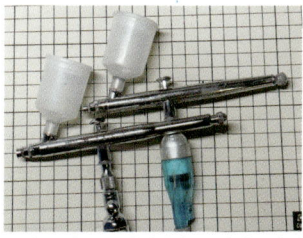

▲핸드 피스는 타미야 'HG 에어브러시 III'. 컵을 교환 가능해서 좋다고.

## \ 에메스@ifrit /

일본풍 무늬를 사용한 작품이나 부드러운 분위기의 작품 등, 독특한 도색 표현이 특기인 신예 모델러.

▲모델러로 활약해서 번 돈으로 GSI 크레오스의 'L5'를 구입. 조용하고 오랫동안 칠해도 압이 떨어지지 않아서 좋다고.

◀핸드 피스는 0.5mm 구경 더블 액션 '프로콘 BOY LWAPS266'과 카트리지식 에어브러시 'FLYER-SR'을 사용. 양쪽 모두 큰 면적 도색에 적합한데, 희석 농도 등을 조절하면 깔끔한 그러데이션 도색이 가능하다는 걸 알 수 있다.

## \ 하타나카 히로시 /

정밀도 높은 공작으로 키트 리뷰부터 스크래치까지 소화하는 멀티 모델러. 카 모델이 특기.

▲총 12개의 핸드 피스를 전부 에어텍스 링 크조인트에 장착해서 정비 효율을 높였다. 그리고 효율 중시를 추구한 결과 캡 뒤쪽을 가공해서 니들을 그대로 빼서 청소할 수 있도록 개조.

▲목판을 DIY해서 만든 도색 부스를 사용. 측면에 수건 걸이를 달아 핸드 피스를 수납하고, 전원 멀티탭으로 효율화를 꾀하는 등, DIY만의 요소를 볼 수 있다.

◀전에 사용한 컴프레서가 망가졌을 때 인터넷에서 3L 탱크가 달린 미니 컴프레서를 구입했고, 지금까지 사용하고 있다.

## \ ikepon /

금속 부품과 데칼을 균형있게 배치한 디테일업으로 완급을 살린 처리가 특기.

▲컴프레서는 Toolsisland '미니 컴프레서(3L 탱크 포함)', 부스는 네로 부스 mini를 사용.

▲사진 위에서부터 Toolsisland '에어브러시 0.3mm'를 에나멜 도료용, GSI 크레오스 'WA 더블 액션 0.3mm'를 코팅용, 'WA 플래티넘 0.3mm Ver.2'를 메인 도색, 타미야 '슈퍼 맥스 SX0.5D'를 서페이서와 메탈릭 도색용으로 구분해서 사용한다.

## \ 코지마 대대장 /

세미 스크래치와 디테일업, 웨더링 도색 등 다양한 기법에 정통한 베테랑 모델러.

▼RAYWOOD의 제품으로 통일한 도색 시스템. 핸드 피스는 'PROFIX Tech Liner TH-B02'를 메인으로, 'TH-A01', 'TH-T02'를 서브로 사용하며, 컴프레서도 동사의 'NITRO-COMP 니트로 콤프 V2'와 'V1+PROFIX AIR-SYSTEM 에어브러시용 에어 탱크 T-25'를 사용한다.

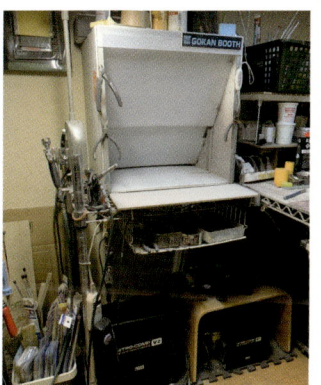

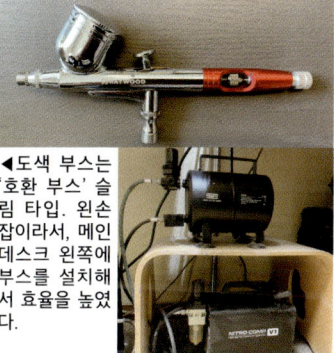

◀도색 부스는 '호환 부스' 슬림 타입. 왼손잡이라서, 메인 데스크 왼쪽에 부스를 설치해서 효율을 높였다.

## \ 아이카와 카츠히코 /

세세한 곳까지 챙기는 꼼꼼한 공작과 빠른 제작 스피드로, 주로 최신 키트 리뷰 등을 담당하는 중견 모델러.

◀사진 왼쪽 아래부터 GSI 크레오스 '플래티넘 더블 액션 0.3', '플래티넘 더블 액션 0.3 Ver.2'가 2개, 왼쪽 위부터 '더블 액션 0.5', '트리거 더블 액션 0.3', 타미야 '슈퍼 맥스 SX0.3D'. 시간 절약을 위해 6개를 사용. 조작감을 맞추기 위해 가능한 한 같은 회사 제품을 사용한다.

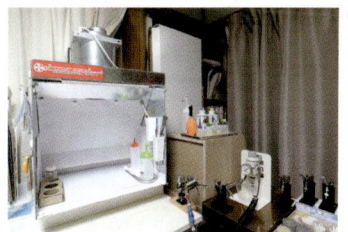

▲컴프레서는 최근에 바꾼 GSI 크레오스 'L7'.

◀도색 부스는 '네로 부스 mini'를 사용. 위를 깔끔하게 정리 책상 위 정돈했다.

## \ 니르에트 /

공작과 도색에서 독자적인 어레인지를 하면서도 지킬 건 지키는 아름다운 결과물이 특징. 주로 걸프라를 담당.

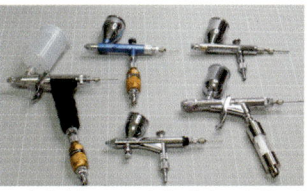

▲타미야 'HG 트리거 에어브러시', 에어텍스 '뷰티4+0.3mm', GSI 크레오스 'LWA 트리거 타입 더블 액션' 등, 각 메이커의 제품을 시험하면서 찾다 보니 저절로 늘어났다고.

▲3평 방에서 제작, 도색, 촬영을 전부 한다. 도색 부스는 '호환 부스', 사진의 까만 물체는 닛포산교의 컴프레서 'TWIN CUBE'. 작으면서 에어 압력도 충분하고, 버튼 하나로 압을 바꿔줄 수 있다.

## \ 마무리 /

어떠셨나요? 각 방의 구조와 도색 습관 등에 맞춰 구축한 프로 모델러의 '에어브러시 시스템'에 담긴 각자의 고집 같은 것을 느끼셨을까요?

\ 켄타로 전수! /

핸드 피스 청소 좋아요!!

◀켄타로는 다양한 How to 촬영에서도 자주 핸드 피스를 정비합니다. 에어브러시 청소를 아주 좋아하는 켄타로가 가르쳐드립니다.

# 핸드 피스 정비!!
## 소중한 파트너와 오래 함께하자!

에어브러시 도색에서 피할 수 없는 일이 청소. 바로 정비입니다. 매일매일 꼼꼼히 정비하면 성능이 떨어지지 않고 오랫동안 함께 모형 도색을 즐길 수 있습니다. 켄타로가 그런 정비를 가르쳐드립니다. 도색 중에 색을 바꿀 때의 청소와, 얼룩을 확실하게 제거하고 싶은 본격적인 정비 두 종류를 보여드립니다.

해설 / 켄타로

## 도색 중에 색을 바꿀 때 청소

지금 사용하는 색에서 다른 색으로 바꿀 때 핸드 피스의 컵에 그대로 도료를 넣으면 대참사! 일단 컵 내부를 깨끗이 비워야 하는데, 그 방법을 소개합니다.

### 컵 안의 도료를 바꾸겠습니다

▲색을 바꿀 때는 먼저 컵의 내용물을 최대한 줄여주세요.

### 일단 대략적으로 닦아냅니다

▲컵 내부 벽에 묻은 도료도 닦아주세요. 너무 힘을 주지는 말고 닦아냅니다.

### 희석액 등장
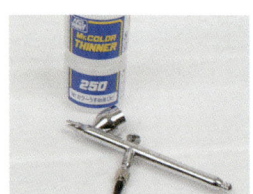
▲여기서부터는 희석액이 등장합니다. 그 도료에 맞는 희석액을 사용하세요.

### 컵에 희석액을 담아줍니다

▲컵 바닥에 고일 정도로 희석액을 담아주세요. 너무 많이 담으면 나중에 고생합니다.

### 노즐 캡을 풀어줍니다

▲본체에 가장 가까운 위치의 노즐 캡을 빠지지 않을 정도로 풀어줍니다. 한 바퀴 반 정도.

### 버튼을 누르고 당깁니다

▲조작하면 공기가 흘러서 부글부글 섞이는데, 이것을 뽀글이라고 합니다.

### 뽀글이가 끝났으면 희석액을 버리세요
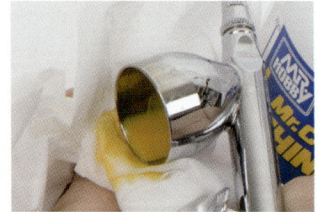
▲컵의 용제를 버립니다. 뽀글이는 컵의 도료를 섞을 때도 자주 사용합니다.

### 다시 한 번 반복합니다

▲뽀글이를 한 번 더. 두 번째라서 투명도가 높아졌습니다. 조금만 더.

### 희석액에 색이 안 보일 때까지!

▲여기까지 하면 다음 색이 흰색 계열이라도 괜찮습니다. 남은 용제는 뚜껑을 닦을 때 활용.

## 도색 완료! 마무리 청소를 합시다!!

다음은 도색 공정이 끝나고 마무리 청소입니다. 이건 너무 과하게 하면 핸드 피스에 대미지를 줄 수도 있으니까, 도색 공정이 전부 끝난 뒤에 마무리 의식으로 하는 쪽을 추천합니다. 절대 하면 안 되는 것은 핸드 피스를 그대로 툴 클리너 등에 담그는 것. 핸드 피스 내부의 패킹 등이 심하게 상해서 고장의 원인이 됩니다. 켄타로처럼 살살 정비해주세요.

\ 핸드 피스는 이렇게 더러워집니다! /

여기서는 HJ 공작실에 있는 핸드 피스와 필자 후미테시의 역전의 핸드 피스를 예로, 주로 어떤 오염이 생기는지 보겠습니다.

### 컵에서 도료가 흘러서 생긴 얼룩!

▲사용하다 보면 자연스레 더러워지는 바깥쪽도 마지막에 깔끔하게 청소하세요.

### 도료가 묻은 손으로 만졌죠! 니들 캡 내부도 카오스!
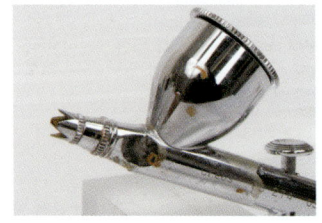
▲끝의 크라운 안에 도료가 고이면 작업 중에도 신경 쓰입니다.

### 컵 내부 테두리에 눌러붙은 도료……

▲컵 바닥 끝은 도료가 남기 쉽고, 니들도 있어서 청소가 힘듭니다.

### 같은 모델인데……
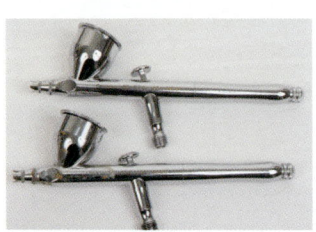
▲새 에어브러시는 팍팍 작동하는데, 버튼을 눌러도 돌아가지 않습니다…

# 본격 정비 개시!!!

### 우리가 맡겠다!
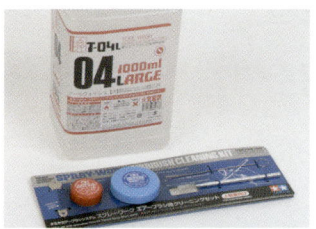
▲툴 클리너와 타미야 에어브러싱 클리닝 세트를 사용합니다.

### 꼬리 부분을 분리
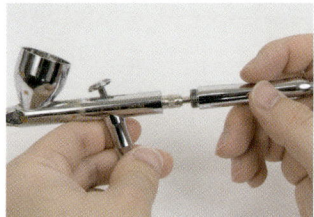
▲먼저 뒤쪽 축 캡을 분리합니다. 굴러가지 않게 잘 놔두세요.

### 니들 캡, 노즐 캡을 분리

▲앞쪽 캡은 도료 때문에 고착되는 경우가 많으니까 같이 분리해도 OK.

### 니들 척을 풀어서 니들을 뽑자!
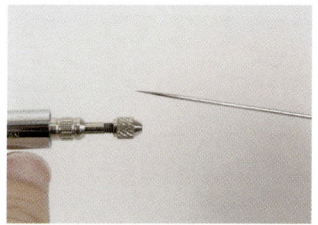
▲컵에 도료가 없는지 확인하고 천천히, 똑바로 빼주세요.

### 전용 렌치로 노즐을 분리

▲처음에만 렌치를 사용합니다. 노즐이 파손되지 않게 천천히.

### 분해 완료!
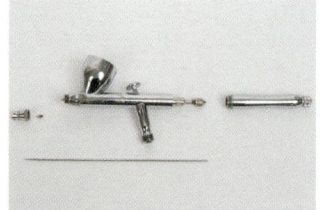
▲노즐과 니들 등 예민한 부분이 많으니까 조심해서 작업하세요.

### 작은 부품 세척

▲고무가 없는 부품은 그대로 툴 클리너에 담가주세요.

### 니들을 살살 닦아줍니다
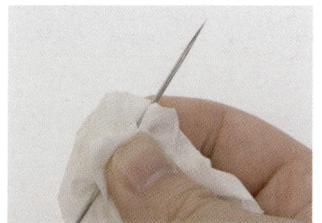
▲니들은 힘을 주면 쉽게 구부러지니까, 너무 박박 닦지 마세요.

### 니들 끝은 섬세!
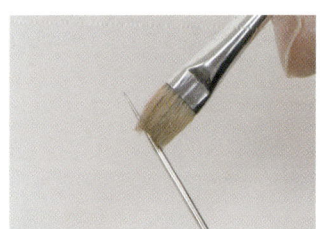
▲용제를 머금은 붓으로 얼룩을 닦아줍니다. 세정 전용 붓을 준비하세요.

### 솔로 내부를 벅벅 세척!
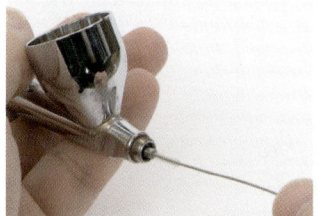
▲클리닝 세트의 극세 솔로 내부를 닦아줍니다. 여기도 조심해서 작업하세요.

### 위에서 봅시다
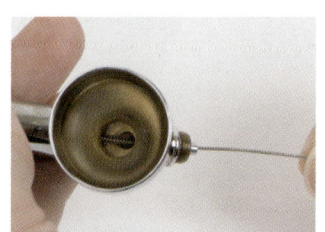
▲때를 밀어 넣지 않도록, 끝이 뒤쪽 구멍에 걸치는 정도에서 멈춰주세요.

### 꼬아서?!
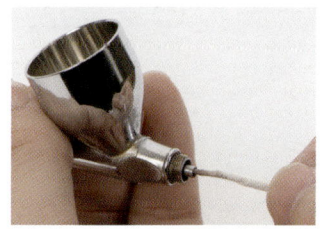
▲안에 툴 클리너가 남으니까, 천 등을 꼬아서 닦아냅니다.

### 또 꼬아서?!

▲툴 클리너에 직접 닿지 않도록 노즐을 건져냅니다.

### 표면을 닦아줍니다

▲남은 툴 클리너로 본체 표면과 컵 뚜껑 등을 깨끗이 닦습니다.

### 버튼 등의 세척
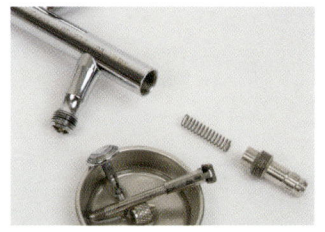
▲버튼이 잘 돌아오지 않아서, 이번에는 특별히 뒤쪽도 세척합니다. 먼저 분해 세척.

### 버튼 주변도 더러워지는 포인트

▲도료가 흘러 들어가서 버튼이 고착되니까, 버튼을 분리하고 주위를 닦아줍니다.

### 그리스를 바릅니다!

▲피스콘의 그리스가 떨어지는 경우가 많으니까, 살짝 발라줍니다.

### 동작 체크!
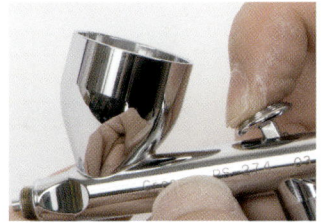
▲훨씬 좋아졌습니다. 버튼도 앞뒤가 있으니까, 잘 확인하세요.

### 노즐 씰을 칠합니다!

▲나사 부분에 칠한 뒤에 본체에 끼우고 손가락으로 조입니다. 렌치는 필요 없습니다.

### 꼼꼼하게 조립하세요~
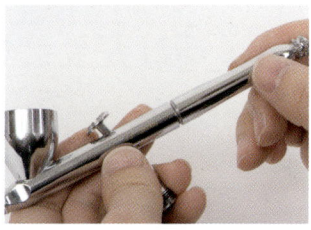
▲조립합니다. 분해할 때 사진을 찍어두면 위치를 기억하기 편합니다.

\ 마무리 / 핸드 피스는 정비만 잘 해주면 오랫동안 여러분의 파트너가 되어줍니다. 바깥쪽도 안쪽도 이번에 소개한 방법으로 깔끔하게 해주면서, 여러분의 핸드 피스를 사랑해주세요!

\ 수많은 완성 샘플을 만든 프로에게 직격!! /
# 보크스/조형촌 프로 피니셔의 고집을 가르쳐주세요!

교토까지 다녀왔습니다!

## 아름다운 도색의 비밀을 물어봅시다!

보크스와 조형촌 브랜드 상품의 아름다운 완성 샘플. 물론 사람 손으로 도색했습니다. 그런 샘플들을 만드는 프로 피니셔라고 불리는 분들은 어떤 고집을 가지고 도색하는 걸까요? 그래서 이번에 보크스/조형촌 프로 피니셔 세 분을 직격 취재!! 그들의 도색 환경 등도 보여주셨으니, 같이 보겠습니다.

**SWS를 담당!**

◀코바야시 나오키. 주로 조형촌 브랜드 비행기 모형 SWS(슈퍼 윙 시리즈)와 스케일 모델, 관련 피규어(파일럿 등)을 담당.

**GTM&MH의 아름다운 샘플을 담당!**

◀나카모리 타케토. 주로 「파이브 스타 스토리」의 고딕 메이드(이하 GTM)과 모터헤드(이하 MH) 완성 샘플 담당.

**캐릭터 피규어, 미니어처를 아름답게 칠한다!**

◀오노다 타카히토. 캬라구민, 블로커즈 피오레 등 캐릭터 피규어, 미니어처를 담당.

## 이것이 보크스/조형촌 프로 피니셔의 도색 환경

◀이쪽은 코바야시 씨, 나오키 씨, 나카모리 씨, 오노다 씨도 같은 환경을 갖췄습니다.

▲도색과 공작에 필요한 것들은 각 책상에 비치된 네트망을 활용. 위 사진은 알기 쉽도록 정리해주신 상태. 여기에 고리를 걸고 도색과 공작용 도구들을 수납합니다.

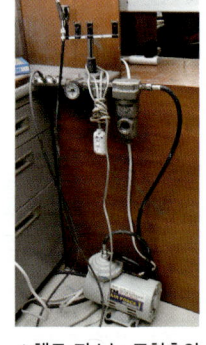

▲핸드 피스는 조형촌의 '프로 모델 A15'를 사용. 버튼을 누르면 공기가 나오고 당기면 도료가 나오는 더블 액션 타입입니다. 컴프레서는 '에어포스1'

## Q1. 래커 도료로 에어브러시 도색을 할 때, 도료는 얼마나 희석하시나요?

**\ 코바야시 /**

저는 기본적으로 묽게. 도료 1에 신너 3~4로 칠합니다. 상황에 따라 밑칠은 신너를 줄여서 도료 1 : 신너 3으로 진하게, 윗칠은 신너를 늘려서 도료 1 : 신너 4로 묽게 겹칠합니다. 묽은 도료를 겹칠하면 비행기 위장 도색도 깔끔하게 처리할 수 있습니다.

특히 마무리 단계에서는 거의 신너라고 할 만큼 묽게 희석한 도료를 표면에 칠해서, 도료의 거친 느낌을 신너를 이용해 매끄럽게 정리해줍니다.

**\ 나카모리 /**

기본적으로 도료:신너=1:3을 베이스로 사용합니다. 광택이 있는 넓은 면적을 칠할 때는 약간 진하게, 가늘게 뿌릴 때는 약간 묽게 희석하는 등, 상황에 따라 어느 정도 조절합니다.

**\ 오노다 /**

밑칠로 흠집 등을 처리하는 서페이서류는 1:2, 윗칠로 색을 입힐 때는 겹칠 횟수로 발색감을 조절하고 싶으니까 1:3으로 묽게 칠합니다. 마무리에 가까워질수록 표층의 레벨링성을 높이고 싶으니까 신너 비율을 높입니다. 최종적인 표면 상황에 따라서는 코바야시 씨가 말한 것처럼 신너만 뿌리는 경우도 있습니다.

## 바예호의 희석과 에어 압력

보크스가 취급하는 스페인의 수성 도료 「바예호」로 칠할 때는 다음 조건으로 칠하는 경우가 많다고 합니다.

◀모델 컬러 등 희석이 필요한 도료=도료 6 : 정제수 4. 0.15MPa (쉽게 막히는 경우 0.17~0.22까지 올린다)

▶모델 에어, 메탈 컬러 등 처음부터 에어브러시에 적합한 농도=도료9 : 정제수 등 1. 0.1MPa

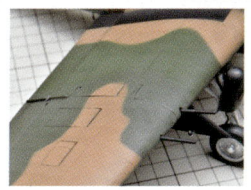

◀바예호 에어브러시 전용 도료 '모델 에어'로 칠한 것. 상기 비율로 정제수 등으로 희석하면 매끄러운 도색면이 됩니다.

## 캔디 도색

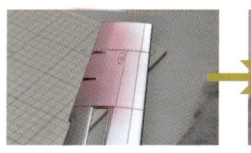 

▲캐릭터 메카를 담당하는 나카모리 씨의 캔디 도색을 직접 봤습니다. 한 번 칠했을 때는 밑의 은색이 상당히 비칩니다. 이 정도 묽기로 시작합니다.

▲클리어 레드를 4번쯤 겹칠 하면 이렇게 깔끔한 메탈릭 레드로 변화! 묽게 희석한 도료를 겹칠했기에 도막도 크게 두껍지 않습니다.

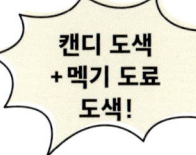

캔디 도색 + 멕기 도료 도색!

◀촬영 부스가 아닌데도 이 신성한 빛… '제기 마그나 팔레스 더 나이트 오브' 완성 샘플. 캔디 도색과 멕기 도료 도색으로 이 정도까지 빛납니다.

## 에어 압력을 정했으면 레버의 감각을 익히자!!

세 분 모두 에어 압력보다 중요하게 여기는 것이 더블 액션 버튼 조작. 섬세한 도색을 하는 경우에는 버튼을 살짝 눌러서 공기량을 줄입니다. 그 상태에서 레버도 조금씩 당겨서 소량의 도료를 날리며 칠합니다. 에어 압력을 줄이는 것보다, 어느 정도 정해놓은 마음에 드는 에어 압력으로 고정하고 손끝 감각으로 상황에 따라 뿌리는 정도를 조절하면서 칠합니다.

## 공통된 도색 준비 「버블링」

세 분이 똑같이 하는 도색 준비가 있는데, 본인들은 '버블링'이라고 합니다. 버블링은 컵에 도료를 따르면서 균일하게 섞을 수 있는 방법. 바로 보겠습니다.

▲먼저 핸드 피스 컵에 희석액을 넣습니다.

▲희석액을 넣은 뒤에 뽀글이 요령으로 (P.90 참조) 희석액을 컵 안에서 부글부글합니다.

▲희석액을 부글부글하면서 사용할 도료를 투입. 이러면 컵에 따르면서 도료를 섞을 수 있습니다.

◀부글부글하는 거품의 모양과 크기가 일정하면 베스트 컨디션. 이 거품이 농도와 깔끔하게 섞인 상태를 파악하는 지침이라고 합니다.

◀코바야시 씨는 희석액 뚜껑의 곡면에 시험하는 경우가 많다고 합니다. 이 곡면에 도료가 흘러내리지 않고 정착해서 깔끔하게 발색하는 것을 확인한 뒤에 부품에 칠합니다.

## Q2. 겹칠 횟수는 보통 어느 정도인가요?

**\ 코바야시 / 3~4회**

▲엄밀하게 말하자면 발색시키려는 목표까지. 저는 묽게 여러 번 뿌리니까, 횟수가 가장 많을 것 같습니다.

**\ 나카모리 / 3~4회**

▲도료 희석율에 따라 원래의 발색을 얻을 때까지 겹쳐 칠하는 횟수가 달라집니다만, 3~4회 정도가 많은 것 같습니다. 클리어 컬러 등 일부 도료를 제외하면 겹쳐 칠하면서 색이 어두워(짙어)지는 경우는 없으니까, 확실하게 겹쳐 칠하는 것이 포인트라고 생각합니다.

**\ 오노다 /**

▲안료 계열 솔리드 컬러는 색에 따라 차폐력과 발색감이 다르지만, 2~3회 정도. 메탈릭은 도색면에 입자를 균등하게 입히으니까, 부품과 핸드 피스의 거리를 의도적으로 벌리고 묽게, 여러 번(4~5회 정도) 겹쳐 칠하려고 합니다

## Q3. 에어 압력은 어느 정도로 하시나요? 일반 컬러와 메탈릭에 차이를 두시는지요?

**\ 코바야시 /**

보통은 0.1~0.13MPa 정도로 작업합니다. 일반 컬러도 메탈릭도 같은 압력으로 뿌립니다. 가늘게 뿌릴 때도 기본적으로는 낮추지 않지만, 특히 가늘게 뿌릴 때는 0.09~0.1MPa로 낮출 때도 있습니다. 압력이 낮으면 뿌리는 도료량이 줄고 뿌리는 횟수가 늘어나지만, 꼼꼼하게 뿌릴 수 있어서 저는 이 방식을 좋아합니다.

**\ 나카모리 /**

보통 0.15MPa 정도로, 조금 높게 뿌립니다. 일반적으로 칠할 때는 높은 압력으로 칠하는 쪽이 효율이 좋고 시간도 단축됩니다. 가늘게 뿌릴 때는 0.09~0.1MPa로 낮춥니다. 메탈릭 도료도 에어 압력은 바꾸지 않고 칠합니다.

**\ 오노다 /**

보통은 0.13~0.15MPa 정도. 메탈릭 도료 중에서 글리터 같은 입자가 큰 것이 들어간 도료는 약간 세게 뿌립니다. 가늘게 뿌릴 때도 에어 압력은 바꾸지 않고 핸드 피스의 버튼을 누르고 당기는 정도를 조절하는 경우가 많습니다.

## Q4. 메탈릭 도료를 칠할 때 다른 도료와 차이 나는 포인트가 있나요?

**\ 코바야시 /**

압력은 바꾸지 않습니다. 메탈릭 도색 때는 보다 빨리 마르는 GSI 크레오스의 'Mr.래피드 희석액'을 사용하는 경우가 많습니다. 희석은 평소보다 묽게 희석해서 작업. 일반 도료와 마찬가지로 잘 섞어주면 본래의 빛을 발휘합니다.

**\ 나카모리 /**

에어 압력은 바꾸지 않고 일반적인 시너를 사용해서 뿌립니다. 메탈릭 도료의 경우 도색면이 거칠어지면 원래의 금속 느낌이 사라지니까, 평소보다 약간 묽게 희석해서 칠합니다.

**\ 오노다 /**

기본적으로 에어 압력도 희석 비율도 바꾸지 않지만, 핸드 피스를 조금 멀리 떼고 뿌립니다. 특히 메탈릭 계열은 한 번에 너무 많이 뿌리면 레벨링 중에 입자가 떠다니거나 색만 입혀지기도 하면서, 같은 도료라도 발색이나 반짝임에 큰 차이가 나니까, 칠한 직후에 도막 표면의 상태를 보면서 여러 번 나눠서 뿌리고 있습니다.

## 도료 농도에 따라 「소리」도 달라집니다

**\ 나카모리 /** 도료 희석 상태 등은 '대충 이 정도'라는 감각적인 부분도 있는데, 에어를 뿜는 소리는 희석 상태를 알 수 있는 좋은 힌트입니다. 도료가 너무 진하면 '직~'하는 소리가 납니다. 이대로 뿌리면 도색면이 거칠어지니까 시너로 희석합니다. '샤~'하는 소리가 나면 딱 좋은 희석 상태인 경우가 많습니다.

\ HJ 편집부가 추천하는 /
# 에어브러시 세트 & 도색 부스

## 이 세트로 에어브러시 도색을 시작해보자!

핸드 피스, 컴프레서, 도색 부스 등등 좋은 걸 따지면 끝이 없을 정도로 고성능 모델이 많습니다. 일단 건프라나 스케일 모델 등을 즐겁게 칠하고 싶은 분들은 깜짝 놀랄 수도 있습니다. 그래서 본 특집의 마무리로, 많은 모델러가 사랑하고 적당히 좋은 인기 모델을 추천해 드리겠습니다. 이것들은 틀림없이 한 번 사면 오랫동안 도색을 즐길 수 있는 파트너가 될 것입니다!

## 고민하지 말고 핸드 피스와 컴프레서 세트를 사자!!

특집에서 소개한 대로, 핸드 피스와 컴프레서가 있어야 에어브러시 도색을 할 수 있습니다. 그러니까 큰마음 먹고 세트 상품을 구입하세요! 사서 바로 그날부터 에어브러시 도색을 시작해봅시다!!

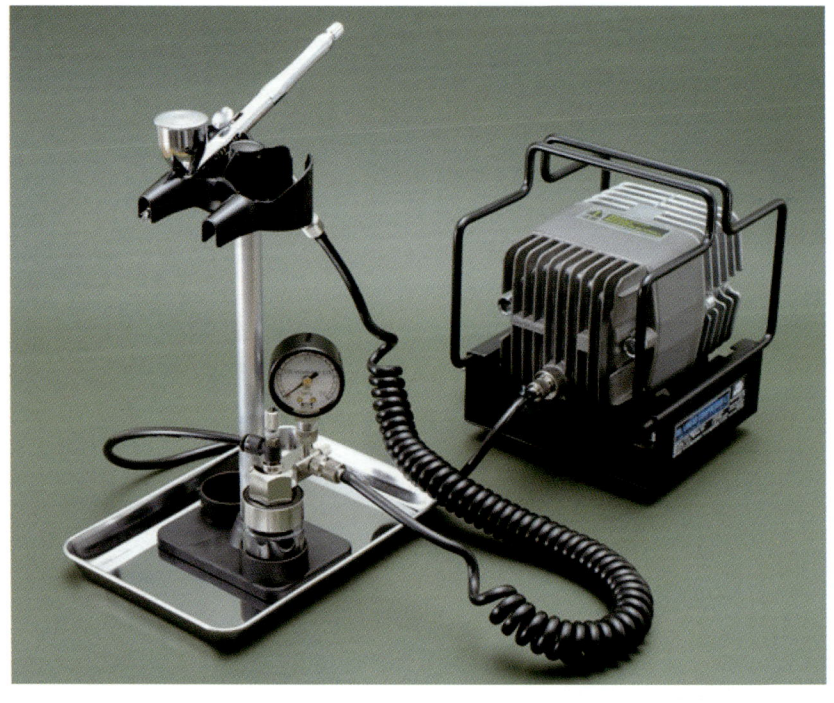

### 절대 실망하지 않는 인기작!
▶GSI 크레오스의 인기작 세트. L7이라는 고성능 컴프레서에 프로콘 BOY 시리즈 최상의 기종 '플래티넘 0.3 ver.2'가 세트. 에어 압력 조절과 워터 필터 기능이 달린 '압력계 포함 레귤레이터 Mk IV', 핸드 그립식 '드레인&더스트 캐처', 호스는 움직이기 편한 '스파이럴 호스' 등, 그야말로 완벽한 구성입니다.

**Mr. 리니어 컴프레서 L7 레귤레이터 플래티넘 세트**
●발매원/GSI 크레오스 ●63,800엔 발매 중

### 타미야가 에어브러시 도색을 가깝게 해준다!

### L5급 파워에 정숙성을 더했다!

▲본체 위쪽의 다이얼만 돌리면 간단히 에어 압력을 조절할 수 있고, 자리도 적게 차지하는 콤팩트한 컴프레서와 핸드 피스(슈퍼 맥스 에어브러시 SX 0.3D)가 세트로 구성된 상품. 메인 스위치 외에 행거에서 핸드 피스를 분리하면 자동으로 작동하는 센서 스위치를 장비. 내부의 물방울을 확인하기 쉬운 투명 컬 호스 포함.

**스프레이 워크 컴프레서 어드밴스 (슈퍼 맥스 에어브러시 SX 0.3D 포함)**
●발매원/타미야 ●35,200엔 발매 중

▲생긴 건 귀여워도 고성능!! 이것이 GSI 크레오스의 새로운 컴프레서 카롱. '에어브러시 세트'의 핸드 피스는 GSI 크레오스의 인기 모델 'PS274 프로콘 BOY WA 더블 액션'. 에어브러시 스탠드도 포함.

**컴프레서 카롱 에어브러시 세트**
●발매원/GSI 크레오스 ●30,800엔 발매 중

# 도색 부스까지 세트로 구성된 최강 세트가 보크스에서!!

◀도료 관련 외에 프라모델 도색에 필요한 것이 전부 세트로 구성된 보크스의 '조형촌 AIR FORCE 2+조형촌 프로 모델 A15'. 세트 구성은 컴프레서, 에어 레귤레이터, 조형촌 에어브러시 조형촌 프로 모델 A15(크롬 타입), 에어브러시 홀더, 테크닉 DVD 'JUST WAIT'(DVD 또는 QR 코드로 영상 제공), 도색 부스 '레드 사이클론 엘'. 이 구성으로 5만 엔 미만의 매력적인 가격.

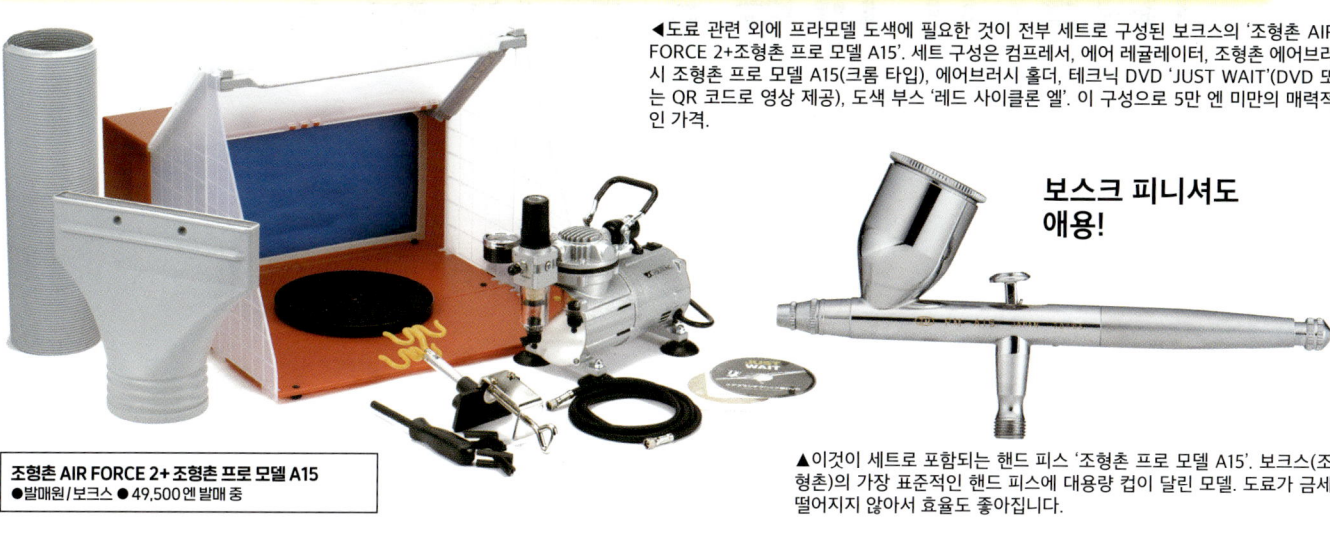

보스크 피니셔도 애용!

**조형촌 AIR FORCE 2+ 조형촌 프로 모델 A15**
- 발매원/보크스 ● 49,500엔 발매 중

▲이것이 세트로 포함되는 핸드 피스 '조형촌 프로 모델 A15'. 보크스(조형촌)의 가장 표준적인 핸드 피스에 대용량 컵이 달린 모델. 도료가 금세 떨어지지 않아서 효율도 좋아집니다.

# 도색 부스로 쾌적한 도색 환경을 구축하자!

도색 부스는 처음 사용해보면 감동하는 기재 중 하나. 없었던 때와 비교할 수도 없을 만큼 미스트와 냄새를 빨아들여서 배출해줍니다. 이 세 가지는 점포에서 구입 가능한 모델이고, 성능도 딱 적당합니다.

## 시로코팬 2기로 확실하게 흡입합니다

▶타미야에서 발매하는 도색 부스. 시로코팬 2기로 냄새와 미스트를 확실하게 흡입합니다. 필터를 세 번 통과한 뒤에 흡기구에 흡입돼서, 필터가 막혀서 흡입력이 급격하게 저하되는 일을 줄여주는 구조입니다.

**스프레이 워크 페인팅 부스Ⅱ (트윈 팬)**
- 발매원/타미야 ● 30,800엔 발매 중

## 접으면 콤팩트! LED 라이트도 기본 장비! 스프레이 부스 레드 사이클론이 버전 업!

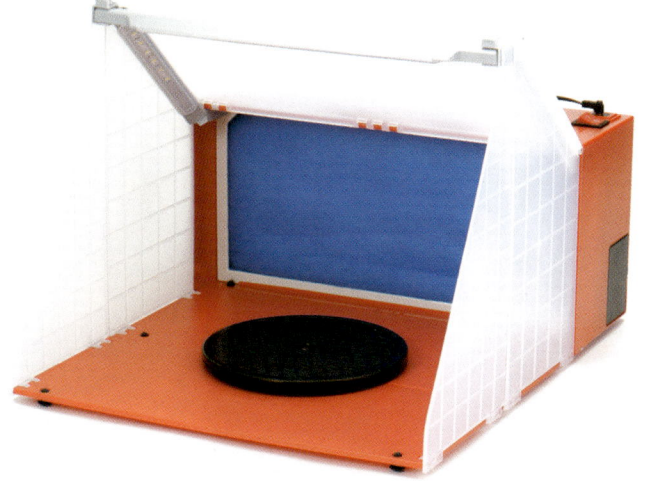

▲LED 라이트 기본 장비로 도색할 때 손과 색감을 보면서 칠할 수 있습니다. 부스를 접으면 운반하기 쉬운 손잡이 달린 케이스로 변신. 아주 작아집니다.

**레드 사이클론 엘**
- 발매원/에어텍스 ● 23,650엔 발매 중

## 하비재팬 편집장도 애용!

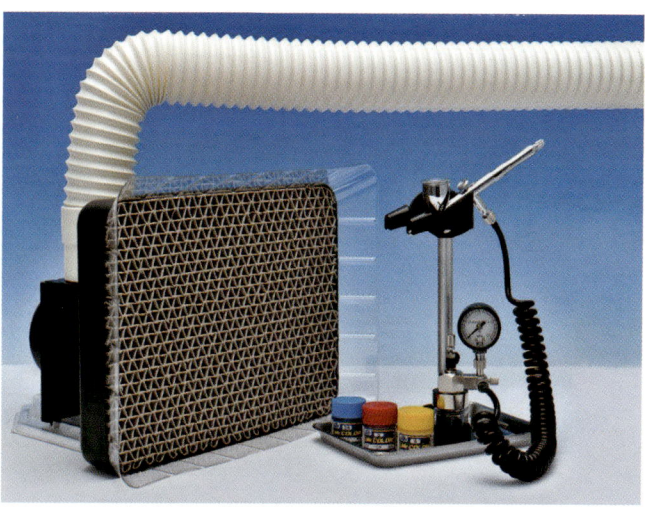

▲생김새는 아주 심플. 시로코팬이 빨아들이고, 바깥쪽 허니컴 필터와 안쪽 종이 필터 2단계로 에어브러시의 도료 분진을 캐치. 주위에 투명한 후드를 장착.

**Mr. 슈퍼 부스 콤팩트**
- 발매원/GSI 크레오스 ● 19,800엔 발매 중

# 에어브러시 카탈로그

## 각 메이커의 추천 상품을 픽업!

여기서부터는 이제 에어브러시 도색을 시작하는 분, 도색 환경을 더 충실하게 하고 싶은 분을 위해 각 제조사의 에어브러시 관련 아이템을 정리해보겠습니다. 핸드 피스와 컴프레서, 그리고 에어브러시 환경을 더 좋게 해주는 아이템까지 큰 볼륨으로 수록. 부디 이 카탈로그를 참고해서 여러분의 취미 생활을 더욱 충실하게 만들어보세요.

(※2024년 4월 기준 정보입니다)

# 핸드 피스

| 제조사 | 상품명 |
|---|---|
| GSI크레오스 | 프로 스프레이 에이스 |
| GSI크레오스 | 프로콘 BOY SQ 싱글 액션 |
| GSI크레오스 | 프로콘 BOY SAe 싱글 액션 |
| GSI크레오스 | 프로콘 BOY FWA 더블 액션 |
| GSI크레오스 | 프로콘 BOY LWA 더블 액션 |
| GSI크레오스 | 프로콘 BOY WA 더블 액션 0.3mm |
| GSI크레오스 | 프로콘 BOY FWA 플래티넘 0.2 더블 액션 |
| GSI크레오스 | 프로콘 BOY WA 플래티넘 0.3 Ver.2 더블 액션 |
| GSI크레오스 | 프로콘 BOY WA 트리거 타입 더블 액션 |
| GSI크레오스 | 프로콘 BOY WA 더블 액션 03 사이드컵 방식 |
| GSI크레오스 | 프로콘 BOY LWA 트리거 타입 더블 액션 |
| GSI크레오스 | Mr.에어브러시 커스텀 018 더블 액션 |
| 타미야 | 스프레이워크 베이직 에어브러시 |
| 타미야 | 스프레이워크 HG 싱글 에어브러시 |
| 타미야 | 슈퍼 맥스 에어브러시 SX 0.3D |
| 타미야 | 슈퍼 맥스 에어브러시 SX 0.5D |
| 타미야 | 스프레이워크 HG 슈퍼 파인 에어브러시 |
| 타미야 | 스프레이워크 HG 에어브러시(컵 일체형) |
| 타미야 | 스프레이워크 HG 에어브러시Ⅲ (슈퍼 파인) |
| 타미야 | 스프레이워크 HG 에어브러시Ⅲ |
| 타미야 | 스프레이워크 HG 트리거 에어브러시(컵 일체형) |
| 타미야 | 스프레이워크 HG 트리거 에어브러시(슈퍼 파인) |
| 타미야 | 스프레이워크 HG 트리거 에어브러시 |
| 타미야 | 스프레이워크 HG 에어브러시 와이드(트리거 타입) |
| 웨이브 | 슈퍼 에어브러시 주니어 2 |
| 웨이브 | 슈퍼 에어브러시 콤팩트【경량 알루미늄 보디】 |
| 웨이브 | 슈퍼 에어브러시 트리거 타입【경량 알루미늄 보디】 |
| 웨이브 | 슈퍼 에어브러시 어드밴스 02 |
| 웨이브 | 슈퍼 에어브러시 트리거 타입 05【경량 알루미늄 보디】 |
| 웨이브 | 슈퍼 에어브러시 어드밴스 |
| 웨이브 | 슈퍼 에어브러시 트리거 타입 07【경량 알루미늄 보디】 |
| 에어텍스 | 에어브러시 인피니티(H&S) |
| 에어텍스 | 에어브러시 콜라니(H&S) |
| 에어텍스 | 에어브러시 에볼루션 A(H&S) |
| 에어텍스 | 에어브러시 에볼루션 ALplus(H&S) |
| 에어텍스 | 에어브러시 에볼루션 SOLO(H&S) |
| 에어텍스 | 에어브러시 한자 281B(H&S) |
| 에어텍스 | 에어브러시 한자 381B(H&S) |
| 에어텍스 | 에어브러시 Air-G1(에어 지 원) |
| 에어텍스 | 에어브러시 Air-G2(에어 지 투) |
| 에어텍스 | 에어브러시 샹파뉴 |
| 에어텍스 | 에어 레버 사양 에어브러시 MJ726 |
| 에어텍스 | 에어 레버 사양 XP725 Premium |
| 에어텍스 | 에어브러시 MJ116 |
| 에어텍스 | 에어브러시 MJ130 |
| 에어텍스 | 에어브러시 MJ722 |
| 에어텍스 | 에어브러시 MJ724 |
| 에어텍스 | 에어브러시 MJ726 |
| 에어텍스 | 에어브러시 MJ728 |
| 에어텍스 | 에어브러시 피스 3 |
| 에어텍스 | 에어브러시 XP7 |
| 에어텍스 | XP725 Premium |
| 에어텍스 | 에어브러시 XP735+ |
| 에어텍스 | XP825 Premium |
| 에어텍스 | Primary 02 |
| 에어텍스 | Primary 03 |
| 에어텍스 | Primary 05 |
| 에어텍스 | 에어브러시 뷰티4+0.2MM 패션(빨강) |
| 에어텍스 | 에어브러시 뷰티4+0.2MM 나이트(검정) |
| 에어텍스 | 에어브러시 뷰티4+0.2MM 코스모(파랑) |
| 에어텍스 | 에어브러시 뷰티4+0.3MM 패션(빨강) |
| 에어텍스 | 에어브러시 뷰티4+0.3MM 나이트(검정) |
| 에어텍스 | 에어브러시 뷰티4+0.3MM 코스모(파랑) |
| 에어텍스 | 에어브러시 뷰티4+0.5MM 패션(빨강) |
| 에어텍스 | 에어브러시 뷰티4+0.5MM 나이트(검정) |
| 에어텍스 | 에어브러시 뷰티4+0.5MM 코스모(파랑) |
| 에어텍스 | 에어브러시 뷰티4+트리거 빨강 |
| 에어텍스 | 에어브러시 뷰티4+트리거 검정 |
| 에어텍스 | 에어브러시 B4T-Galaxy |
| 에어텍스 | 에어브러시 셀피 |
| 하이하이 | W 액션 에어브러시 |
| 보크스 | 조형촌 프로 모델 A/PM-A |
| 보크스 | 조형촌 프로 모델 A15=골드 타입=PM-A 15 |
| 보크스 | 조형촌 프로 모델 A15=실버 타입=/PM-A 15 |
| 보크스 | 조형촌 프로 모델 A15=크롬 타입=/PM-A 15 |
| 보크스 | 조형촌 프로 모델 C / PM-C |
| 보크스 | 조형촌 프로 모델 B / PM-B |

# 에어 컴프레서

| 제조사 | 상품명 |
|---|---|
| GSI크레오스 | Mr.리니어 컴프레서 쁘띠컴 |
| GSI크레오스 | Mr.리니어 컴프레서 L5 |
| GSI크레오스 | Mr.리니어 컴프레서 L7 |
| GSI크레오스 | Mr.리니어 컴프레서 L10 |
| GSI크레오스 | 컴프레서 KALON(카롱) |
| 웨이브 | 웨이브 컴프레서 058 콤팩트【탁상 타입】 |
| 웨이브 | 컴프레서 317 |
| 에어텍스 | APC001R2 |
| 에어텍스 | 컴프레서 APC002D |
| 에어텍스 | 컴프레서 APC005D |
| 에어텍스 | 컴프레서 APC006D |
| 에어텍스 | 컴프레서 APC018 화이트 |
| 에어텍스 | 컴프레서 APC018블랙 |
| 에어텍스 | SPiCA(스피카) |
| 에어텍스 | 컴프레서 Air-K |
| 에어텍스 | 컴프레서 wing(윙) |
| 타미야 | 스프레이 워크 콤팩트 컴프레서 |
| 타미야 | 스프레이 워크 베이직 컴프레서(에어브러시 포함) |
| 타미야 | 스프레이 워크 HG 컴프레서 레보 Ⅱ |
| 타미야 | 스프레이 워크 컴프레서 어드밴스 |
| 타미야 | 스프레이 워크 파워 컴프레서 |
| 보크스 | 조형촌 AIR FORCE |

# 도색 부스

| 제조사 | 상품명 |
|---|---|
| GSI크레오스 | Mr.슈퍼 부스 콤팩트용 교환 허니컴 필터 |
| GSI크레오스 | Mr.슈퍼 부스용 페이퍼 필터 커버 <페이퍼 필터 1장 포함> |
| GSI크레오스 | Mr.슈퍼 부스 허니컴 필터 |
| GSI크레오스 | Mr.슈퍼 부스 페이퍼 필터(5장 세트) |
| GSI크레오스 | Mr.슈퍼 부스 배기구 어태치먼트 |
| GSI크레오스 | Mr.슈퍼 부스 연장 덕트 호스 |
| GSI크레오스 | Mr.슈퍼 부스 콤팩트용 교환 후드 세트 |
| GSI크레오스 | Mr.슈퍼 부스 콤팩트 |
| 에어텍스 | 레드 사이클론 엘 |
| 에어텍스 | 레드 사이클론 L2 |
| 에어텍스 | 워터 부스「Niagara」(브라운) |
| 에어텍스 | 워터 부스「Niagara」프리미엄 화이트 |
| 타미야 | AO-7019 페인팅 부스용 배기 호스(50cm) |
| 타미야 | 페인팅 부스Ⅱ 호환 필터 |
| 타미야 | 스프레이 워크 페인팅 부스Ⅱ(싱글 팬) |
| 타미야 | 스프레이 워크 페인팅 부스Ⅱ(트윈 팬) |

# 기타 관련 아이템

| 제조사 | 상품명 |
|---|---|
| 가이아노츠 | 이지 페인터 |
| 가이아노츠 | 스페어 카트리지 |
| 가이아노츠 | 이지 페인터용 스페어 보틀 |
| 가이아노츠 | QE 어댑터 |
| 타미야 | 스프레이 워크 페인팅 스탠드 세트 |
| 타미야 | 컴프레서용 방진 매트 |
| 보크스 | 바예호용 보틀 어댑터 |
| 보크스 | MMP용 보틀 어댑터 |
| GSI크레오스 | Mr.스탠드 |
| GSI크레오스 | 직결 Mr.에어브러시 홀더 |
| GSI크레오스 | Mr.스탠드&트레이 세트 Ⅱ |
| 웨이브 | HG 에어브러시 홀더&클리너 포트 스탠드 |
| 에어텍스 | 에어브러시 홀더 AH01 |
| 에어텍스 | 에어브러시 홀더 AH03 |
| 에어텍스 | 에어브러시 스탠드 Break |
| 타미야 | 스프레이 워크 에어브러시 스탠드 Ⅱ |
| 타미야 | 스프레이 워크 에어브러시 스탠드 Ⅲ |
| GSI크레오스 | Mr.에어 슈퍼 190 |
| GSI크레오스 | Mr.에어 슈퍼 420 |

| 제조사 | 상품명 |
|---|---|
| 타미야 | 스프레이 워크 에어 캔 180D |
| 타미야 | 스프레이 워크 에어 캔 420D |
| GSI크레오스 | Mr.드레인&더스트 캐처 라이트 |
| GSI크레오스 | 드레인&더스트 캐처 |
| GSI크레오스 | 드레인&더스트 캐처Ⅱ 에어 조절 기능 포함 |
| GSI크레오스 | Mr.드레인&더스트 캐처Ⅱ 라이트 <에어 조절 기능 포함> |
| GSI크레오스 | Mr.에어 레귤레이터 MkⅠ |
| GSI크레오스 | Mr.에어 레귤레이터 MkⅢ(압력계 포함) |
| GSI크레오스 | Mr.에어 레귤레이터 MkⅣ 직결 타입(압력계 포함) |
| 웨이브 | HG 에어 레귤레이터2 |
| 에어텍스 | 레귤레이터 MAFR-200 |
| 에어텍스 | 핸드 그립 필터 |
| 에어텍스 | 레귤레이터 시트 |
| 타미야 | 에어브러시용 필터 |
| 타미야 | 에어 레귤레이터(미터 포함) |
| 타미야 | AO-7020 에어 캔용 레귤레이터 오링 세트 |
| 하이하이 | 에어브러시용 수분 분리 필터 |
| GSI크레오스 | 에어 조절 밸브 세트 |
| GSI크레오스 | Mr.원터치 호스 전용 플러그 1/8(S) |
| GSI크레오스 | Mr.에어 호스용 Mr.조인트(3종 세트) |
| GSI크레오스 | Mr.원터치 매직 조인트 1/8(S) |
| 웨이브 | HG 퀵 체인지 조인트 세트용 플러그(2pcs) |
| 웨이브 | HG 퀵 체인지 조인트 세트 |
| 웨이브 | HG 3연 호스 조인트 【알루미늄 보디】 |
| 타미야 | 접속 조인트 암나사 S/S |
| 타미야 | 베이직 에어브러시용 접속 조인트 |
| 타미야 | 퀵 호스 조인트용 플러그(2개) |
| 타미야 | 에어 조절 밸브Ⅱ |
| 타미야 | 퀵 호스 조인트 |
| 타미야 | 에어브러시용 3연 조인트 |
| 하이하이 | 조절 밸브 포함 퀵 조인트 |
| 하이하이 | 에어브러시용 퀵 조인트 볼록 세트 |
| 하이하이 | 에어브러시용 변환 조인트 세트 |
| 보크스 | 조형촌 3연 밸브 세트 |
| GSI크레오스 | Mr.에어 호스 PS(세)스트레이트 1.5m |
| GSI크레오스 | Mr.에어 호스 PS(세) 스파이럴 |
| GSI크레오스 | Mr 에어 호스 1/8(S) 스트레이트 |
| GSI크레오스 | Mr.에어 호스 1/8(S) 스파이럴 |
| 웨이브 | HG 스트레이트 에어 호스 |
| 웨이브 | HG 스파이럴 에어 호스 |
| 에어텍스 | 소프트 에어 호스 1m S-S |
| 에어텍스 | 소프트 에어 호스 1.5m S-S |
| 에어텍스 | 레귤러 에어 호스 6ø 2m S-S |
| 에어텍스 | 레귤러 에어 호스 4ø 2m S-S |
| 에어텍스 | 레귤러 에어 호스 4ø 1m S-S |
| 에어텍스 | 스파이럴 에어 호스 2m S-S |
| 에어텍스 | 블레이드 에어 호스 2m S-S |
| 에어텍스 | 블레이드 에어 호스 3m S-S |
| 에어텍스 | 블레이드 에어 호스 1m S-S |
| 에어텍스 | 블레이드 에어 호스 블랙 |
| 타미야 | 에어브러시용 에어 호스(1.5m 레보Ⅱ용) |
| 타미야 | AO-7021 스프레이 워크 HG 컴프레서 에어 튜브 |
| 타미야 | 에어브러시용 에어 호스(2m 파워 컴프레서용) |
| 타미야 | 에어브러시용 컬 호스(파워 컴프레서용) |
| 타미야 | 스프레이워크 에어 캔용 어태치먼트(컬 호스) |
| 타미야 | 스프레이워크 에어 캔용 어태치먼트 |
| 하이하이 | 에어브러시용 호스 오렌지 |
| 하이하이 | 에어브러시용 호스 블루 |
| 타미야 | AO-7026 HG 트리거 에어브러시 니들 |
| 타미야 | AO-7025 HG 에어브러시 니들 |
| 타미야 | AO-7027 HG 에어브러시 노즐(0.3mm) |
| 보크스 | 조형촌 프로 모델 A15용 니들 |
| 보크스 | 조형촌 프로 모델 A, B, C용 니들 |
| 보크스 | 조형촌 프로 모델 A용 노즐 |
| 보크스 | 조형촌 프로 모델 B용 노즐 |
| 보크스 | 조형촌 프로 모델 C용 노즐 |
| 보크스 | 조형촌 프로 모델 A15용 노즐 |
| 하이하이 | 에어브러시용 트리거 그립(그린) |
| 하이하이 | 에어브러시용 트리거 그립(오렌지) |
| 하이하이 | 에어브러시 전용 웨더링 어태치먼트 |
| GSI크레오스 | PS290용 핸드 그립 |
| GSI크레오스 | 대용량 컵 150cc |
| 웨이브 | 슈퍼 에어브러시 【경량 알루미늄 보디】 시리즈 전용 특수 조색 컵 |
| 웨이브 | HG 에어 탱크 포트 【전용 서포트 랙 포함】 |
| 에어텍스 | 에어 스토커 홀리 |
| 타미야 | 스프레이 워크 도료 컵 |
| 타미야 | 스프레이 워크 도료 컵(수지제, 40cc) |
| 타미야 | 스프레이 워크용 AC 어댑터 SWA-3 |
| 보크스 | 조형촌 프로 모델 B용 용량 컵 15cc |

## 세트 아이템

| 제조사 | 상품명 |
|---|---|
| GSI크레오스 | 프로 스프레이 베이직 |
| GSI크레오스 | 프로 스프레이 디럭스 |
| GSI크레오스 | Mr.리니어 컴프레서 L5/ 레귤레이터 세트 |
| GSI크레오스 | Mr.리니어 컴프레서 L5/ 압력계 포함 레귤레이터 세트 |
| GSI크레오스 | Mr.리니어 컴프레서 L5/에어브러시 세트 |
| GSI크레오스 | Mr.리니어 컴프레서 L5 레귤레이터/ 플래티넘 세트 |
| GSI크레오스 | Mr.리니어 컴프레서 L5/트리거 에어브러시 세트 |
| GSI크레오스 | Mr.리니어 컴프레서 L7 레귤레이터/ 플래티넘 세트 |
| GSI크레오스 | Mr.리니어 컴프레서 L7/플래티넘 트윈 세트 |
| GSI크레오스 | Mr.리니어 컴프레서 L7/플래티넘 LWA 트리거 세트 |
| GSI크레오스 | Mr.리니어 컴프레서 L7/압력계 포함 레귤레이터 세트 |
| GSI크레오스 | 컴프레서 KALON(카롱) 에어브러시 세트 |
| GSI크레오스 | Mr.리니어 컴프레서 L10/ 레귤레이터/ 플래티넘 세트 |
| 웨이브 | 컴프레서 317 에어브러시 세트 |
| 에어텍스 | Angel&Arrow2 세트 |
| 에어텍스 | 에어브러시 워크 세트 메티오 |
| 에어텍스 | 에어브러시 워크 세트 SPiCA(스피카) |
| 에어텍스 | 윙 세트 M&S+ |
| 에어텍스 | 에스터 세트 M&S |
| 에어텍스 | 에어 세트 BOX 셀렉션 에어브러시 프리 |
| 에어텍스 | 에어 세트 BOX 셀렉션 MJ 시리즈 |
| 에어텍스 | 탱크 셀렉션 에어브러시 프리 |
| 에어텍스 | 탱크&트윈 셀렉션 에어브러시 프리 |
| 에어텍스 | 트윈 셀렉션 에어브러시 프리 |
| 타미야 | 스프레이 워크 HG 싱글 에어브러시 세트(180D) |
| 타미야 | 스프레이 워크 컴프레서 어드밴스 (슈퍼 맥스 에어브러시 SX 0.3D 포함) |
| 타미야 | 스프레이 워크 HG 컴프레서 레보Ⅱ (HG 싱글 에어브러시 포함) |
| 타미야 | 스프레이 워크 HG 컴프레서 레보Ⅱ (HG 에어브러시Ⅲ 포함) |
| 타미야 | 스프레이 워크 HG 컴프레서 레보Ⅱ (HG 트리거 에어브러시 포함) |
| 하이하이 | 코드리스 에어브러시 PRO RD |
| 하이하이 | 코드리스 에어브러시 PRO BK |
| 하이하이 | 코드리스 에어브러시 UG |
| 하이하이 | 충전식 에어브러시(빨강, 동 펜촉) |
| 하이하이 | 충전식 에어브러시(검정, 알루미늄 펜촉) |
| 하이하이 | 충전식 에어브러시 전용 배터리(빨강) |
| 하이하이 | 충전식 에어브러시 전용 배터리(검정) |
| 보크스 | 조형촌 AIR FORCE 1+조형촌 프로 모델A |
| 보크스 | 조형촌 AIR FORCE 1+조형촌 프로 모델A15 |
| 보크스 | 조형촌 AIR FORCE 1+조형촌 프로 모델C |
| 보크스 | 조형촌 AIR FORCE 1+조형촌 프로 모델B |
| 보크스 | 조형촌 AIR FORCE 2+조형촌 프로 모델A |
| 보크스 | 조형촌 AIR FORCE 2+조형촌 프로 모델A15 |
| 보크스 | 조형촌 AIR FORCE 2+조형촌 프로 모델C |
| 보크스 | 조형촌 AIR FORCE 2+조형촌 프로 모델B |

※2024년 4월 5일 기준의 정보입니다.
※가격은 모두 일본 소비세 포함 가격입니다.
※물가와 제조 비용 상승, 환율 변동에 의해 사양, 가격이 예고 없이 변경될 수 있습니다.

# HAND PIECE

먼저 도료를 뿌리기 위한 도구 '핸드 피스'를 소개. 구경, 싱글 액션, 더블 액션, 트리거 타입 등 종류도 다양. 이 카탈로그로 당신 취향의 핸드 피스를 찾아보세요.

### GSI 크레오스
●발매원/GSI 크레오스

Mr.HOBBY로 익숙한 GSI 크레오스의 핸드 피스. 저렴한 것부터 하이엔드 유저를 위한 최고급 사양까지 싱글&더블 액션, 구경도 0.18~0.5mm까지, 다양한 수요에 대응하는 라인업을 갖췄다.

## 엔트리부터 하이엔드까지 풍부한 라인업!

▲저렴한 에어브러시. 간편한 조작성과 정비성이 특징. 0.4mm 구경은 GSI 크레오스 측에 의하면 0.3과 0.5의 사용 편의를 겸비한 크기라고. 다이얼 조절로 어느 정도 가늘게 뿌리기도 가능. 컵은 7cc.

**프로콘 BOY SQ 싱글 액션**
●싱글 ●0.4mm ●7,480엔

▲뒤쪽 끝이 길게 뻗은 스탠더드한 모양의 싱글 액션 타입. 구경도 일반적인 0.3mm. 도료 분무는 본체의 다이얼 조절. 컵은 7cc가 장착되어 있지만, 착탈식. 0.3mm 중에서는 부담이 적은 가격.

**프로콘 BOY SAe 싱글 액션**
●싱글 ●0.3mm ●8,580엔

◀구경 0.2mm의 정밀 에어브러시. 세세한 그러데이션과 잉크 스팟 위장 등, 섬세한 도색에 위력을 발휘한다. 고정형 컵은 10cc.

**프로콘 BOY FWA 더블 액션**
●더블 ●0.2mm ●12,650엔

▲직접 조색한 도료를 스프레이처럼 칠할 수 있는 간이형 흡상식 에어브러시. 본체의 조그 다이얼로 뿌리는 풍량을 조절 가능. 동봉된 교환 보틀 유닛을 사용해서 원터치로 색 교환이 가능.

**프로 스프레이 에이스**
●6,600엔

▲금속색과 서페이서 등 입자가 큰 도료 도색이나 넓은 면적 도색에 도움이 되는 0.5mm 구경 핸드 피스. 구경이 커서 안정적으로 뿌릴 수 있다. 고정식 컵도 큰 사이즈인 15cc를 장비.

**프로콘 BOY FWA 더블 액션**
●더블 ●0.5mm ●13,200엔

◀더블 액션 0.3mm 구경으로 표준적인 구성의 핸드 피스. 컵도 표준적인 10cc. 잡기 편하도록 에어 밸브 라인이 뒤쪽을 향해 비스듬히 기울어 있다.

**프로콘 BOY WA 더블 액션 0.3mm**
●더블 ●0.3mm ●13,200엔

▶손잡이로 에어 풍량 조절이 가능한 '에어 조절 시스템', 뿌리기 시작할 때 도료 분출을 부드럽게 해주는 '세미 이지 소프트 버튼', 저압 에어를 안정시켜주는 '에어 업 기구'를 갖춘 0.2mm 구경 고급품. 컵은 10cc

**프로콘 BOY FWA 플래티넘 0.2 더블 액션**
●더블 ●0.2mm ●14,630엔

◀구경 0.3mm, 컵 용량 10cc, 더블 액션의 스탠다드한 구성에 '에어 조절 시스템', '세미 이지 소프트 버튼', '에어 업 기구'를 탑재한 프로콘 BOY 시리즈 최고급 사양.

**프로콘 BOY WA 플래티넘 0.3 Ver.2 더블 액션**
●더블 ●0.3mm ●14,630엔

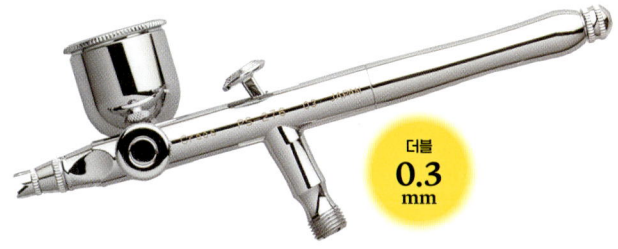

▲구경이 0.18인 극세형, GSI 크레오스 최상급 플래그십 모델. 저압 리니어 컴프레서로도 섬세한 도색이 가능하도록, 각 부품을 철저하게 튜닝했다. 컵 용량은 10cc.

**Mr. 에어브러시 커스텀 018 더블 액션**
●더블 ●0.18mm ●33,000엔

▲컵을 핸드 피스 옆에 배치해서 시인성 향상을 노린 제품. 특히 지근거리 도색에서 대상을 보다 정확히 노리기 쉽다. 컵은 10cc. 사용하는 손에 따라 좌우를 바꿔서 장착 가능.

**프로콘 BOY WA 더블 액션 03 사이드컵 방식**
●더블 ●0.3mm ●15,400엔 ※생산 종료

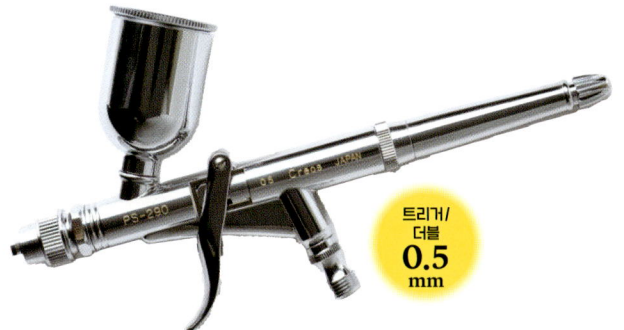

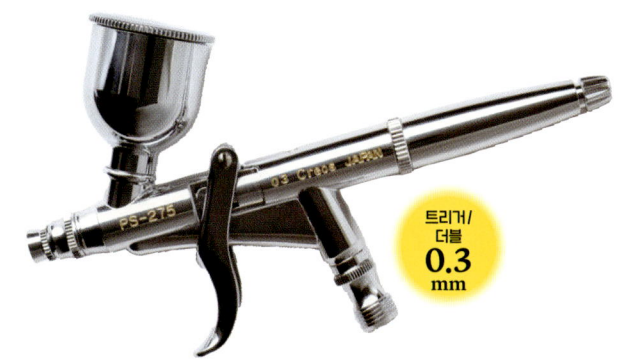

▲트리거 타입 0.5mm 대구경으로, 넓은 면적을 장시간 칠하는 데 적합한 제품. 컵 용량도 대형인 15cc. 에어 압력이 강한 L7을 추천.

**프로콘 BOY LWA 트리거 타입 더블 액션**
●트리거/더블 ●0.5mm ●17,050엔

▲손끝의 부담이 가볍고 작업하기 편한 트리거 타입. 트리거를 당기기 시작하면 에어가 나오고, 더 당기면 도료가 분출. 별매품 드레인&더스트 캐처를 장착하면 그립이 향상. 컵은 7cc.

**프로콘 BOY WA 트리거 타입 더블 액션**
●트리거/더블 ●0.3mm ●15,400엔

## 타미야

●발매원/타미야

세계 모형 업계를 견인하는 톱 메이커 타미야도 HG 시리즈를 중심으로 각종 핸드 피스를 발매. 특히 HG 에어브러시Ⅲ는 프로 모델러 중에도 애호가가 많은 인기 아이템.

# 세계의 타미야이기에 안심하고 신뢰할 수 있는 퀄리티

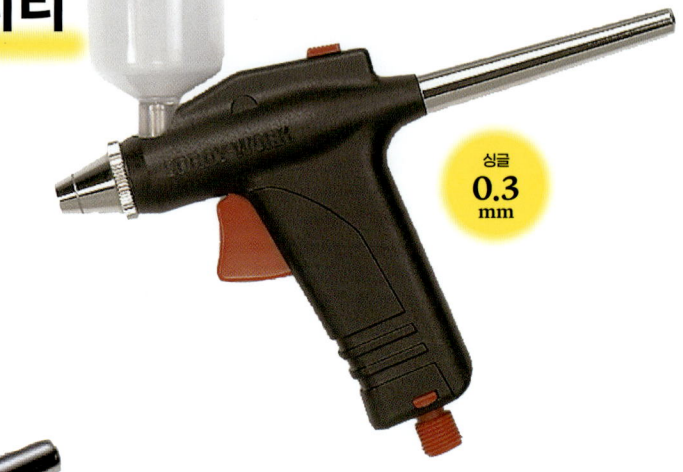

▼이름 그대로 싱글 액션 핸드 피스. 폭 1mm 가량의 가늘게 뿌리기까지 가능. 위쪽 컵은 저가 모델에서 보기 힘든 대용량 15cc. 에어 캔과 접속하려면 어태치먼트가 필요.

**스프레이 워크 HG 싱글 에어브러시**
●싱글 ●0.3mm ●9,350엔

▲동사의 '스프레이 워크 베이직 컴프레서(에어브러시 포함)'(11,800엔)의 핸드 피스 부분. 컵은 17cc. 용도에 따라 여러 개를 준비해서 사용하는 것도 제안하고 있다.

**스프레이 워크 베이직 에어브러시**
●싱글 ●0.3mm ●4,400엔

◀'입문용으로 최적'이라고 알려진 표준적인 0.3mm 구경 핸드 피스. 고정식 컵도 용량이 표준적인 7cc. 바깥쪽에 도료가 흐르는 것을 막는 홈이 있다. 중지가 닿는 부분이 부풀어서 잡기도 편하다.

**슈퍼 맥스 에어브러시 SX 0.3D**
●더블 ●0.3mm ●9,900엔

▶SX 0.3D와 마찬가지로 입문용으로 알려진 핸드 피스지만, 이쪽은 구경이 0.5mm라서 카 모델이나 넓은 면적, 메탈릭과 서페이서 도색에 적합. 고정형 컵은 15cc로, SZ 3.0D에 비해 대용량.

**슈퍼 맥스 에어브러시 SX 0.5D**
●더블 ●0.5mm ●10,560엔

▶폭 0.5mm 이하의 선도 뿌릴 수 있는 가늘게 뿌리기용 핸드 피스. 컵은 고정식에 용량 3cc. 다루기 편해서 위장 도색이나 세세한 그러데이션 등 섬세한 작업에 적합.

**스프레이 워크 HG 슈퍼 파인 에어브러시**
● 더블 ● 0.2mm ● 14,300엔

◀표준적인 0.3mm 구경의 핸드 피스. 레버(버튼) 모양이 앞쪽으로 기운 R모양. 고정식 컵의 용량은 7cc. SX 시리즈와 마찬가지로 도료 흐름 방지용 골이 있다.

**스프레이 워크 HG 에어브러시 (컵 일체형)**
● 더블 ● 0.3mm ● 15,400엔

▶0.2mm 구경의 가늘게 뿌리기 사양. 7cc 컵이 장착되어 있지만, 별매품 컵으로 교체 가능. 니들 지지부에는 불소 수지 패킹을 채용해서, 니들의 매끄러운 움직임을 확보하면서 도료가 새는 것을 막아준다.

**스프레이 워크 HG 에어브러시Ⅱ (슈퍼 파인)**
● 더블 ● 0.2mm ● 14,080엔

◀동사의 더블 액션 핸드 피스 중에서는 표준적인 포지션이고, HG 에어브러시의 사용 편의를 더욱 추구한 제품. 레버는 R모양이며, 미끄럼 방지 가공이 되어 있다. 컵은 7cc.

**스프레이 워크 HG 에어브러시Ⅱ**
● 더블 ● 0.3mm ● 15,400엔

▶장시간 작업해도 덜 피곤한 트리거를 채용한 핸드피스. 본체에 고정된 그립은 수지 소재. 고정식 컵 용량은 7cc이며, 다른 제품과 마찬가지로 흐름 방지용 골이 새겨져 있다.

**스프레이 워크 HG 트리거 에어브러시 (컵 일체형)**
●트리거 ●0.3mm ●18,700엔

트리거 0.3 mm

트리거 0.2 mm

◀트리거 방식이지만 0.2mm 구경 가늘게 뿌리기용. 컵은 '컵 일체형'과 마찬가지로 고정형이고, 용량은 7cc. 니들 지지 부분에는 움직임을 부드럽게 하고 트리거 부분으로 역류를 방지하는 불소 수지 패킹을 사용.

**스프레이 워크 HG 트리거 에어브러시 (슈퍼 파인)**
●트리거 ●0.2mm ●18,700엔

◀트리거 타입의 스탠다드 모델. 도료 컵을 포함한 본체는 금속, 그립은 수지 소재. 컵은 교환 가능. 본체의 에어 밸브를 분리하면 베이직 컴프레서 세트에도 접속 가능.

**스프레이 워크 HG 트리거 에어브러시**
●트리거 ●0.3mm ●18,700엔

트리거 0.3 mm

트리거 0.5 mm

◀넓은 면적을 칠하는 데 적합한 0.5mm 구경 핸드피스. 카 모델이나 메탈릭, 서페이서 도색을 상정한 제품. 컵 용량은 대형인 15cc 타입. 본체는 금속, 그립은 수지 소재.

**스프레이 워크 HG 에어브러시 와이드 (트리거 타입)**
●트리거 ●0.5mm ●18,700엔

### 웨이브

●발매원/웨이브

다양한 모형 공구와 보조 제품을 제공하는 모형 메이커 웨이브에서도 핸드 피스를 7종 판매 중. 경량 알루미늄 보디가 많은 것도 특징.

## 경량 알루미늄 콤팩트 보디로 작업 편의를 고려

◀알루미늄 소재로 경량화하면서 보디를 굵게 만들어서 잡기 편하게 만든 핸드 피스. 버튼에서 노들까지 거리가 약 53mm로 짧고, 중심을 중앙에 뒀다. 컵은 교환식이며 2cc와 7cc 2종류 포함.

**슈퍼 에어브러시 콤팩트 [경량 알루미늄]**
●더블 ●0.3mm ●11,550엔

더블 0.3mm

▶【경량 알루미늄】의 트리거 타입. 기존 동형보다 약 3/4 경량화했다. 보디에는 일체형 나일론 수지 소재 그립을 달아서, 잡기 편하도록 고려했다. 교환식 컵은 2cc와 7cc가 포함.

**슈퍼 에어브러시 트리거 타입 [경량 알루미늄]**
●트리거 ●0.3mm ●14,850엔

트리거 0.3mm

◀구경 0.3mm 더블 액션의 스탠다드한 구성이면서 가격도 낮춘 입문 사양. 니들 패킹에 테프론을 사용해서 래커계 도료에 대한 내구성을 향상. 컵 용량은 7cc.

**슈퍼 에어브러시 주니어2**
●더블 ●0.3mm ●7,920엔

더블 0.3mm

더블 0.2mm

◀핸드 피스 손잡이로 풍량을 조절하는 '에어매틱 시스템'을 탑재한 소구경 0.2mm 제품. '소프트 슬라이드 버튼'이라는 새로운 기구로, 버튼 조작이 매끄러워지도록 했다. 컵은 고정식 10cc.

**슈퍼 에어브러시 애드밴스 02**
●더블 ●0.2mm ●16,280엔

트리거 0.5mm

▶슈퍼 에어브러시 트리거 타입 【경량 알루미늄】과 같은 사양이지만, 구경이 0.5mm로 커졌고 동봉된 교환식 컵 용량도 7cc, 15cc로 커졌다. 넓은 면적이나 입자가 큰 도료 도색에 최적화.

**슈퍼 에어브러시 트리거 타입 05 〔경량 알루미늄〕**
●트리거 ●0.5mm ●15,950엔

트리거 0.7mm

◀모형용치고는 특대형인 0.7mm 구경 핸드 피스. 넓은 면적이나 서페이서 도색에 효력을 발휘한다. 알루미늄을 채용한 트리거 타입으로, 다루기 편하도록 배려했다. 교환식 컵은 대용량 7cc, 15cc를 포함.

**슈퍼 에어브러시 트리거 타입 07 〔경량 알루미늄〕**
●트리거 ●0.7mm ●17,050엔

더블 0.3mm

◀핸드피스 끝의 손잡이를 돌려서 에어 풍량을 조절할 수 있는 '에어매틱 시스템'을 업계 최초로 탑재. 그 시스템 덕분에 핸드피스만으로 농담을 살린 표현이 가능해졌다. 고정식 컵은 10cc.

**슈퍼 에어브러시 어드밴스**
●더블 ●0.3mm ●15,180엔

## 보크스

●발매원/보크스

창업 50년이 넘는 보크스에서도 조형촌 프로 모델이 라인업. 경험이 풍부한 보크스, 조형촌이 선택한 실적이 있는 6종이 발매 중.

# 신뢰와 실적의 조형촌 프로 모델!

▲더블 액션에 구경 0.3mm의 스탠다드한 구성이면서 1만 엔 이하의 부담없는 가격인 핸드 피스. 테프론 패킹으로 내구성이 비약적으로 향상됐다고 한다. 컵 용량도 표준적인 7cc

**조형촌 프로 모델 A/PM-A**
●더블 ●0.3mm ●9,570엔

▲'프로 모델 A/PM-A'와 마찬가지로 표준적인 구성이고 구경도 같은 0.3mm지만, 고정식 컵 용량이 15cc로 커졌다. 또한 보디 뒤쪽 컬러가 골드다.

**조형촌 프로 모델 A15= 골드 타입 =/PM-A 15**
●더블 ●0.3mm ●11,550엔

▲보디 뒤쪽의 배색이 실버인 'A15' 타입의 컬러 배리에이션.

**조형촌 프로 모델 A15= 실버 타입 =/PM-A 15**
●더블 ●0.3mm ●11,550엔

▲보디 뒤쪽 배색이 크롬인 'A-15' 타입의 컬러 배리에이션

**조형촌 프로 모델 A15= 크롬 타입 =/PM-A 15**
●더블 ●0.3mm ●11,550엔

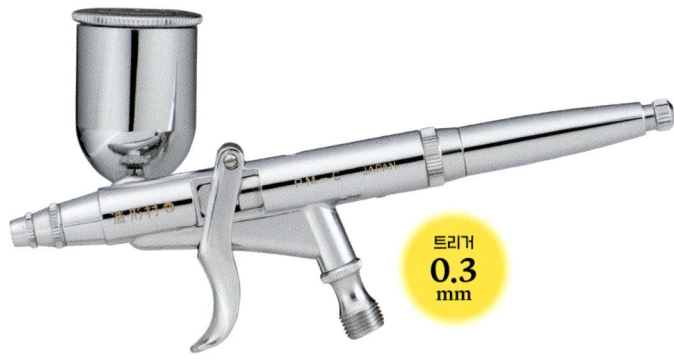

▲보크스, 조형촌 40년의 채용 실적을 자랑하는 동사 추천 핸드 피스. 중량은 약 170g으로 비교적 경량이며, 트리거 방식 본래의 사용 편의와 어우러지면서 장시간 작업해도 피로가 덜하다. 컵 용량은 15cc.

**조형촌 프로 모델 C/PM-C**
●트리거 ●0.3mm ●13,750엔

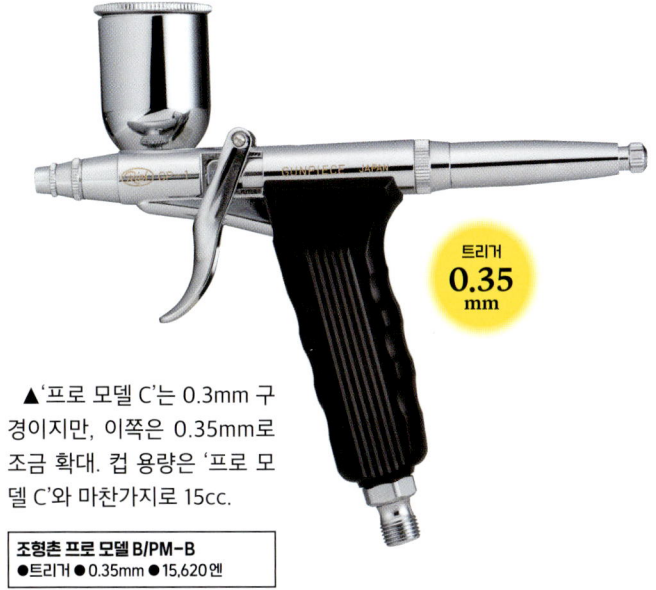

▲'프로 모델 C'는 0.3mm 구경이지만, 이쪽은 0.35mm로 조금 확대. 컵 용량은 '프로 모델 C'와 마찬가지로 15cc.

**조형촌 프로 모델 B/PM-B**
●트리거 ●0.35mm ●15,620엔

## 에어텍스

●발매원/에어텍스

독일 H&S가 총대리점으로 설립되어 20년 이상 다양한 에어브러시 관련 아이템을 발매하고 있다. 작금에는 '에어 레버' 사양을 발매해서 주목 받고 있다.

## 최고급 브랜드부터 뷰티4, 에어 레버까지 다양한 배리에이션이 매력

◀독일 Header & Steenbeck의 스탠다드 모델. 구경은 0.15의 극세부터 0.2, 0.6mm까지 변경 가능. 컵은 5cc지만 이쪽도 2cc, 50cc로 바꿀 수 있다. XP825 Premium과 마찬가지로 조절기에 메모리 기능을 탑재.

**에어브러시 에볼루션 A(H&S)**
● 더블 ● 0.4mm ● 26,400엔

▲H&S 최고봉 제품. 0.15mm 구경은 0.2, 0.4mm로 교환이 가능하며, 컵도 2cc에서 5, 15, 50cc로 교환 가능. 메모리 기능이 달린 조절기 외에 당기는 강도를 조절할 수 있는 바 스프링도 장착.

**에어브러시 인피니티 (H&S)**
● 더블 ● 0.15mm ● 46,200엔

▶공업 디자이너 루이지 콜라니가 디자인. 인체공학에 바탕을 둔 그립을 채용했고, 손 크기에 맞춰서 조절도 가능. 보디 윗면의 트리거는 좌우 방향과 뿜는 포인트를 설정 가능. 본체 조작 기구와 뿌리는 부분이 독립되어 있어서 정비성도 향상.

**에어브러시 콜라니 (H&S)**
● 트리거 ● 0.4mm ● 46,200엔

▲알마이트를 채용해서 본체 중량을 65g까지 줄인 제품. 구경은 0.4mm로 교환 가능. 컵은 ALplus 전용 실버 도금 2cc를 장비했는데, 5cc로 교체 가능. 컵 뚜껑은 별매품.

**에어브러시 에볼루션 ALplus**
● 더블 ● 0.2mm ● 38,500엔

▲에볼루션 A와 마찬가지로 독일 H&S 제품. 구경은 0.15, 0.4, 0.6으로 변경 가능. 컵 사이즈는 2cc인데 이쪽도 5, 15, 50cc로 교체 가능하며, 접속 부품을 사용해서 사이드컵이나 흡상식으로도 변경 가능.

**에어브러시 에볼루션 SOLO(H&S)**
● 더블 ● 0.2mm ● 26,400엔

◀ 보디 위쪽 메인 레버가 트리거로, 당기기만 해도 에어 분출에서 뿌리는 동작으로 들어간다. 또한 조절 나사를 사용해서 트리거의 뿌리기 시작하는 시점을 조절 가능. 2cc 컵과 구경을 변경 가능.

에어브러시 한자 281B(H&S)
● 트리거 ● 0.2mm ● 26,400엔

▲ 281B와 마찬가지로 이쪽도 보디 위쪽이 트리거인 타입. 281B와 비교해서 구경은 0.3mm, 컵도 5cc로 커졌다. 구경은 0.2, 0.4로 컵은 2cc로 변경 가능.

에어브러시 한자 381B(H&S)
● 트리거 ● 0.3mm ● 27,500엔

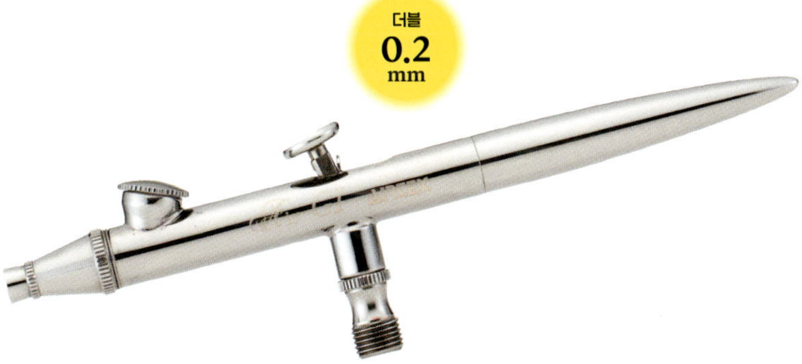

▲ 네일용 핸드 피스. 저압으로 젤 리퀴드를 분무하기 위해, 정류성을 유지할 수 있도록 노즐을 연장했다. 네일용이라서 컵은 0.5cc로 모형용치고는 아주 작다. 리퀴드의 휘발을 막기 위해 뚜껑도 포함.

에어브러시 Air-G1(에어 지 원)
● 더블 ● 0.2mm ● 19,250엔

▲ 에어 젤 전용 핸드피스. 메탈릭을 뿌리기 쉽도록 구경이 G1보다 큰 0.35mm로 커졌다. 노즐 사양/기능은 G1과 같다. 에어텍스에서는 두 번째 에어 젤용 핸드 피스로 추천.

에어브러시 Air-G2(에어 지 투)
● 더블 ● 0.35mm ● 19,250엔

▶ 메이크업용 핸드 피스. 항상 에어를 방출하는 '프리 액션' 타입인데, 동봉된 '에어 밸브 보디'로 교체하면 더블 액션이 된다. 시크한 컬러링의 보디도 특징. 컵은 뚜껑이 포함된 2cc.

에어브러시 샹파뉴
● 더블 ● 0.2mm ● 11,550엔

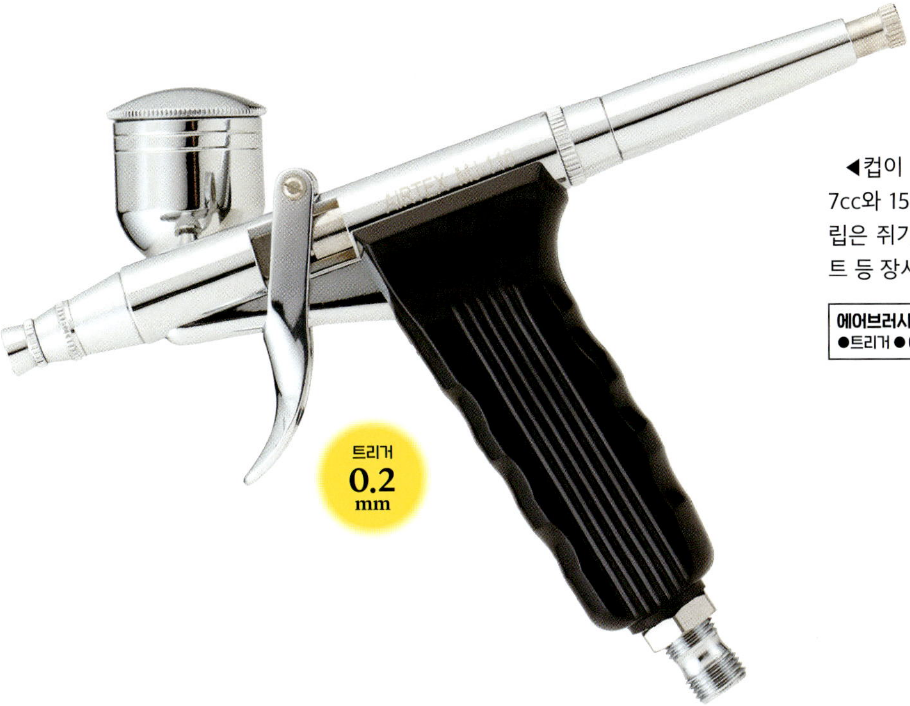

◀컵이 보디 오른쪽에 달린 트리거 타입 핸드 피스. 7cc와 15cc 두 종류 컵이 포함돼서 교체 가능. 얇은 그립은 쥐기 쉽고 미끄럼 방지 처리가 되어 있다. 일러스트 등 장시간 섬세한 작업을 하는 유저에게 적합.

**에어브러시 MJ116**
●트리거 ●0.2mm ●18,700엔

트리거 **0.2** mm

▶다량의 도료를 뿌릴 때 편리한 흡상식 에어브러시. T셔츠에 그리는 등 넓은 면을 처리하는 경우를 상정했는데, 보틀을 바꿔서 도료를 변경하는 등의 편리성에도 주목했으면 싶다. 컵 사이즈는 22cc.

**에어브러시 MJ130**
●더블 ●0.3mm ●13,200엔

더블 **0.3** mm

◀뚜껑이 없는 2cc 고정 컵이 달린 0.2 구경 핸드 피스. 동사의 많은 제품과 마찬가지로, 심플한 평평한 누름 버튼과 부풀어오른 그립으로 사용 편의를 향상시켰다.

**에어브러시 MJ722**
●더블 ●0.2mm ●8,800엔

더블 **0.2** mm

▶0.3mm 더블 액션이고 '처음 사용하기 좋은 에어브러시'라고 선전하는 표준적인 사양의 핸드 피스. 고정식 컵 용량은 7cc이며, 작은 크기의 제품과 달리 뚜껑도 포함되어 있다.

**에어브러시 MJ724**
●더블 ●0.3mm ●9,900엔

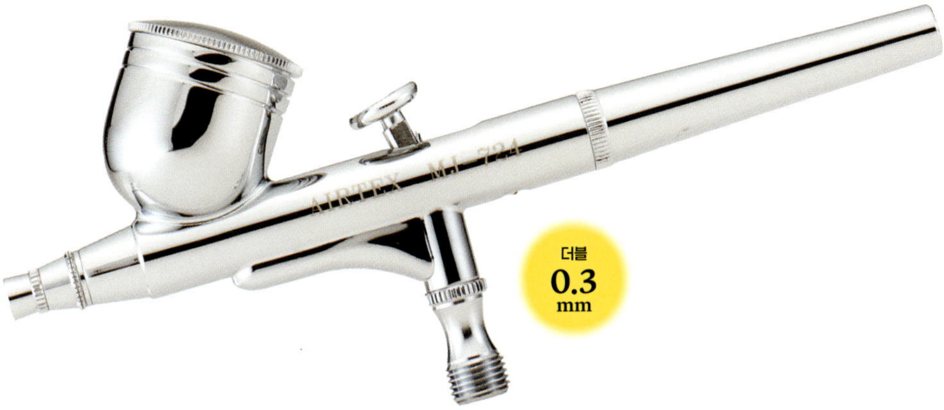

더블 **0.3** mm

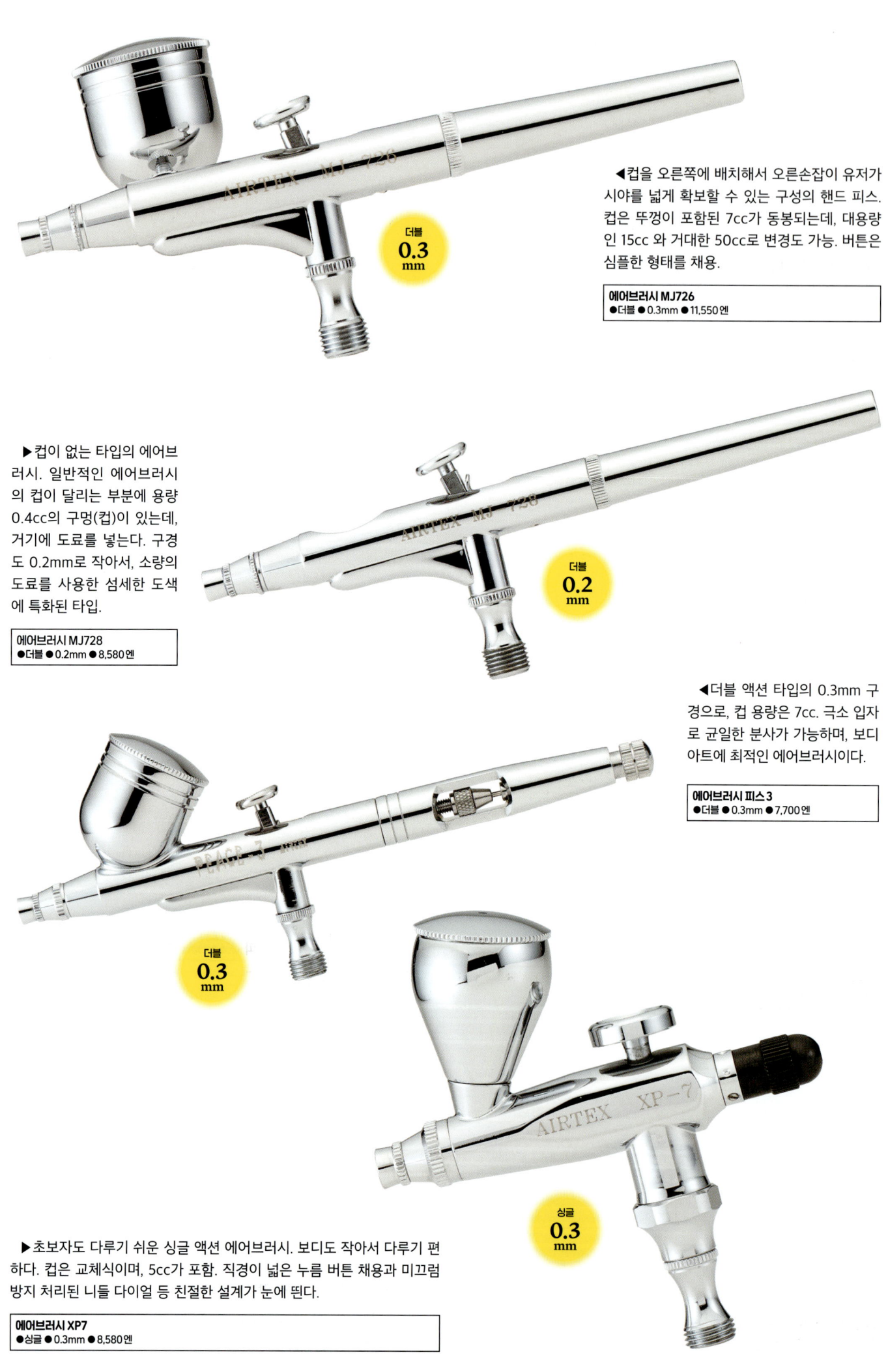

◀컵을 오른쪽에 배치해서 오른손잡이 유저가 시야를 넓게 확보할 수 있는 구성의 핸드 피스. 컵은 뚜껑이 포함된 7cc가 동봉되는데, 대용량인 15cc 와 거대한 50cc로 변경도 가능. 버튼은 심플한 형태를 채용.

**에어브러시 MJ726**
●더블 ●0.3mm ●11,550엔

▶컵이 없는 타입의 에어브러시. 일반적인 에어브러시의 컵이 달리는 부분에 용량 0.4cc의 구멍(컵)이 있는데, 거기에 도료를 넣는다. 구경도 0.2mm로 작아서, 소량의 도료를 사용한 섬세한 도색에 특화된 타입.

**에어브러시 MJ728**
●더블 ●0.2mm ●8,580엔

◀더블 액션 타입의 0.3mm 구경으로, 컵 용량은 7cc. 극소 입자로 균일한 분사가 가능하며, 보디 아트에 최적인 에어브러시이다.

**에어브러시 피스3**
●더블 ●0.3mm ●7,700엔

▶초보자도 다루기 쉬운 싱글 액션 에어브러시. 보디도 작아서 다루기 편하다. 컵은 교체식이며, 5cc가 포함. 직경이 넓은 누름 버튼 채용과 미끄럼 방지 처리된 니들 다이얼 등 친절한 설계가 눈에 띈다.

**에어브러시 XP7**
●싱글 ●0.3mm ●8,580엔

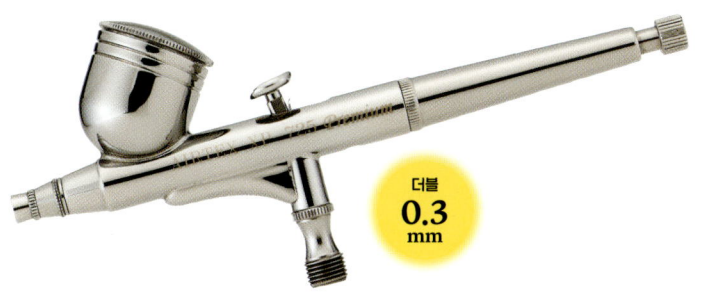

▲에어텍스를 대표하는 구경 0.3mm 모델이 크롬 멕기 처리로 내마모성이 향상된 프리미엄 시리즈로 등장. 둥근 버튼은 앞쪽을 향해 완만하게 경사져서 손가락의 부담을 줄여준다. 컵 용량은 7cc.

XP725 Premium
●더블 ●0.3mm ●10,450엔

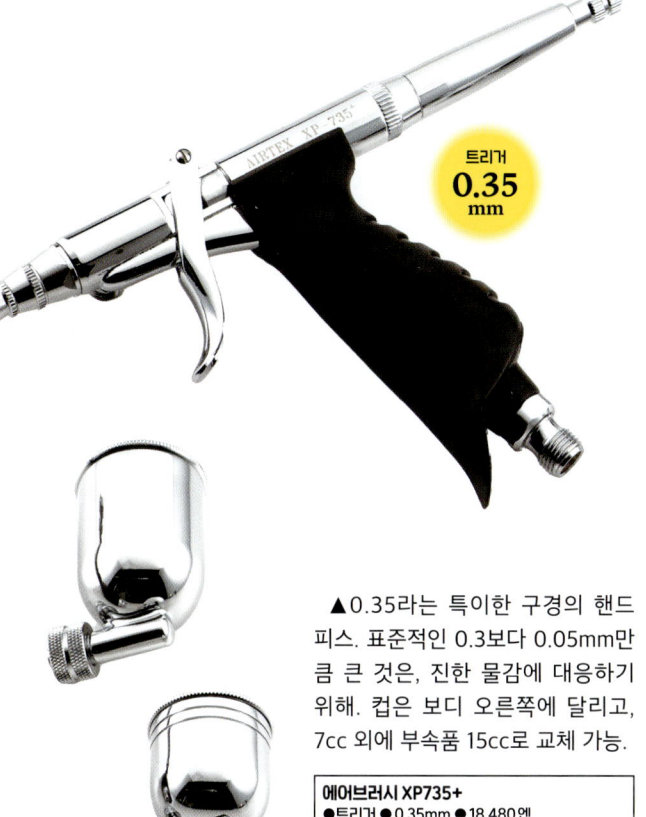

▲0.35라는 특이한 구경의 핸드 피스. 표준적인 0.3보다 0.05mm만큼 큰 것은, 진한 물감에 대응하기 위해. 컵은 보디 오른쪽에 달리고, 7cc 외에 부속품 15cc로 교체 가능.

에어브러시 XP735+
●트리거 ●0.35mm ●18,480엔

▲에어가 매끄럽게 나오도록 에어 노즐 구멍이 4개인 특이한 제품. 뒤쪽 끝의 니들 조절기는 메모리 기능을 탑재해서, 위치를 정해두면 원터치로 고정, 해제 가능. 선진적인 구조의 핸드 피스.

XP825 Premium
●더블 ●0.3mm ●15,950엔

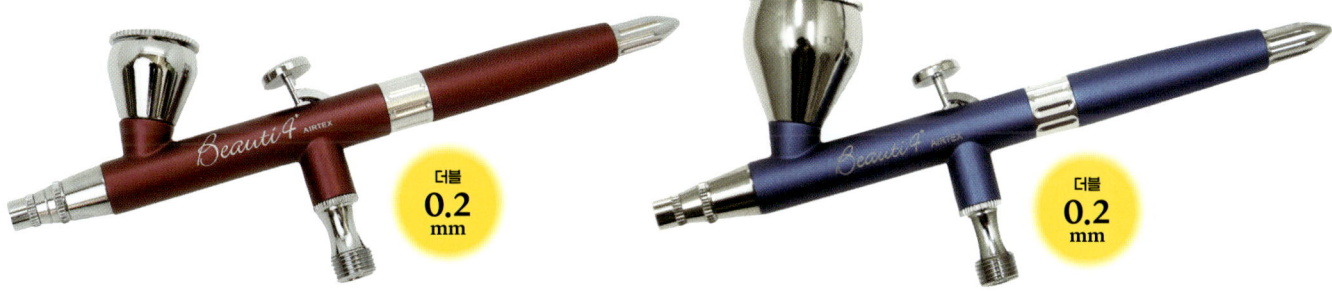

▲뷰티4+0.2mm 패션(빨강) 컬러 버전.

에어브러시 뷰티 4+0.2mm 패션 ( 빨강 )
●더블 ●0.2mm ●11,550엔

▲뷰티4+0.2mm 코스모(파랑) 컬러 버전.

에어브러시 뷰티 4+0.2mm 코스모 ( 파랑 )
●더블 ●0.2mm ●11,550엔

▲뷰티4+0.2mm 나이트(검정) 컬러 버전.

에어브러시 뷰티 4+0.2mm 나이트 ( 검정 )
●더블 ●0.2mm ●11,550엔

▲뷰티4+0.3mm 패션(빨강) 컬러 버전.

에어브러시 뷰티 4+0.3mm 패션 ( 빨강 )
●더블 ●0.3mm ●12,100엔

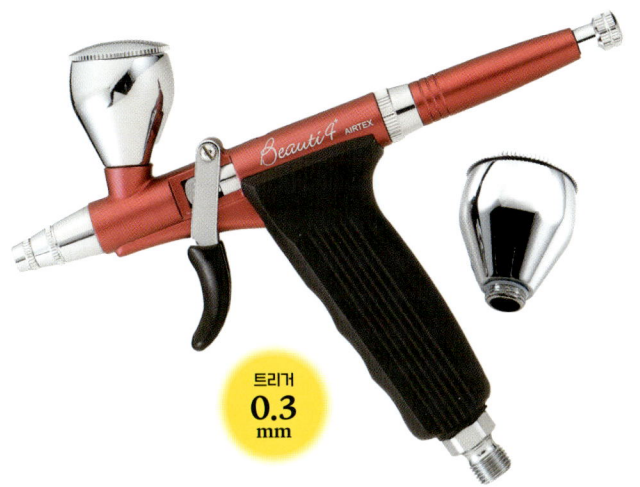

트리거
0.3mm

트리거
0.3mm

▲트리거 타입 '에어브러시 뷰티4+
트리거 빨강'의 나이트(검정) 버전

에어브러시 뷰티4+ 트리거 검정
●트리거 ● 0.3mm ● 19,250엔

▲알마이트를 채용해서 무거워지기 십상인 트리거 타입의
경량화를 꾀했다. 중량은 기본 상태로 173g. 구경은 별매품
노즐 베이스 세트를 사용해서 0.2, 0.5, 0.7mm로 변경 가능.
교환식 컵은 7cc와 15cc 포함.

에어브러시 뷰티4+ 트리거 빨강
●트리거 ● 0.3mm ● 19,250엔

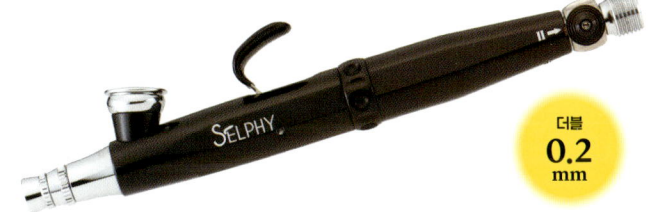

더블
0.2mm

▲에어텍스의 완전 오리지널 핸드피스. 호스를 뒤쪽 끝에 장착하는 경
이로운 사양. 덕분에 펜 감각으로 도색이 가능하고, 보디 모양도 펜 모양
이다. 컵은 0.4cc가 포함되며, 교환도 가능.

에어브러시 셀피
●너블 ● 0.2mm ● 19,250엔

트리거
0.3mm

◀알루미늄 소재로 경량화한 트리거 타입. 트리거도 수지 소재로 코팅해서 손
가락의 부담을 줄였다. 알마이트 2색 전개에 별매품 노즐 베이스를 사용해서
0.2, 0.3, 0.5, 0.7mm 구경으로 변경 가능.

에어브러시 B4T-Galaxy
●트리거 ● 0.3mm ● 19,250엔

---

## 하이하이

●발매원/하이하이

초보자도 사용하기 쉬운 모형 도구를 전개하는 하이하이에서, 부담없는 가격에 고성능 에어브러시를 발매하고 있다.

## 초보자에게도 부담없는 가격, 게다가 하이스펙

더블
0.3mm

◀핸드 피스 중에서는 가장 낮은 가격대지만, 내구성이 좋은 동
제 보디에 버튼식 더블 액션 0.3mm 구경까지, 다른 상품과 비교
해 손색이 없는 스펙. 컵은 7cc이고 분리가 가능.

HH-0286W 액션 에어브러시
●더블 ● 0.3mm ● 5,500엔

▲노즐 캡은 기본적인 둥근 타입.
니들 캡도 분리 가능.

▲본체 뒤쪽의 분출 범위 조절 다이얼을 돌려서 도료
양을 조절 가능. 니들 스토퍼가 노출되어서, 커버를
벗기지 않고 스토퍼를 돌릴 수도 있다.

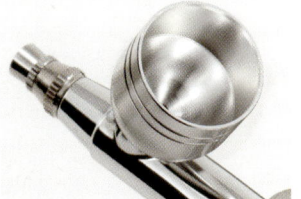

▲컵은 7cc. 분리도 가능.

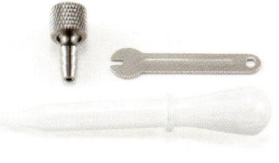

▲렌치, 가는 호스용 변환 조인트, 스포
이드 포함.

# AIR COMPRESSOR

압축한 공기를 핸드 피스에 공급하는 컴프레서. 여기서부터는 각 제조사의 주요 모델을 소개하겠습니다.

## GSI 크레오스

●발매원/GSI 크레오스

고성능 플래그십 모델부터 저렴한 소형 모델까지 프라모델용 컴프레서를 폭넓게 취급하는 GSI 크레오스. 액세서리도 다양하게 갖추고 있어서, 같은 회사 제품으로 포괄적인 도색 환경을 장만할 수 있다는 점도 매력적.

### 본격적인 모형용 컴프레서라면 Mr.컴프레서 시리즈

▶현재 GSI 크레오스 컴프레서의 대표주자. 압축 피스톤을 직접 전자력으로 구동하는 리니어 구동 프리 피스톤 방식을 채용해서, 동작할 때 조용하다는 것이 큰 특징. 또한 정격 압력 0.1MPa, 최고 압력 0.15MPa의 파워를 내서, 점도가 다소 높은 도료나 구경이 큰 핸드피스도 스트레스를 받지 않고 칠할 수 있다. 작고 가벼워서 자리를 많이 차지하지 않는 점도 매력적. 본격적인 컴프레서 구입을 생각한다면 일단 이것을 선택하면 문제 없을 것이다.

**Mr. 리니어 컴프레서 L7**
● 41,800엔

▲'첫 모형용 컴프레서를 뭘로 할지 고민된다면 일단 이걸 사라'라고 하는, 기본 중의 기본 모델이 이 L5. 리니어 구동 프리 피스톤 방식이라서 조용하고, 하루 종일 연속 운전도 가능한 위협적인 장시간 연속 운전 성능도 겸비. 정격 압력 0.1 MPa, 최고 압력 0.12MPa로, 모형용으로서는 충분히 파워풀한 출력을 지녀서 폭넓은 장르의 키트 도색에 사용이 가능. 가격도 본격적인 컴프레서치고는 저렴한 편이라서 높은 인기를 누리고 있다.

**Mr. 리니어 컴프레서 L5**
● 34,100엔

▲GSI 크레오스의 모형용 컴프레서 중에서도 가장 강한 출력을 자랑하는 플래그십 모델 L10. 특징은 무엇보다 시리즈 최대의 토출 공기량. 토출 공기량 10L/min이라는 스펙은 L5의 2배나 되며, 이 하이 파워로 장시간 안정적인 도색이 가능. 본체 중량이 4.4kg로 L5보다 무겁고 크기도 크지만, 여유 있는 파워를 살린 도색 편의는 일품. 하이엔드 컴프레서로 바꾸고 싶다면 일단 후보에 올려두고 싶은 기종.

**Mr. 리니어 컴프레서 L10**
● 55,000엔 ※생산 종료

# 성능 비교! 리니어 컴프레서 시리즈 중에서 어떤 걸 살까?

L5, L7, L10 중에서 최상급인 L10이 가장 좋다고 할 수만은 없다. 리니어 컴프레서의 가장 큰 특징은 구경 0.3mm 에어브러시를 사용하는 모형 도색에서 충분한 압력인 '0.1MPa'의 공기를 안정적으로 토출할 수 있는 성능에 있다. 그 부분은 L5~L10 모두 같으니까, 캐릭터 키트만 칠한다면 L5로도 충분하다.

하이엔드 모델의 메리트는 '토출 공기량'인데, 그 수치가 클수록 '넓은 면 도색', '장시간 사용'에 좋다. 하지만 그만큼 크기와 작동음이 커진다. 자신이 도색할 대상이 무엇인지, 놓을 공간, 소리의 허용 범위를 신경 써서 가장 적합한 것을 선택하면 된다.

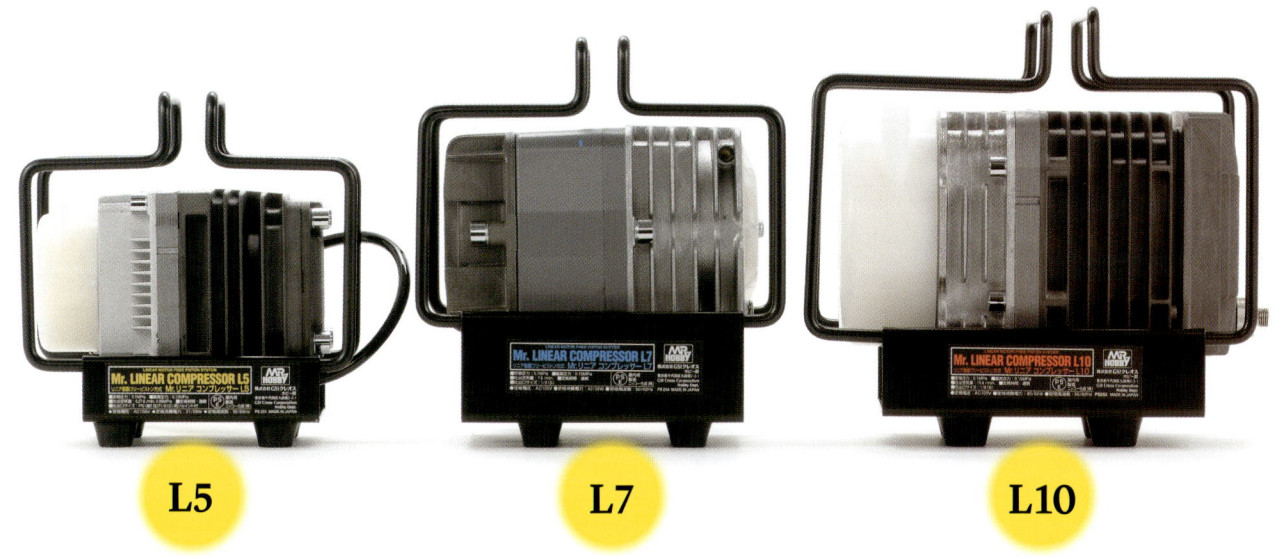

**L5** ●최고 압력/0.12MPa ●토출 공기량/5.27L
**L7** ●최고 압력/0.15MPa ●토출 공기량/7.00L
**L10** ●최고 압력/0.15MPa ●토출 공기량/10.00L

# 간단한 에어브러시 시스템 도입에는 소형 컴프레서를 추천

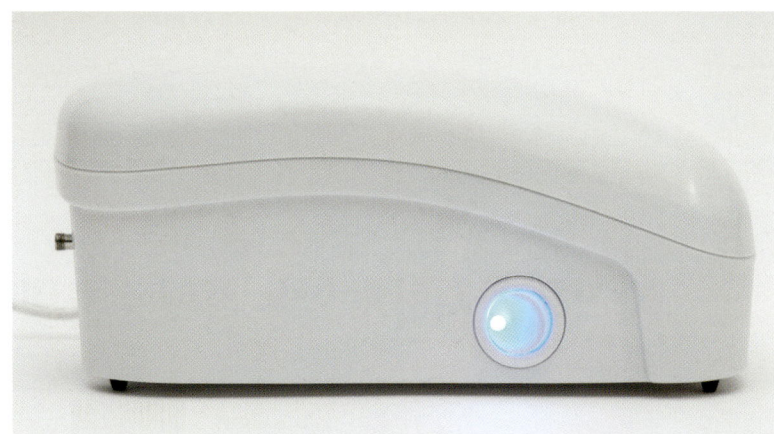

◀스타일리시한 디자인이 특징이고, 작고 조용한 컴프레서 KALON. 크기는 작아도 에어브러시 도색에 충분한 풍량을 지녔고, 뿌리기 힘들다고 하는 메탈릭 계열 도료도 사용 가능. 그리고 앞서 말한 것처럼 컴프레서 특유의 기계적인 생김새가 아니라서 일상 공간에 놓아둬도 위화감이 없는 디자인도 큰 특징. 프라모델 도색은 물론이고 수공예 등에도 추천하는 컴프레서.

**컴프레서 KALON(카롱)**
●19,800엔

▶소형 컴프레서로 알려진 쁘띠컴. 크기는 손바닥 위에 올라갈 정도로 작고, 소리도 상당히 작다. 정격 압력 0.05MPa, 토출 공기량 3L/min으로, 아무래도 출력은 대형 컴프레서보다 낮지만, 넓은 면적을 단번에 칠하려고 하지만 않으면, 모형용으로 충분히 쓸만한 성능을 지녔다. 또한 저렴한 가격도 특징. 이미 컴프레서를 가지고 있는 모델러라도 서브 기종으로 쓸만한 제품.

**Mr. 리니어 컴프레서 쁘띠컴**
●17,600엔 ※생산 종료

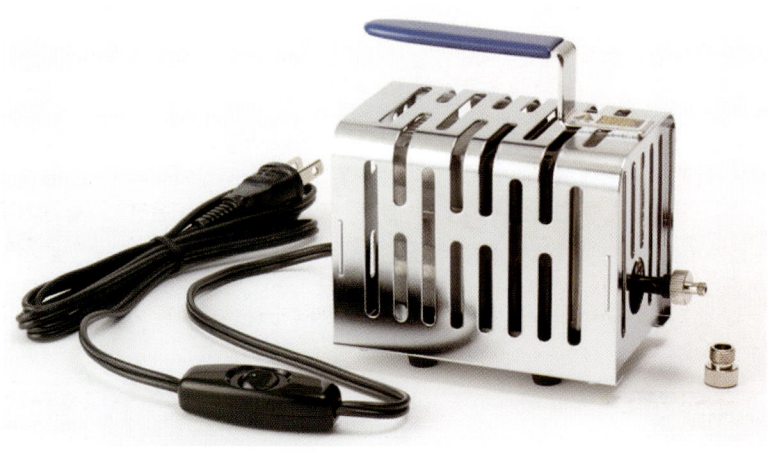

## 타미야

●발매원/타미야

초보자부터 베테랑까지 폭넓은 유저의 수요에 대응하는 스펙의 컴프레서를 판매하는 타미야. 특히 주변기기를 추가로 구입할 필요가 없는 올인원 사양은 간단하게 에어브러시 도색을 즐기고 싶은 모델러에게 큰 도움이 된다.

### 본격적인 에어브러시 도색을 간단하게!

▶입문기종으로 가장 좋은, 컴프레서, 3종류의 에어브러시 홀더와 1.2m 에어 튜브, 방진 매트 포함.

▲심플한 구성이면서 최대 공기 압력 0.11MPa, 토출 공기량 분당 20리터로 모형 도색에 충분한 압력과 풍량을 공급해주는 믿음직한 기종. 또한 특수 기구로 에어의 박동을 억제하고, 방진 매트와 함께 사용해서 소리를 줄여주는 등, 야간 사용도 배려한 점이 기쁘다. 컴프레서 단품 외에 각종 핸드 피스와 세트 구성도 있으니, 예산과 용도에 맞게 선택하자.

스프레이 워크 HG 컴프레서 레보Ⅱ
● 27,500엔

### 압력을 조절 가능한 콤팩트 컴프레서!

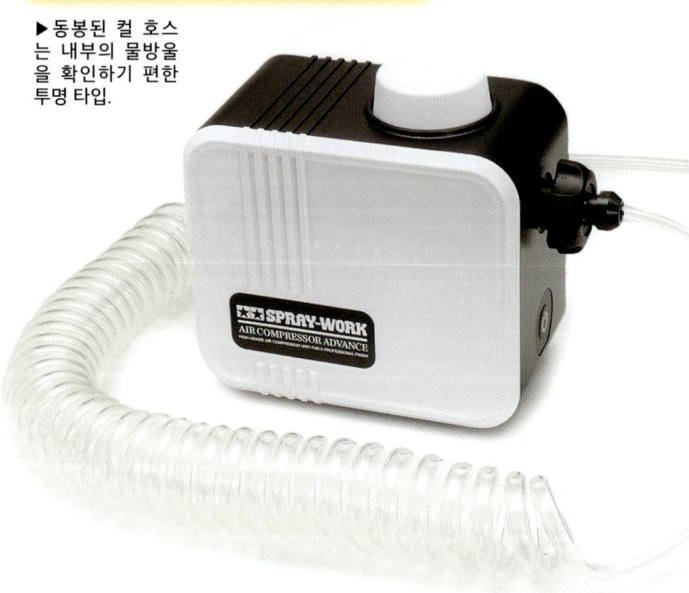

▶동봉된 컬 호스는 내부의 물방울을 확인하기 편한 투명 타입.

▲올인원 타입이면서 본체 위쪽의 다이얼로 에어 압력을 조절 가능. 12.5×7×11.5cm라는 작은 사이즈면서 최대 공기 압력 약 0.20MPa, 연속 공기압력 0.08MPa로 파워도 충분. 또한 동봉된 행거에 올려놓은 핸드 피스를 들면 컴프레서가 자동으로 작동하는 센서 스위치도 장비.

스프레이 워크 컴프레서 어드밴스
● 28,600엔

### 입문기종 베스트 셀러!

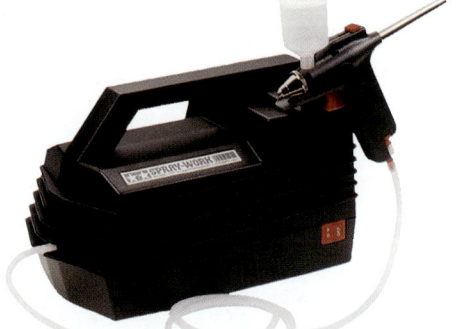

▲에어 도색 입문용으로 익숙한 기종. RC카용 7.2V 배터리(별매품)를 전원으로 사용할 수 있어서 실외에서도 사용 가능하다는 점이 가장 큰 특징. 물론 전용 AC 어댑터(별매)를 사용하면 가정용 콘센트에 사용 가능.

스프레이 워크 베이직 컴프레서 (에어브러시 포함)
● 15,400엔

### 자리를 차지하지 않는 콤팩트 모델!

▲10×10.5×5.5cm라는 손바닥에 올라가는 크기의 컴프레서. 가정용 콘센트를 사용하고, AC 어댑터도 포함. 간단한 도색이나 만약의 경우를 위한 보조 기종으로 두면 좋을지도?!

스프레이 워크 콤팩트 컴프레서
● 12,100엔

# 안정적인 파워와 정숙성으로 대형 키트 도색도 안심!

▼개인용으로는 최고봉이라고 할 수 있는 최대 압력 0.4MPa를 자랑하는 컴프레서. 이 정도 파워가 있으면 넓은 면적을 단숨에 칠하거나 입자가 큰 메탈릭 도료와 서페이서도 충분히 대응 가능. 레귤레이터, 수분 필터, 호스, 행거가 포함돼서 에어브러시만 준비하면 바로 도색을 즐길 수 있는 점도 특징. 또한 이 정도 파워를 자랑하면서 가동음이 48db(가전용 에어컨 실외기보다 작다) 정도로 조용하다는 점도 특징.

**스프레이 워크 파워 컴프레서**
● 39,600엔

▲본체 크기는 24×14.5×20cm이며 중량은 약 4.6kg. 일체형 에어브러시 행거와 레귤레이터는 클램프 고정식이라서, 작업책상 등에 장착도 가능.

▲행거에서 에어브러시를 들어 올리면 전원이 켜지고 내려놓으면 꺼지는, 작업 중인 모델러에게 편리한 기능을 탑재.

▲압력 조절과 수분 필터 기능을 갖춘 레귤레이터. 수분 필터는 습도가 높은 계절의 도색에 꼭 필요한 기능인 만큼 기본 장비라서 기쁘다.

▲본체와 레귤레이터 접속 호스(왼쪽)와 에어브러시용 스파이럴 호스도 포함. 타미야에서 발매하는 'HG 에어브러시 시리즈'와 '에어브러시 라이트 시리즈'의 각종 에어브러시에 접속 가능.

## 웨이브

●발매원/웨이브

모형 제작에 도움되는 각종 공구를 폭넓게 취급하는 웨이브. 컴프레서는 초보자가 도전하기 쉬운 가격대의 제품을 2종 발매 중.

### ON/OFF 기구 탑재 모델

### 엽서 크기의 경량 컴프레서

▲특필할 점은 에어브러시 사용, 대기시에 에어 ON/OFF가 자동으로 작동하는 '자동 압력 스위치' 기구. 소음과 진동을 더욱 줄이며 도색 가능. 구모델보다 최고 압력이 0.4MPa 향상. 연속 사용시에도 0.22MPa의 충분한 공기를 안정적으로 공급 가능. 각 부분의 조인트는 S나사(1/8)로, 시판하는 대부분의 에어브러시하고 호스와 접속 가능.

**웨이브 컴프레서 317**
● 21,780엔

▲크기는 15.5×8.5×8.5cm, 중량 500g 이하의 책상 위에 올려놔도 자리를 차지하지 않는 뛰어난 크기. 최대 공기 압력은 약 0.1MPa, 연속 사용시에도 0.05MPa를 유지. 초보자도 구입하기 쉬운 부담없는 가격. 하지만 일정한 양의 압력이나 에어가 필요한 에어브러시에는 적합하지 않으니까 그 점에는 주의할 필요가 있다.

**웨이브 컴프레서 058 콤팩트 [탁상 타입]**
● 18,700엔

## 보크스

●발매원/보크스

모델러에게 보크스라면 '모형'이라는 인상이 강하지만, 일본에서도 손꼽히는 돌 메이커라는 입지도 있다. 돌의 메이크업 도색에도 도움이 되는 보크스 컴프레서는 프로가 인정하는 고성능 모델이다.

### 안심되는 하이파워로 래커부터 수성까지 완전히 대응!

◀컴프레서 본체는 에어텍스의 'APC001R2' (P.122). 27×14.5×22.5cm의 적당한 크기면서도 최대 공기압은 0.38MPa의 고압력. 공기압 조절 기능도 있어서 섬세한 부위는 물론이고 넓은 면의 도색에도 대응 가능. 강한 공기압이 필요한 수성 도료에도 최적. 또한 부속품으로 에어브러시 홀더, DVD 'JUST WAIT'가 포함. 영상을 보면서 테크닉을 배우고 이상적인 도색에 도전해보자.

**조형촌 AIR FORCE**
● 24,200엔

※앞으로는 DVD와 같은 내용의 YouTube 영상으로 접속 가능한 QR코드가 설명서에 기재됩니다.

## 에어텍스

●발매원 / 에어텍스

에어브러시 도색에서는 주변기기와 환경을 갖추는 것도 중요. 그런 상황에서 에어텍스는 초보자부터 프로까지 다양한 수요에 대응하는 8종의 컴프레서를 발매하고 있다.

# 풍부한 라인업에서 선택할 수 있는 도색의 친구

\ 놔두기 편한 콤팩트 보디 /

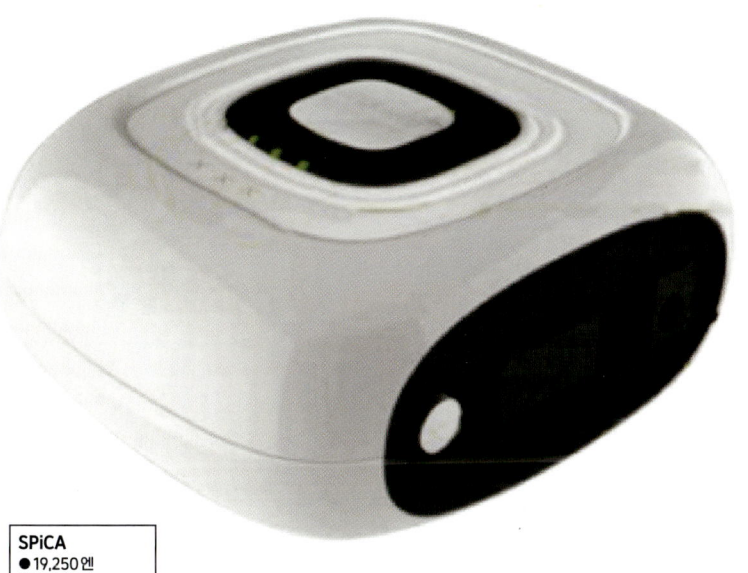

**SPiCA**
● 19,250엔

▲6×11.5×11.6cm의 소형 컴프레서. 배터리가 포함되어 있어서 외출할 때도 간편히 휴대할 수 있다는 점이 특징. 모형 도색 외에 메이크업이나 보디 페인팅에도 적합.

\ 야간 작업에도 쾌적한 정숙 사양 /

컴프레서 Air-K
● 23,650엔

▲동작음량 약 45db의 조용한 컴프레서. 심야에도 소음을 신경 쓰지 않고 작업할 수 있다. 최고 압력이 낮아서 0.10MPa지만, 0.2mm 또는 0.3mm 에어브러시에는 충분하다고 할 수 있다.

\ USB 전원식 배터리 내장 모델 /

컴프레서 wing
● 24,750엔

▲4.5×11.5×6.5cm의 콤팩트 보디에 배터리를 내장. USB 전원으로 90분 충전하면 약 45분 동안 사용 가능. 실외 등, 장소를 가리지 않고 쓸 수 있다는 점이 기쁘다. 또한 정숙성과 최고 압력은 'Air-K'와 거의 동등.

\ 상자형 보호 커버 포함 /

컴프레서 APC018 화이트
● 34,100엔

컴프레서 APC018 블랙
● 34,100엔

▲▶상자형 보호 커버로 컴프레서 본체를 충격이나 먼지에서 보호하는 중량 모델. 최고 압력은 0.38MPa. 압력을 조절할 수 있는 레귤레이터 드레인을 채용. 일정 압력에 도달하면 전원이 자동으로 꺼지는 압력 스위치 기능 포함. 이벤트 등, 컴프레서를 가지고 다닐 기회가 많은 모델러에게 추천하는 모델.

### \ 오랫동안 사랑받은 인기 컴프레서 /     \ 모델 체인지로 공기 공급량이 두 배로 /

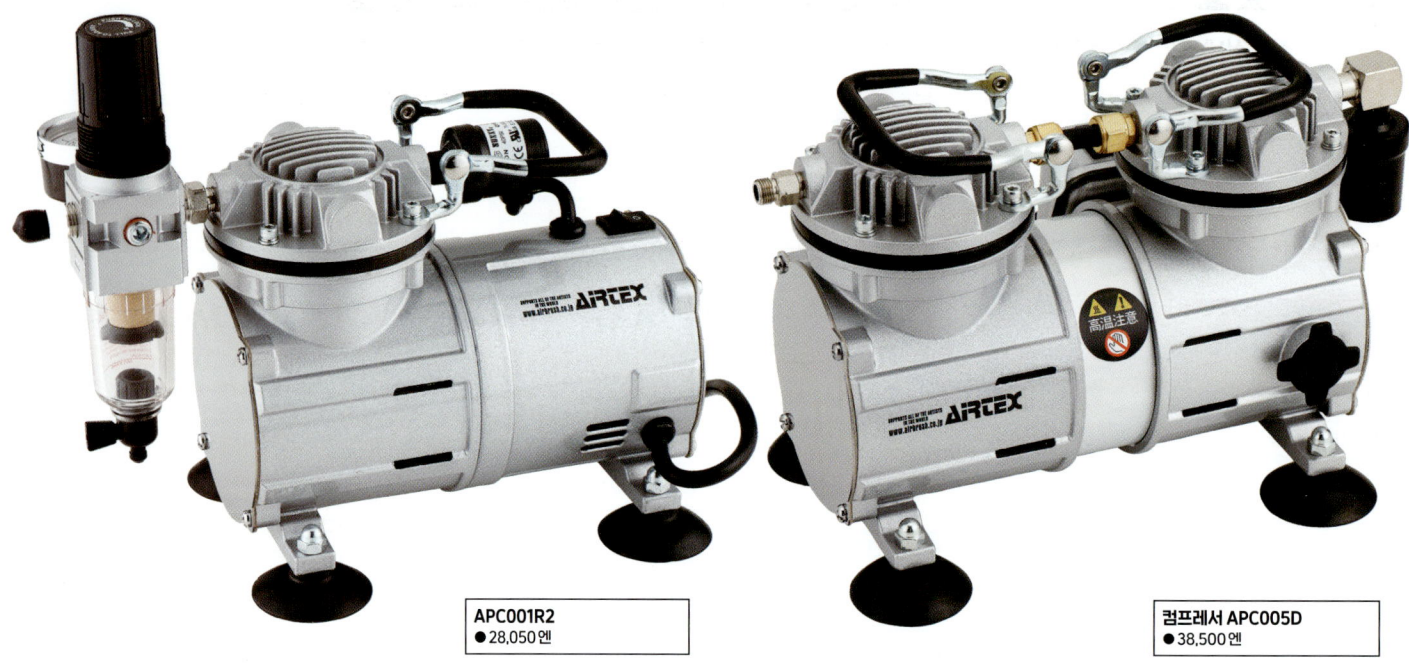

APC001R2
● 28,050엔

▲에어텍스의 'APC-001' 시리즈 중에서 본격적인 에어 도색의 입문기라고 할 수 있는 APC001R2. 안정적인 출력으로 도료의 속성을 가리지 않고 섬세한 분무가 가능.

컴프레서 APC005D
● 38,500엔

▲2기통 탑재 'APC005N'에 흡기 필터를 추가한 신모델. 고속 공기 공급이 가능하며, 대구경 에어브러시도 어렵지 않게 사용 가능.

### \ 대용량&고출력 하이파워 모델 /     \ 안정 공급을 위해 에어 탱크 탑재 /

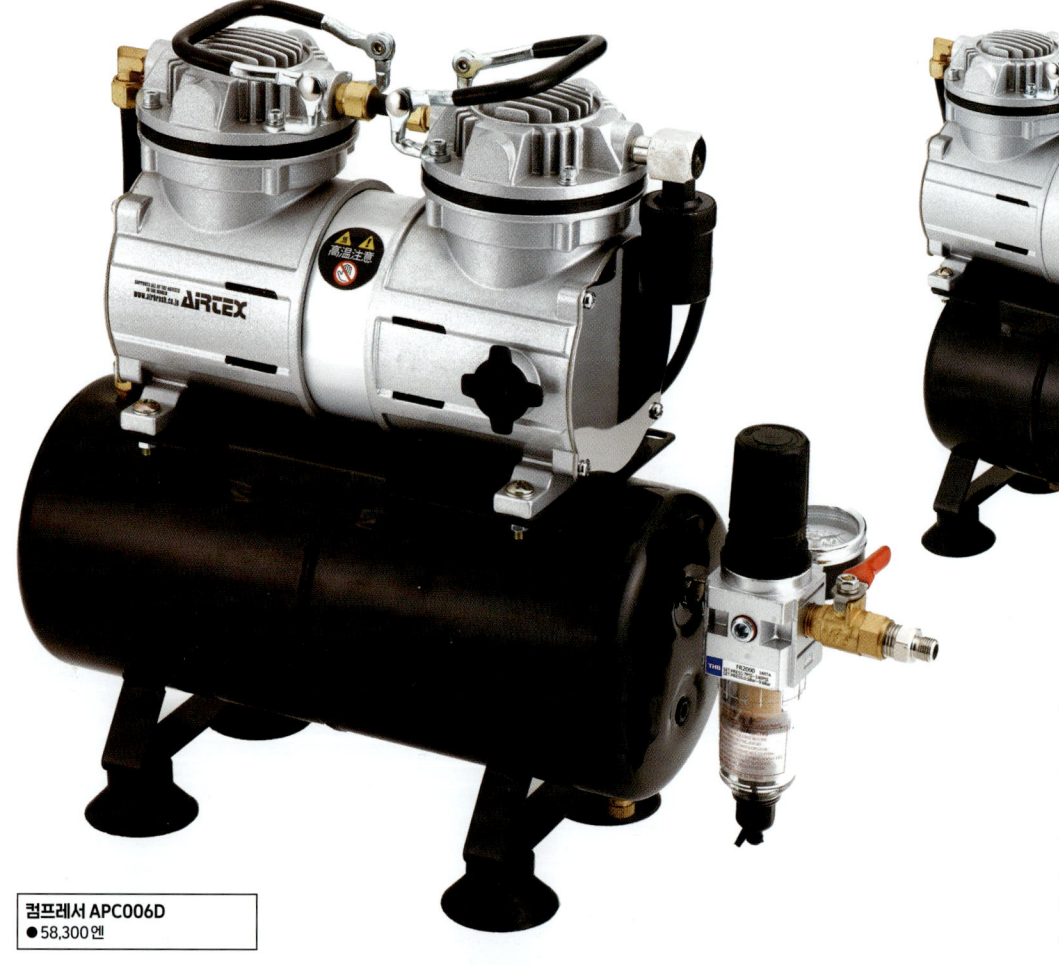

컴프레서 APC006D
● 58,300엔

▲2기통의 대용량 에어 탱크(3.5L)에 압축한 공기를 저장 가능. 이것으로 안정적인 공기 공급을 실현했다. 최고 압력은 0.55MPa. 대구경 에어브러시를 이용한 광범위 도색에 충분한 출력. 고출력인 만큼 소리도 커서 53db 가량. 사용할 때는 방음용으로 두툼한 천 등을 깔아주자.

▲에어 탱크 탑재형 컴프레서. 최고 압력은 0.55MPa. 점성이 높은 도료도 문제없이 분무 가능. 탱크에 압축 공기를 저장할 수 있고, 그동안에는 모터가 작동하지 않아서 에어브러시 사용 시의 맥동을 억제할 수 있다. 그러데이션 도색 등 섬세한 도색에 적합한 모델이라고 할 수 있다.

컴프레서 APC002D
● 48,400엔

# PAINTING BOOTH

도색 부스는 실내에서 에어브러시 도색을 하기 위한 든든한 친구. 쾌적한 도색 환경을 구축할 수 있습니다.

## GSI 크레오스

●발매원/GSI 크레오스

GSI 크레오스는 결정판이라 할 수 있는 도색 부스 'Mr.슈퍼 부스 콤팩트'를 판매하고 있다.

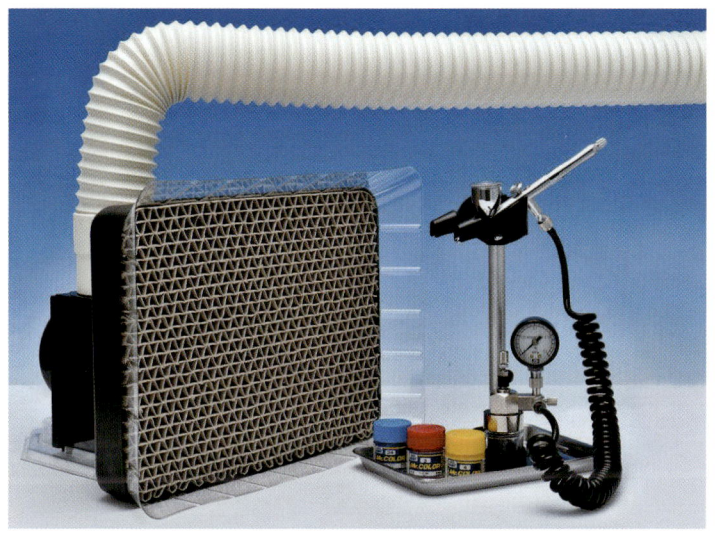

### Mr.슈퍼 부스의 에센스를 추출한 콤팩트 부스

◀현재 GSI 크레오스에서 생산하는 유일한 부스. 즉, 결정판이라고 할 수 있는 것이 'Mr.슈퍼 부스'를 기초로 만든 'Mr.슈퍼 부스 콤팩트'다. 가로폭 약 37cm, 깊이 약 26cm로 이름 그대로 콤팩트하고 심플한 구조가 가장 큰 특징. 흡기 유효 면적은 Mr.슈퍼 부스와 같으니까, 대형 부스에서 필요한 부분만 추출한 도색 부스라고 할 수 있다. 필터는 바로 앞의 허니컴 필터와 안쪽의 종이 필터 2중 구조에다, 각각 비교적 저렴해서 부담없이 교체할 수 있는 점도 좋은 포인트.

**Mr.슈퍼 부스 콤팩트**
● 25,300엔

## 관련 아이템

▲종이 필터를 이 커버에 끼워서 부스에 설치하면 Mr.슈퍼 부스와 Mr.슈퍼 부스 콤팩트의 필터를 간단히 교체할 수 있는 아이템.

**Mr.슈퍼 부스용 종이 필터 커버(종이 필터 1매 포함)**
● 550엔

◀교체용 종이 필터. 비교적 저렴하니까 더러워지면 일찌감치 교환하는 쪽이 좋다.

**Mr.슈퍼 부스용 종이 필터 (5매 세트)**
● 660엔

▲교체용 허니컴 필터. 허니컴 필터는 Mr.슈퍼 부스와 콤팩트의 크기가 다르니까 잘 확인하고 구입하자.

**Mr.슈퍼 부스용 허니컴 필터**
● 880엔

**Mr.슈퍼 부스 콤팩트용 교체 허니컴 필터**
● 770엔

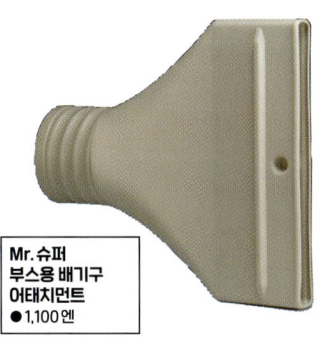

▼배기 호스 끝에 다는 액세서리. 지름 68mm 일반 호스를 폭 15mm로 변경해서, 창문을 최소한으로 열고서 배기할 수 있게 해준다.

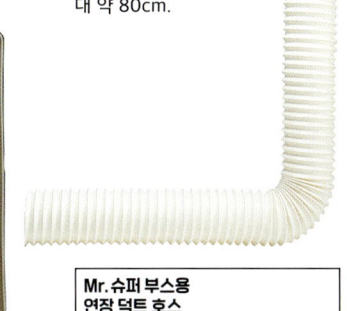

▶부스에 포함된 배기 호스에 접속 가능한 연장 덕트 호스. 길이는 최대 약 80cm.

**Mr.슈퍼 부스용 배기구 어태치먼트**
● 1,100엔

**Mr.슈퍼 부스용 연장 덕트 호스**
● 2,200엔

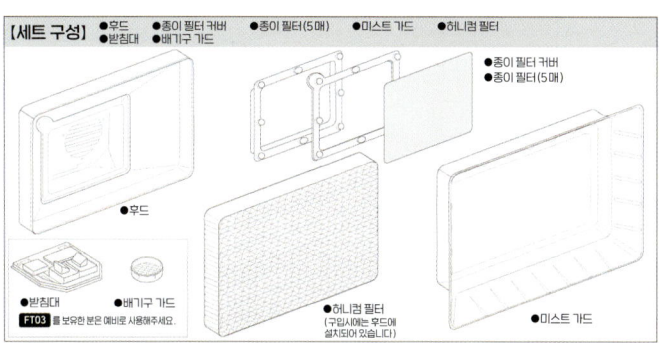

▲교체용 후드, 미스트 가드, 허니컴 필터, 종이 필터(5매), 종이 필터 커버가 포함된 교체용 부품 올인원 세트. 시로코팬 본체와 배기 호스 이외의 모든 부품이 들어 있어서, 더러워진 부스를 거의 신품 상태로 리셋할 수 있다. 또한 동봉된 받침대, 배기구 가드를 이용하면 'Mr.슈퍼 부스'를 'Mr.슈퍼 부스 콤팩트'로 변경 가능

**Mr.슈퍼 부스 콤팩트용 교체 후드 세트**
● 4,950엔

## 타미야

타미야에서 발매되는 제품은 표준이라고 할 수 있는 스프레이 워크 페인팅 부스Ⅱ. 다양한 곳에서 구입할 수 있다는 점도 포인트.

●발매원/타미야

### 표준 도색 부스

※사진은 연출된 이미지입니다. 에어브러시와 도료, 키트 등은 포함되지 않습니다.

### 관련 아이템

**스프레이 워크 페인팅 부스Ⅱ (트윈 팬)**
● 30,800엔

**스프레이 워크 페인팅 부스Ⅱ (싱글 팬)**
● 20,900엔

▲비교적 조용한 시로코팬을 탑재한 타미야의 표준 도색 부스. 트윈 팬과 싱글 팬 2종류가 있고, 트윈 팬은 강력한 흡입력을 지녔다. 전면 패널 테두리에 슬릿 모양 흡기구가 있어서, 중심부 이외에서도 안정적인 흡입력을 발휘. 또한 필터가 4곳에 배치돼서 중심부에서 흡입한 도료 미스트는 필터를 세 번 통과하는 구조이기에 잘 막히지 않는다. 폭 40cm, 깊이 33cm, 높이 30cm. 투명 후드와 받침은 접을 수 있다.

▲연장용 50cm 배기 호스

**AO-7019 페인팅 부스용 배기 호스 (50cm)**
● 1,210엔

▲페인팅 부스Ⅱ용 교체 필터. 우레탄 수지 소재이며 물세척 가능.

**페인팅 부스Ⅱ 교체 필터**
● 1,870엔

## 에어텍스

에어텍스에서는 가격대비 성능이 좋은 레드 사이클론 엘과 유일무이한 개성을 가진 나이아가라를 판매 중.

●발매원/에어텍스

### 합리적인 파워풀 부스

### 부스에 폭포가 흐른다?!

**레드 사이클론 엘**
● 23,650엔

▲접으면 콤팩트한 가방 형태가 되는 도색 부스. 비교적 적당한 가격이면서 흡입력이 강하고, LED 라이트와 평평한 배기 덕트가 포함된 가격대비 성능이 좋은 아이템. 크기는 펼쳤을 때 폭 42cm, 깊이 59cm, 높이 33cm.

▲레드 사이클론 L의 새로운 타입. 전면에 에어브러시와 소품을 놓는 트레이를 추가. L형 호스 슬리브를 이용해서 설치 공간의 깊이도 28cm에서 13cm로 단축.

**레드 사이클론 L2**
● 25,850엔

▲공장 등에서 활용하는 워터 부스를 모형 사이즈로 만든 전대미문의 도색 부스 'Niagara'. 스위치를 켜면 탱크에 있는 물이 순환하면서 부스 안에 폭포가 흐른다. 이 물이 도료의 미스트를 받아내는 필터가 되는 원리. 게다가 냄새와 가스도 흡입한다. 크기는 폭 60cm, 깊이 49cm, 높이 50cm. 컬러는 2종류.

**워터 부스 'Niagara' (브라운)**
● 48,400엔

**워터 부스 'Niagara' 프리미엄 화이트**
● 54,780엔

# OTHER RELATED ITEMS

에어브러시 도색이 쾌적해지는 액세서리를 중심으로 소개합니다.

### 가이아노츠
●발매원/가이아노츠

'가이아 컬러'를 비롯한 고성능 도료를 다수 제조, 판매하는 가이아노츠. 도료 제조사다운 착안점으로, 원하는 색을 간이 컬러 스프레이로 만드는 '이지 페인터'를 발매했다.

## 아주 간단하게 원하는 색으로 스프레이 도색이 가능!

▲본지에서 활약하는 프로 모델러 라이더~Joe도 애용. 조색한 도료를 간단히 스프레이로 뿌릴 수 있다는 점이 상당히 매력적.

◀▶스프레이 캔보다 고운 입자로 일반색부터 메탈릭 컬러까지 칠할 수 있다. 보틀 세척도 간단해서 색을 쉽게 교체할 수 있기에, 초보자도 안심. 리터치부터 본격적인 도색까지 할 수 있을 만큼 커버 범위가 넓다는 점도 포인트.

**이지 페인터**
●1,650엔

▶이지 페인터 전용 스페어 가스 캔. 2개 세트라서 중간에 가스가 떨어져도 안심.

**스페어 카트리지**
●1,760엔

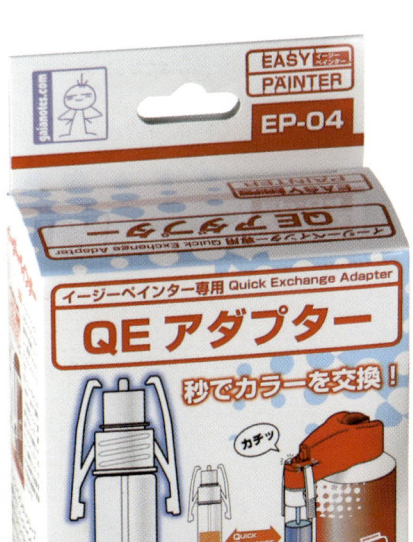

**QE 어댑터**
●880엔

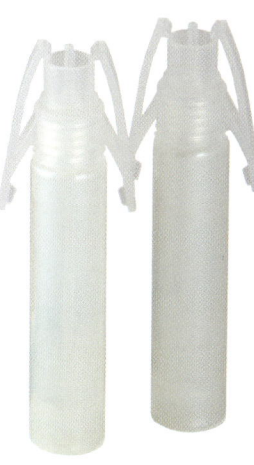

▲세정 없이 색을 바꿀 수 있는 스페어 보틀 캡 'QE 어댑터' 2개와 이지 페인터용 스페어 보틀 2개가 세트 구성. 여러 개 준비하면 작업 효율이 극적으로 상승한다.

▶이지 페인터용 스페어 보틀. 조색한 마음에 드는 색을 언제든지 뿌릴 수 있는 상태로 보존 가능.

**이지 페인터용 스페어 보틀**
●550엔

# 에어브러시 스탠드 & 홀더

에어브러시를 구입한 뒤에 은근히 필요한 것이 '핸드 피스를 놓아둘 곳'. 그런 고민을 해결해주는 에어브러시 스탠드&홀더를 단번에 소개합니다.

**스프레이 워크 에어브러시 스탠드 II**
● 발매원 / 타미야 ● 1,540엔

▲수지 소재 트레이 모양 베이스와 행거로 구성된 어디든 설치하기 쉬운 스탠드. 바자를 제외한 모든 타미야제 에어브러시를 동시에 2개까지 거치 가능. 스페어 보틀과 조색 스틱도 거치할 수 있다. 롱 타입 스포이트 포함.
※에어브러시, 스페어 보틀, 조색 스틱은 포함되지 않습니다.

**스프레이 워크 에어브러시 스탠드 III**
● 발매원 / 타미야 ● 3,080엔

◀튼튼한 금속제 스탠드. 에어브러시 2개를 확실하게 고정. 행거 부분은 미끄러지지 않는 졸 코팅 처리해서, 핸드피스를 확실하게 잡아준다. 스탠드 본체는 책상 가장자리 등에 클램프로 고정. 별매품 '에어 레귤레이터(미터 포함)'도 장착 가능.

**HG 에어브러시 홀더 & 클리너 포트 스탠드**
● 발매원 / 웨이브 ● 1,210엔

▲접어서 콤팩트하게 수납할 수 있는 에어브러시 홀더. 끝에 PET병을 달아주면 세척용으로 뿌리는 클리너 수집통으로도 사용 가능.

**직결식 Mr. 에어브러시 홀드**
● 발매원 / GSI 크레오스 ● 660엔

▶P.117에서 소개한 동사의 Mr.리니어 컴프레서 L5, L7의 프레임에 직접 장착(최대 4개까지 가능)하며, 프로콘 BOY와 Mr.에어 레귤레이터를 얹을 수 있다. 직결 타입이라서 작업 공간을 효율적으로 사용할 수 있다.

**Mr. 스탠드**
● 발매원 / GSI 크레오스 ● 440엔

▲GSI 크레오스에서 발매. 압도적인 가격대비 성능을 자랑하는 심플한 에어브러시 스탠드. 그냥 설치해도 안정적이지만, 바닥에 자석이 있어서 금속 선반 등에 붙여주면 플라스틱 스탠드면서도 뛰어난 안정감으로 핸드피스를 지탱해준다.

**Mr. 스탠드 & 트레이 세트 II**
● 발매원 / GSI 크레오스 ● 1,980엔

▲행거 위치가 높아서 트리거 타입이나 핸드 그립 방식 에어 필터를 장착한 상태에서도 편하게 거치할 수 있다. 스탠드 바닥에 자석이 있어서 트레이에 부착하고 편한 위치에서 사용하면 된다.

**에어브러시 홀더 AH03**
● 발매원 / 에어텍스 ● 3,190엔

▲에어텍스의 에어브러시 홀더. AH01보다 높아서 탑재할 수 있는 핸드 피스도 많아졌고, 핸드피스끼리 부딪치는 일도 줄었다.

**에어브러시 홀더 AH01**
● 발매원 / 에어텍스 ● 2,805엔

▲책상 폭에 맞춰서 확실히 고정할 수 있는 클램프가 달린 에어브러시 홀더. 금속제로 지지력도 뛰어나다. 최대 4개까지 거치 가능.

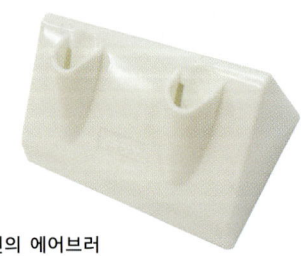

**에어브러시 스탠드 Break**
● 발매원 / 에어텍스 ● 1,012엔

▶심플한 디자인의 에어브러시 스탠드. 자리를 차지하지 않고 꽂아넣기만 해도 핸드피스를 확실하게 지지해둔다. 컵에 든 도료가 잘 넘치지 않는 각도도 포인트.

# 편리한 도구들

도색용 손잡이와 컴프레서 방진 매트 등 에어브러시 도색에 도움이 되는 편리한 도구들을 선정.

**MMP용 보틀 어댑터**
- 발매원/보크스
- 550엔

**바예호용 보틀 어댑터**
- 발매원/보크스
- 550엔

◀MMP나 바예호 보틀에 직접 끼우면 P.125의 이지 페인터 등을 사용해서 간단히 에어 도색이 가능한 어댑터.

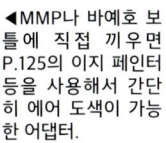

**컴프레서용 방진 매트**
- 발매원/타미야
- 770엔

◀단단한 고무 스펀지 소재. 155×225×10mm의 최적 사이즈로, 대형 컴프레서의 진동도 확실히 흡수해준다.

**스프레이 워크 페인팅 스탠드 세트**
- 발매원/타미야
- 1,650엔

◀손으로 자유롭게 돌릴 수 있는 지름 16cm의 턴 테이블과 스탠드 2타입이 세트. 스탠드에는 각도 조절이 가능한 스프링이 있어서, 1/24 카 모델의 차체를 확실하게 고정해준다.

# 레귤레이터 & 필터

가늘게 뿌리고 싶을 때 등, 공기 압력을 조절할 때 활약하는 레귤레이터. 습도가 높은 날 컴프레서에서 나오는 수증기와 미세한 먼지 등을 잡아주는 필터를 소개한다.

**Mr. 에어 레귤레이터 Mk I**
- 발매원/GSI 크레오스
- 3,080엔

▶접속용 호스 1개 포함. 감압 능력 관계로 L7, L10에는 사용 불가.

**드레인 & 더스트 캐처**
- 발매원/GSI 크레오스
- 3,300엔

▶핸드 피스에 직접 연결하면 에어 호스 안에서 발생하는 물방울을 거의 완벽하게 막아준다.

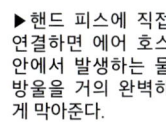

**Mr. 드레인 & 더스트 캐처 라이트**
- 발매원/GSI 크레오스
- 3,850엔

◀'라이트' 타입은 본체에 알루미늄을 채용해서 24g까지 경량화.

**Mr. 드레인 & 더스트 캐처 II 라이트 (에어 조절 기능 포함)**
- 발매원/GSI 크레오스
- 4,620엔

▶드레인&더스트 캐처를 사용하면 핸드 피스가 무거워지지만, 이 '라이트' 타입은 에어 조절 기능이 있는데도 30g으로 가볍다.

**Mr. 에어 레귤레이터 Mk III (압력계 포함)**
- 발매원/GSI 크레오스
- 7,480엔

▶압력계가 포함된 타입이라서, 수치를 보며 공기 압력을 세세하게 조절할 수 있다.

**Mr. 에어 레귤레이터 Mk IV 직결 타입 (압력계 포함)**
- 발매원/GSI 크레오스
- 7,480엔

▶직결 홀더를 채용해서 리니어 컴프레서 L5, L7 본체 프레임에 직접 장착 가능. 직결 홀더 2개 포함.

◀에어 호스 내부의 물방울을 막아주는 기능은 물론이고 에어의 양을 조절하는 기능까지 포함돼서, 에어브러시 컨트롤의 폭이 넓어지고 작업성이 향상된다.

**드레인 & 더스트 캐처 II 에어 조절 기능 포함**
- 발매원/GSI 크레오스
- 3,960엔

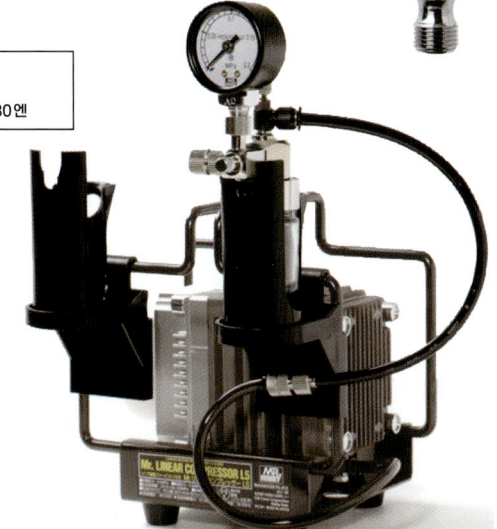

# 에어브러시 도색을 절대로 실패하고 싶지 않아! 그런 때 편리한 보조 아이템

**에어 레귤레이터 (미터 포함)**
● 발매원/타미야 ● 6,600엔

▶본체 위쪽의 조절 다이얼을 돌려서 에어 압력을 0부터 최대까지 무단계로 조절 가능.

**AO-7020 에어 캔용 레귤레이터 O 링 세트**
● 발매원/타미야 ● 110엔

▶에어 캔에 장착하는 레귤레이터의 패킹이 상한 경우의 교체용 링.

**에어브러시용 필터**
● 발매원/타미야 ● 2,090엔

▲안에 고인 물을 확인하기 쉬운 클리어 컬러로 성형했다.

**레귤레이터 시트**
● 발매원/에어텍스 ● 638엔

▶에어 레귤레이터 'AGS1'과 'MAFR-200'을 '에어브러시 홀더 AH01'에 고정하기 위한 브라켓.

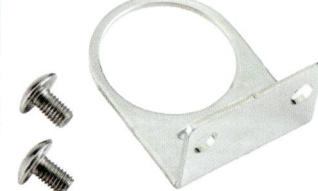

**에어브러시용 물기 분리 필터**
● 발매원/하이하이 ● 1,210엔

▶클리어 컬러로 성형한 약 25g의 레귤레이터.

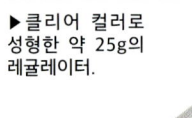

**레귤레이터 MAFR-200**
● 발매원/에어텍스 ● 12,650엔

▼컴프레서의 에어 압력을 감압해서 섬세한 도색을 용이하게 해주는 옵션. 공기 내부의 수분을 제거하는 수분 제거 에어 필터와 L사이즈에도 대응하게 해주는 'S-L 체인지 나사' 2개 포함.

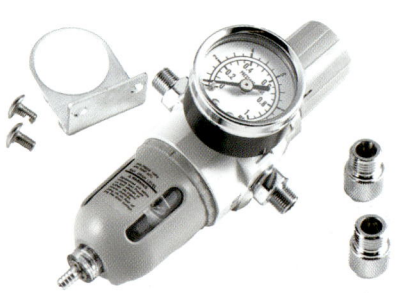

**핸드 그립 필터**
● 발매원/에어텍스 ● 4,730엔

▶물방울을 차단하고, 트리거식 핸드피스에 장착하면 그립성도 향상.

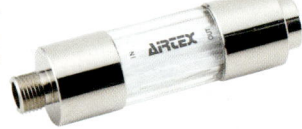

**HG 에어 레귤레이터 2**
● 발매원/웨이브 ● 7,480엔

▲많은 시판 컴프레서, 에어 호스와 접속 가능. 고정용 플레이트도 포함.

---

## 에어 캔

이 에어 캔에 전용 조절 밸브만 장착하면 핸드 피스에 에어를 공급할 수 있다. 소모품이지만 컴프레서가 없어도 에어브러시 도색이 가능.

**Mr.에어 슈퍼 190**
● 발매원/GSI 크레오스
● 770엔

**Mr.에어 슈퍼 420**
● 발매원/GSI 크레오스
● 990엔

**스프레이 워크 에어 캔 180D**
● 발매원/타미야
● 770엔

**스프레이 워크 에어 캔 420D**
● 발매원/타미야
● 990엔

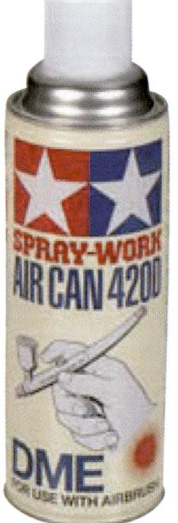

◀Mr.하비에서 발매. 비교적 구하기 쉬운 에어 캔. 190ml와 420ml 두 종류를 발매.

◀별매품 에어 캔용 어태치먼트로 간단히 에어브러시 도색을 즐길 수 있다. 타미야에서는 180ml와 420ml 두 종류를 발매.

## 에어브러시용 밸브, 조인트

핸드 피스와 컴프레서, 그리고 호스의 조인트에는 제조사와 크기, 출력 등의 요인으로 '1/8(S)'와 'PS(세[細])', 드물게 '1/4(L)' 등의 규격이 혼재되고 있다. 그런 다른 조인트를 변환해서 접속하거나 분리할 때의 편의성을 높여주는 아이템을 정리해봤다.

# 복수의 나사 규격 접속에 대응하는 호환성 좋은 GSI 크레오스 제품

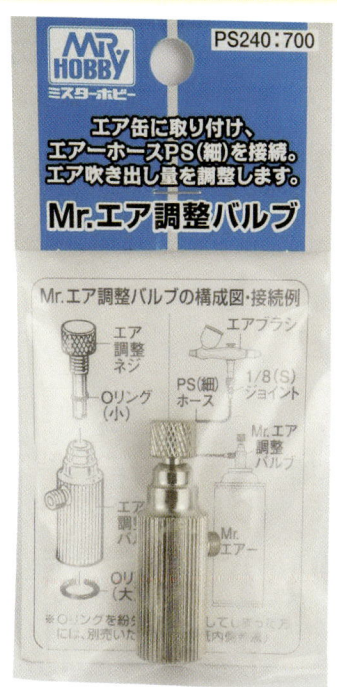

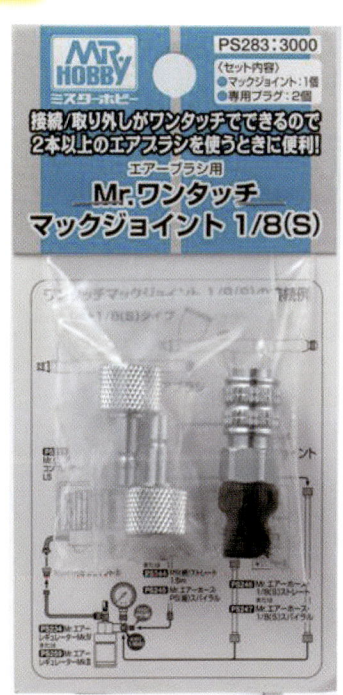

▲컴프레서, 에어 호스, 핸드 피스를 연결하는 변환 조인트 세트. '1/8(S)'와 'PS(세[細])' 등 다른 규격을 연결할 수 있다.

**Mr.에어 호스용 Mr.에어 조인트 (3종 세트)**
●발매원/GSI 크레오스 ●1,320엔

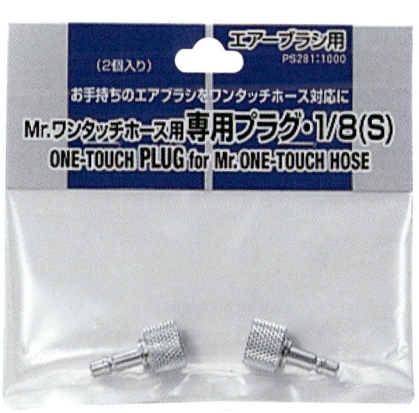

◀'Mr.원터치 맥 조인트'와 조합해서 호스를 원터치로 분리할 수 있게 해주는 플러스. 같은 1/8(S)의 접속은 물론, PS(세[細])와 1/8(S)를 연결할 수도 있다.

▲핸드 피스에 에어 캔을 연결해서 도색할 때 필요한 접속 밸브. 나사 부분을 돌려서 공기압을 조절할 수도 있다.

**에어 조절 밸브 세트**
●발매원/GSI 크레오스 ●770엔

▲원터치 호스 전용 플러그와 조인트가 세트 구성. 복수의 핸드 피스를 사용할 때 컴프레서에 접속/분리가 간단해진다. 플러그 2개 동봉.

**MR.원터치 맥 조인트 1/8(S)**
●발매원/GSI 크레오스 ●3,300엔

**Mr.원터치 호스용 전용 플러그 1/8(S)**
●발매원/GSI 크레오스 ●1,100엔

# 핸드 피스 교체가 편리해지는 웨이브의 퀵 체인지 조인트

◀핸드 피스와 호스에 각각 장착하기만 하면 원터치로 착탈할 수 있게 되는 전용 방식 플러그와 중간 조인트 세트. 본 제품 1개로 핸드 피스 2개에 대응.

**HG 퀵 체인지 조인트 세트**
●발매원/웨이브 ●1,650엔

▶'HG 퀵 체인지 조인트 세트'의 스페어 플러그. 2개가 동봉되며, 위의 세트와 함께 사용하면 여러 대의 핸드 피스를 바르게 교체할 수 있다.

**HG 퀵 체인지 조인트 세트용 플러그 (2Pcs)**
●발매원/웨이브 ●825엔

▲컴프레서 1대의 에어를 세 갈래로 분기하는 호스 조인트. 조인트는 에어 밸브식을 채용. 손잡이를 조절해서 어느 호스로 에어를 보낼지 제어 가능. 출구 쪽 호스 조인트 규격은 1/8(S).

**HG 3연 호스 조인트 [알루미늄 보디]**
●발매원/웨이브 ●3,300엔

# 타미야 제품은 모델러의 눈높이에서 생각한 아이디어 상품이 특징!

▲타미야 베이직 에어브러시 등, 일부 타미야제 핸드 피스 제품에 사용하는 독자 규격 1/8 나사를 일반적인 1/8(S)로 변환해주는 조인트.

**베이직 에어브러시용 접속 조인트**
● 발매원 / 타미야 ● 605엔

◀타미야제 파워 컴프레서에 동봉된 레귤레이터와 3연 조인트 등을 접속할 수 있는 조인트. 양쪽 모두 1/8(S) 규격이라서 많은 핸드피스와 접속 가능. 렌치 등의 공구 없이 손으로 돌려서 접속할 수 있다.

**접속 조인트 (암나사 S/S)**
● 발매원 / 타미야 ● 440엔

▲핸드 피스와 호스 사이에 접속하는, 양쪽이 1/8(S) 규격인 조인트. 본체 중앙 부분을 돌려서 에어 양을 무단계로 조절할 수 있다.

**에어 조절 밸브 II**
● 발매원 / 타미야 ● 1,870엔

◀컴프레서 1대에서 최대 3개의 핸드 피스로 에어를 공급할 수 있는 1/8(S) 규격 조인트. 조인트를 막는 캡을 분실하지 않도록, 벗긴 캡을 본체 양쪽에 고정 가능.

**에어브러시용 3연 조인트**
● 발매원 / 타미야 ● 1,980엔

▲핸드 피스와 호스를 원터치로 착탈 가능한 조인트 세트. 복수의 핸드 피스를 교체하면서 도색할 때 편리. 규격은 1/8(S)

**퀵 호스 조인트**
● 발매원 / 타미야 ● 1,980엔

▲퀵 호스 조인트용 스페어 플러스.

**퀵 호스 조인트용 플러그 (2개)**
● 발매원 / 타미야 ● 880엔

# 신흥 제조사의 조인트는 1/4(L) 규격도 취급 중!

▲풍량 조절 밸브가 달린 1/8(S) 규격 조인트. 원터치 착탈식 조인트 1개 포함.

**조절 밸브 포함 퀵 조인트**
● 발매원 / 하이하이 ● 2,420엔

▲1/4(L) 호스를 1/8(S) 규격으로 변경할 수 있는 조인트와 1/8(S) 호스와 1/8(S) 호스를 연결해서 연장할 수 있는 조인트가 세트로 구성.

**에어브러시용 변환 조인트 세트**
● 발매원 / 하이하이 ● 935엔

▲동사의 퀵 조인트 스페어 세트. 호스 1개로 복수의 핸드 피스를 사용할 때 편리.

**에어브러시용 퀵 조인트 凸세트**
● 발매원 / 하이하이 ● 1,540엔

# 복수의 핸드 피스를 빠르게 교체하고 싶다! 조형촌의 호화 밸브 세트

▶복수의 핸드 피스를 빠르게 교체하고 싶을 때 활약하는 세트. 컴프레서 한 대에 핸드 피스 3개를 연결할 수 있는 3연 밸브, 핸드 피스를 걸 수 있는 3연 행거, 에어브러시 호스 3개 등이 세트로 구성.

**조형촌 3연 밸브 세트**
● 발매원 / 보크스 ● 18,480엔

## 에어브러시용 호스

핸드 피스와 컴프레서(에어 캔)을 연결하는 공기의 통로, 호스. 처음부터 꼬불꼬불한 것과 긴 타입 등, 다양한 호스가 각 제조사에서 전개 중. 구입할 때는 자택의 도색 환경 동선을 고려하며 자신에게 맞는 다루기 쉬운 길이를 선택하면 좋다.

# GSI 크레오스는 조인트 규격에 맞춰 다채로운 라인업을 전개

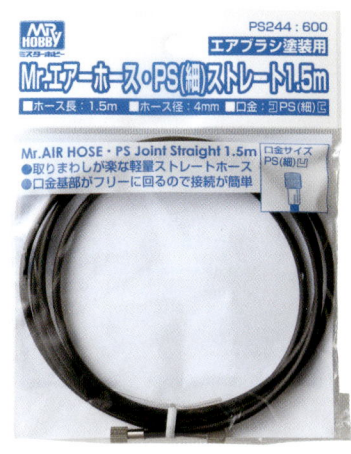

▲지름 4mm 연질 우레탄 호스. 조인트 규격은 PS(세[細]). 길이 1.5m

**Mr.에어 호스 PS(세[細]) 스트레이트 1.5m**
●발매원/GSI 크레오스 ●660엔

◀Mr.에어 호스 PS(세[細])의 스파이럴 타입. 신축이 가능해서 다루기 편리. 길이는 36cm~1.5m.

**Mr.에어 호스 PS(세[細]) 스파이럴**
●발매원/GSI 크레오스 ●1,320엔

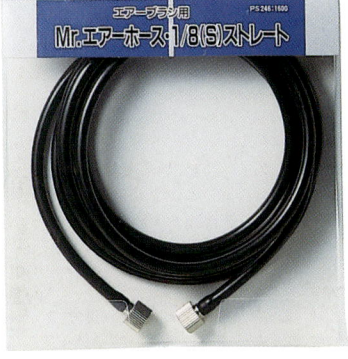

▶지름 6mm 연질 우레탄 호스. 조인트 규격은 1/8(S), 길이 2m.

**Mr.에어 호스 1/8(S) 스트레이트**
●발매원/GSI 크레오스
●1,760엔

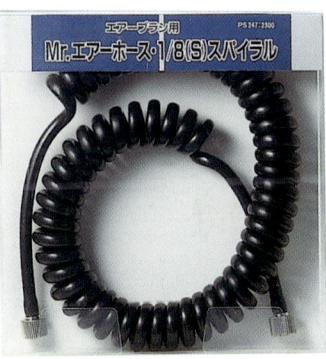

▶Mr.에어 호스 1/8(S)의 스파이럴 타입. 길이는 50cm~약 1m.

**Mr.에어 호스 1/8(S) 스파이럴**
●발매원/GSI 크레오스
●2,530엔

# 에어텍스의 호스는 길이가 다양

◀1m 타입과 1.5m 타입을 판매

**소프트 에어 호스 1m S-S/1.5m S-S**
●발매원/에어텍스 ●2,035엔(1m), 2,200엔(1.5m)

▶지름 6mm 비닐 소재 호스, 길이 2m. 지름 4mm 길이 2m 타입도 있고, 조인트 사이즈가 다른 것(S-S, L-S, L-L)이 각각 3종류씩 총 6종류를 발매 중. 또한 지름 4mm에 길이 1m 타입도 존재. 이쪽은 S-S 1종만 판매

**레귤러 에어 호스 6Ø2m/4Ø2m/4Ø1m**
●발매원/에어텍스 ●2,420엔(6Ø2m), 2,310엔(4Ø2m), 2,178엔(4Ø1m)

▲레귤러 에어 호스를 나선 모양으로 만든 타입. 지름 6mm 비닐 소재, 최대 2m.

**스파이럴 호스 2m S-S**
●발매원/에어텍스 ●3,575엔

▲고무 호스 심에 여러 색의 실을 짜서 씌운 컬러풀한 호스. 1m 단위로 3가지 종류를 판매. 조인트는 S-S 고정.

**블레이드 에어 호스 6Ø1m/2m/3m**
●발매원/에어텍스 ●2,420엔(1m), 2,530엔(2m), 2,695엔(3m)

▲고무 호스 심에 실을 짜서 씌운 검정 호스. 지름 7mm, 길이 1.8, 조인트는 S-S.

**블레이드 에어 호스 블랙**
●발매원/에어텍스 ●2,530엔

# 웨이브의 호스는 물방울 발생을 알아보기 쉽다

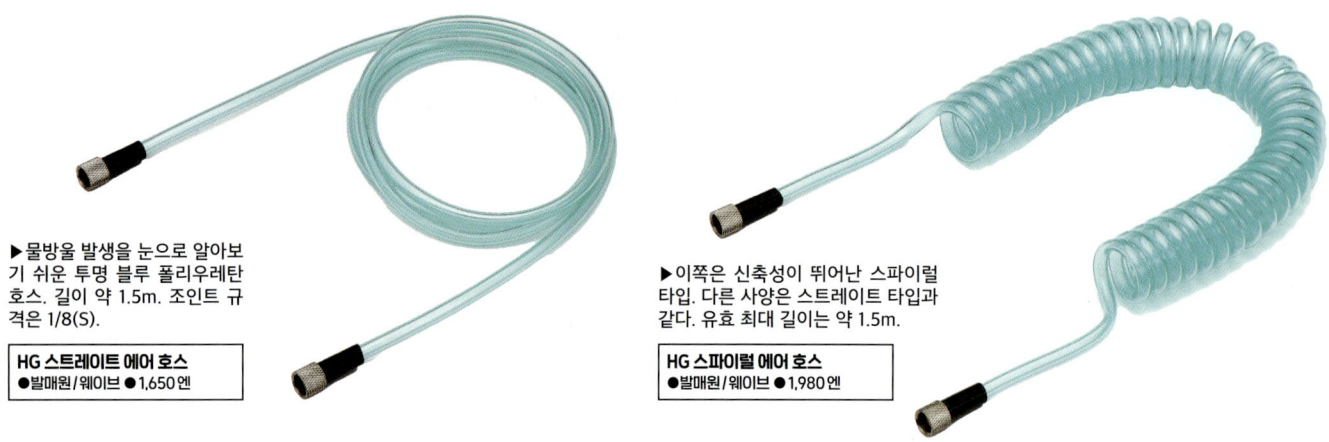

▶물방울 발생을 눈으로 알아보기 쉬운 투명 블루 폴리우레탄 호스. 길이 약 1.5m. 조인트 규격은 1/8(S).

**HG 스트레이트 에어 호스**
● 발매원/웨이브 ● 1,650엔

▶이쪽은 신축성이 뛰어난 스파이럴 타입. 다른 사양은 스트레이트 타입과 같다. 유효 최대 길이는 약 1.5m.

**HG 스파이럴 에어 호스**
● 발매원/웨이브 ● 1,980엔

# 타미야제 컴프레서에 최적화 '같이 사기'를 추천하는 고성능 호스들

▲'3연 조인트'를 사용해서 복수의 에어브러시를 접속할 때 편리한 비닐 소재 에어 호스. 길이 1.5m, 규격은 1/8(S).

**에어브러시용 에어 호스 (1.5m 레보Ⅱ용)**
● 발매원/타미야 ● 990엔

▲스프레이 워크 HG 컴프레서 레보Ⅱ와 베이직 컴프레서용 호스. 길이 1m, 규격은 1/8(S).

**AO-7021 스프레이워크 HG 컴프레서 에어 튜브**
● 발매원/타미야 ● 462엔

▲파워 컴프레서 등 높은 압력에 대응하는 우레탄 소재의 튼튼한 호스. 길이 2m, 규격은 1/8(S).

**에어브러시용 에어 호스 (2m 파워 컴프레서용)**
● 발매원/타미야 ● 1,540엔

▲고출력 컴프레서에 대응하는, 에어브러시용 에어 호스 스파이럴 타입. 길이 1m~약 2m.

**에어브러시용 컬 호스 (파워 컴프레서용)**
● 발매원/타미야 ● 1,870엔

▲스프레이 워크 에어브러시와 에어 캔 180D, 420D 등을 접속하는 호스 포함 어태치먼트.

**스프레이 워크 에어 캔용 어태치먼트**
● 발매원/타미야 ● 2,090엔

▲스프레이 워크 에어 캔용 어태치먼트 호스의 스파이럴 타입.

**스프레이 워크 에어 캔용 어태치먼트 (컬 호스)**
● 발매원/타미야 ● 2,640엔

# 나일론 외피로 튼튼한 하이하이의 가성비 좋은 호스

◀유연성 있는 나일론 외피 타입이라서 호스가 잘 꼬이지 않고 내구성, 내열성도 좋다. 길이 1.8m.

**에어브러시용 호스 블랙**
● 발매원/하이하이
● 1,485엔

◀에어브러시용 호스 블랙의 파란색 버전.

**에어브러시용 호스 블루**
● 발매원/하이하이
● 1,485엔

## 에어브러시용 노즐, 니들, 어태치먼트

일부 핸드 피스와 컴프레서는 확장성을 지닌 것이 존재해서, 대용량 컵 등의 옵션을 추가해서 보다 편리하게 사용할 수 있습니다. 도색 생활의 질을 높여주는 편리한 옵션들을 보도록 하겠습니다.

# 타미야 순정 교체 니들로 만약의 경우에도 안심

▶일부 핸드 피스는 스페어 니들을 판매한다. 마모되거나 구부러진 니들은 빨리 교체하고 싶은 법인데, 예비가 있으면 안심. 끝을 보호하는 연질 수지 캡과 수납용 투명 수지 튜브, 뚜껑용 캡이 달려 있어서 보관도 편리. 스프레이 워크 HG 트리거 에어 브러시, 스프레이 워크 HG 트리거 에어브러시(컵 일체형)에 대응.

**AO-7026 HG 트리거 에어브러시 니들**
● 발매원/타미야 ● 1,540엔

**AO-7025 HG 에어브러시 니들**
● 발매원/타미야 ● 1,540엔

▲이쪽은 스프레이 워크 HG 에어브러시Ⅲ, 스프레이 워크 HG 에어브러시(컵 일체형)의 스페어 니들.

# 핸드 피스 유저의 필수품 스페어 니들/노즐

**AO-7027 HG 에어브러시 노즐 (0.3mm)**
● 발매원/타미야 ● 2,970엔

◀핸드 피스의 노즐 끝부분도 스페어가 발매 중. 스프레이 워크 HG 트리거 에어브러시, 스프레이 워크 HG 에어브러시Ⅲ 등 일부 타미야 제품 핸드 피스에 대응.

**조형촌 프로 모델 A용 노즐**
● 발매원/보크스 ● 1,100엔

**조형촌 프로 모델 B용 노즐**
● 발매원/보크스 ● 1,100엔

**조형촌 프로 모델 A15용 니들**
● 발매원/보크스 ● 880엔

**조형촌 프로 모델 A, B, C용 니들**
● 발매원/보크스 ● 880엔

**조형촌 프로 모델 C용 노즐**
● 발매원/보크스 ● 1,100엔

**조형촌 프로 모델 A15용 노즐**
● 발매원/보크스 ● 1,100엔

▲보크스는 발매 중인 모든 핸드 피스의 교체용 니들을 별도 판매하고 있다.

▲또한 모든 핸드 피스에 별매품 스페어 노즐을 완비. 불의의 사태가 일어나기 전에 준비해두자.

# 발상이 유니크한 하이하이의 어태치먼트

# 상위 모델의 기능을 더 확장해주는 GSI 크레오스의 옵션 유닛

**에어브러시용 트리거 그립(오렌지)**
● 발매원/하이하이 ● 1,848엔

**대용량 컵 150cc**
● 발매원/GSI 크레오스 ● 6,050엔

▼대용량 타입 도료 컵. 한 번에 150cc나 되는 도료를 담을 수 있다. 프로콘 BOY LWA 트리거 타입 더블 액션, 프로콘 BOY WA 트리거 타입 더블 액션에 대응.

**에어브러시용 트리거 그립(그린)**
● 발매원/하이하이 ● 1,848엔

▲장시간 쥐고 있어도 덜 지치는, 인체공학에 바탕을 둔 추가 그립. 타사 일부 핸드 피스에도 장착 가능한 호환성이 있고, 1/8(S) 조인트를 갖췄다.

▶핸드피스 끝에 장착하면 도료가 튀는 방향을 랜덤하게 변화시켜서, 전차 모형 등의 웨더링 도색을 보다 자연스럽게 처리할 수 있는 아이디어 상품.

**에어브러시 전용 웨더링 어태치먼트**
● 발매원/하이하이 ● 1,650엔

▲프로콘 BOY LWA 트리거 타입 더블 액션 전용 별매 핸드 그립. 그립을 쥐는 느낌이 더 편해져서, 장시간 사용해도 덜 지친다. 공구 없이도 조립 가능.

**PS290용 핸드 그립**
● 발매원/GSI 크레오스 ● 3,300엔

# 도료 컵에서 직접 조색?! 웨이브의 별종

**슈퍼 에어브러시 [경량 알루미늄 보디] 시리즈 전용 특수 조색 컵**
- 발매원/웨이브
- 550엔

▲컵 안쪽에 칸막이 판이 달린 특수 구조로, 컵 안에서 직접 도료를 조색할 수 있는 특이한 아이템. POM 소재 컵은 가볍고 색감을 확인 가능하며, 용제에 대한 내구성도 뛰어나다.

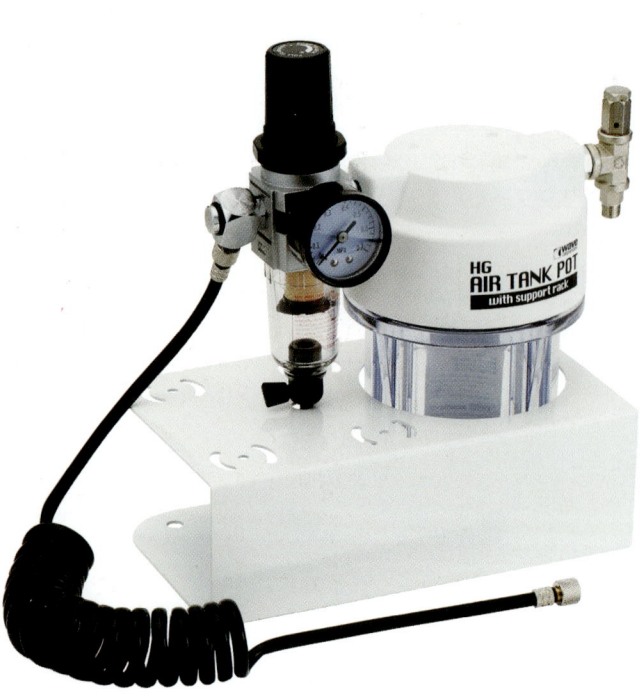

▶컴프레서에 장착해서 에어를 저장하는 에어 탱크 포트. 에어 탱크 내부에 에어를 저장하면 압축시에 발생하는 맥동(펄스)를 억제해서 안정적인 에어 공급이 가능. 탱크가 강화 플라스틱 소재라서 녹슬지 않는 점도 매력. 탱크 용량은 약 0.7L, 최고 사용 압력은 0.4MPa 이하. 에어 출구 쪽(1/8(S) 규격)에는 압력계가 달린 레귤레이터를 탑재

**HG 에어 탱크 포트 [전용 서포트 랙 포함]**
- 발매원/웨이브
- 16,280엔

# 에어텍스의 대용량 에어 탱크로 컴프레서를 강화하자

▶컴프레서와 연결해서 사용하는 외장 에어 탱크. 탱크 용량은 2.5L, 최고 사용 압력 0.7MPa. 조인트 규격은 1/8(S) 나사 방식. 에어 탱크가 없는 타입의 컴프레서를 안정적으로 사용하기 위해, 별도 구입을 검토해도 좋을 성능.

**에어 스토커 홀리**
- 발매원/에어텍스
- 17,380엔

# 다양한 수요에 대응하는 타미야의 옵션들

**스프레이 워크 도료 컵**
- 발매원/타미야 ● 440엔

▶용량 17cc의 수지 소재 도료 컵. HG 시리즈 컵 착탈식 핸드 피스에 장착 가능.

▼도료가 40cc나 들어가는 대용량 컵. 대형 모형 도색이나 두껍게 뿌릴 때 편리.
※핸드 피스는 별매품입니다.

**스프레이 워크용 AC 어댑터 SWA-3**
- 발매원/타미야 ● 5,500엔

▲충전식 타미야 7.2V 배터리 팩 각종(별매)으로 작동하는 베이직 컴프레서 세트를 가정용 100V 전원에서 안정적으로 사용하기 위한 전용 어댑터.

**스프레이 워크 도료 컵 (수지 소재, 40cc)**
- 발매원/타미야 ● 550엔

# 보크스의 별매 도료 컵

▲보크스제 핸드피스 프로 모델B 전용 도료 컵

**조형촌 프로 모델 B용 도료 컵 15cc**
- 발매원/보크스 ● 1,650엔

※상품에 동봉된 컵과 같은 것입니다.

# SET ITEMS

핸드 피스와 컴프레서가 세트로 구성된 것은 물론이고 레귤레이터와 에어브러시 스탠드까지 포함된 풀 세트 아이템 등, 각 제조사의 아이디어가 담긴 세트 아이템. 에어브러시 도색을 처음 시작할 때 뭘 사야 좋을지 모르겠다면, 꼭 세트 아이템을 활용해보세요.

## GSI 크레오스

●발매원/GSI 크레오스

GSI 크레오스에서는 저렴하고 입문용으로 적합한 에어 캔 직결 타입부터, 인기 에어브러시와 표준적인 Mr.리니어 컴프레서 세트를 폭넓게 라인업. 액세서리류도 충실한 올인원 아이템도 다수 전개.

### 다양한 수요에 대응하는 에어브러시 세트부터 시험용 세트까지 다수 전개!

▶안정적인 출력으로 정평이 난 Mr.리니어 컴프레서 L5와 각종 상황에 대응할 수 있는 스탠드 타입 프로콘 BOY WA 0.3mm 더블 액션이 세트로 구성된 엔트리 모델. 수분 필터와 감압 기능을 갖춘 Mr.에어 레귤레이터 MkⅠ, 컴프레서에 직결 가능한 에어브러시 홀더 2개, Mr.에어 호스 PS(세[細]) 스트레이트 1.5m와 1.0m, Mr.조인트 ①, ③ 포함.

**Mr.리니어 컴프레서 L5, 에어브러시 세트**
●더블 ●0.3mm ●48,400엔

더블 0.3mm

**Mr.리니어 컴프레서 L5/레귤레이터/플래티넘 세트**
●더블 ●0.3mm ●57,200엔

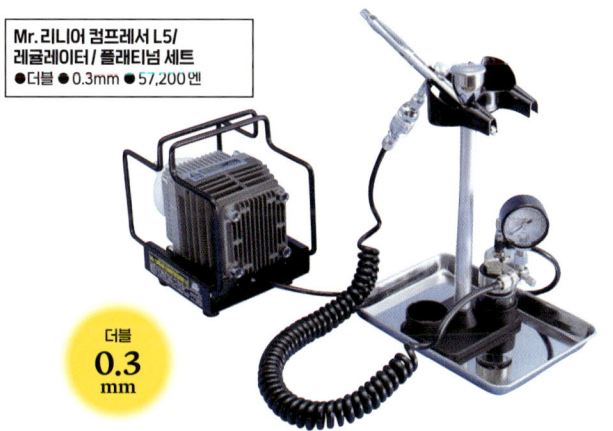
더블 0.3mm

▼넓은 면적 도색과 장시간 작업을 하고 싶을 때 좋은 0.5mm 노즐 트리거 타입 에어브러시 세트. 뿌리는 패턴을 변경할 수 있는 타원형 노즐캡과 드레인&더스트 캐처, Mr.스탠드&트레이 세트Ⅱ와 Mr.에어 호스 1/8(S) 스파이럴 포함.

**Mr.리니어 컴프레서 L5/트리거 에어브러시 세트**
●트리거 ●0.5mm ●60,500엔

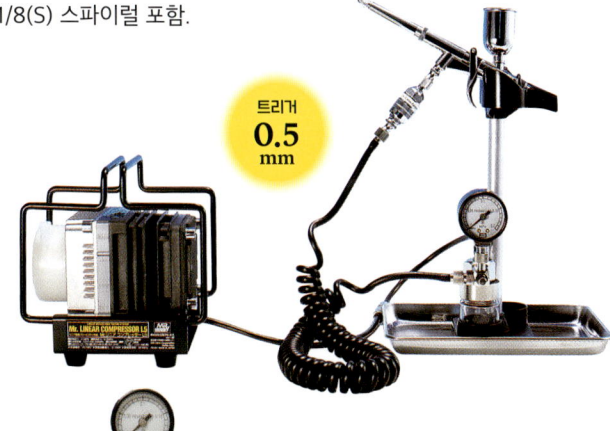
트리거 0.5mm

▲프로콘 BOY 시리즈 하이엔드 모델 플래티넘 0.3mm Ver.2와 L5 세트. 압력계 달린 Mr.에어 레귤레이터 Mk.Ⅳ에 Mr.에어 호스 1/8(S) 스파이럴과 Mr.스탠드&드레인 세트Ⅱ, 드레인&더스트 캐처까지 액세서리도 충실. 따로 구입하는 것보다 많이 저렴하다는 점도 매력적.

**Mr.리니어 컴프레서 L5/레귤레이터 세트**
●38,500엔

▲이미 핸드 피스가 있으면서, 본격적으로 도색을 해보고 싶은 유저를 위한 모델. 베이직 타입 Mr.에어 레귤레이터 Mk.Ⅰ과 직결식 에어브러시 홀더 2개, Mr.에어 호스 PS(세[細]) 스트레이트 1.5m, 1.0m, Mr.조인트 ①, ③ 포함.

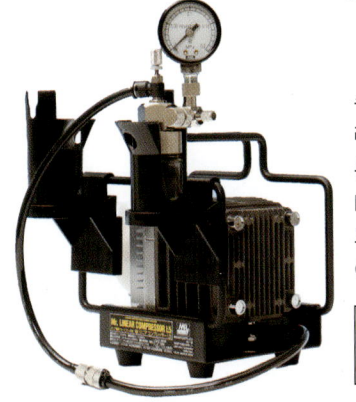

◀이쪽은 에어 압력을 확인할 수 있는 압력계가 달린 Mr.에어 레귤레이터 MkⅣ가 세트로 구성된 타입. 직결 에어브러시 홀더와 Mr.조인트③이 각각 2개씩 포함되며, 다루기 편하고 심플한 세팅이 가능.

**Mr.리니어 컴프레서 L5/압력계 포함 레귤레이터 세트**
●40,700엔

▼L7 컴프레서와 노즐 구경 0.3mm 프로콘 BOY WA 플래티넘 ver.2에 같은 시리즈 FWA 플래티넘 0.2mm 핸드피스 2개가 세트. 동봉품은 Mr.에어 레귤레이터(압력계 포함), 드레인&더스트 캐처, 스파이럴 에어 호스, Mr.스탠드&트레이Ⅱ. Mr.원터치 맥 조인트로 핸드피스를 간단히 교체할 수 있어서, 그러데이션 도색 등 섬세한 도색에도 최적.

**Mr. 리니어 컴프레서 L7/플래티넘 트윈 세트**
● 더블 ● 0.2mm, 0.3mm ● 79,200엔

더블 0.3mm

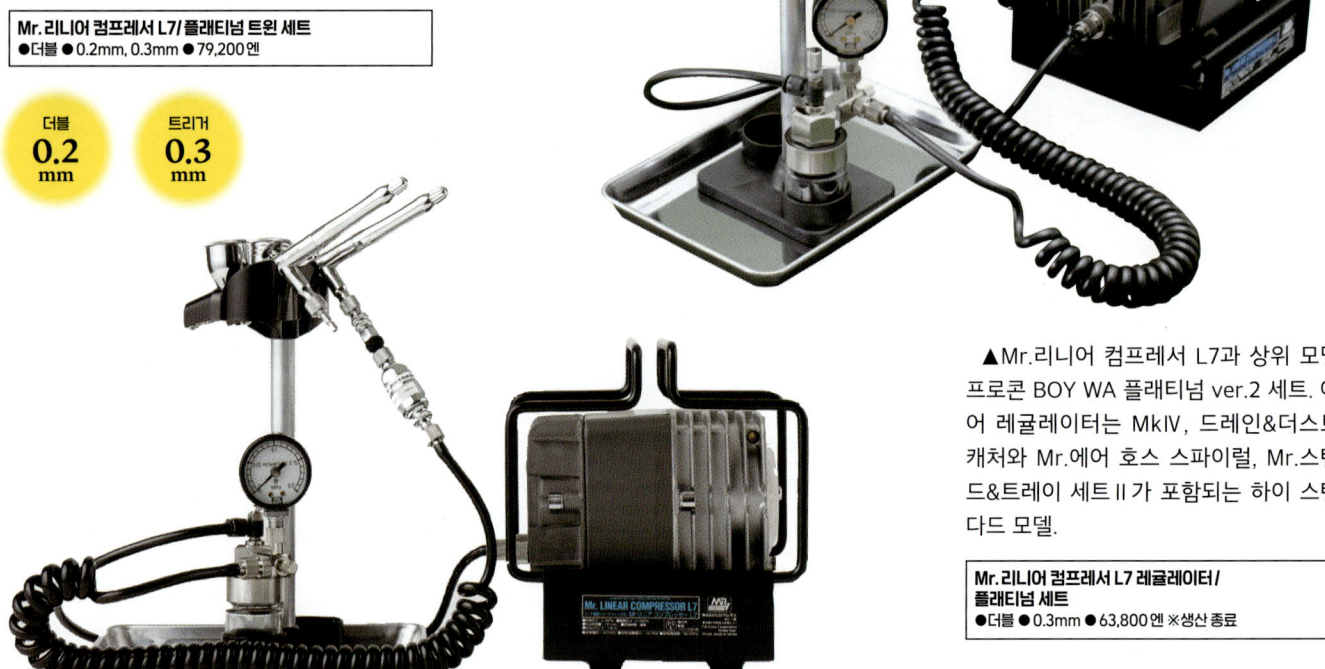

▲Mr.리니어 컴프레서 L7과 상위 모델 프로콘 BOY WA 플래티넘 ver.2 세트. 에어 레귤레이터는 MkIV, 드레인&더스트 캐처와 Mr.에어 호스 스파이럴, Mr.스탠드&트레이 세트Ⅱ가 포함되는 하이 스탠다드 모델.

**Mr. 리니어 컴프레서 L7 레귤레이터/플래티넘 세트**
● 더블 ● 0.3mm ● 63,800엔 ※생산 종료

더블 0.2mm  트리거 0.3mm

▶0.5mm 대구경 트리거 타입과 올라운더 0.3mm 구경 핸드피스 2개와 L7 컴프레서 세트. 서페이서 뿌리기나 넓은 면 도색부터 세세한 도색까지 모든 기본 도색이 가능. 이쪽도 다루기 편리한 Mr.원터치 맥 조인트와 드레인&더스트 캐처, Mr.스탠드&트레이Ⅱ, 스파이럴 에어 호스, Mr.에어 레귤레이터(압력계 포함)가 포함.

**Mr. 리니어 컴프레서 L7/플래티넘 LWA 트리거 세트**
● 더블, 트리거 ● 0.3mm, 0.5mm ● 81,400엔

더블 0.3mm  트리거 0.5mm

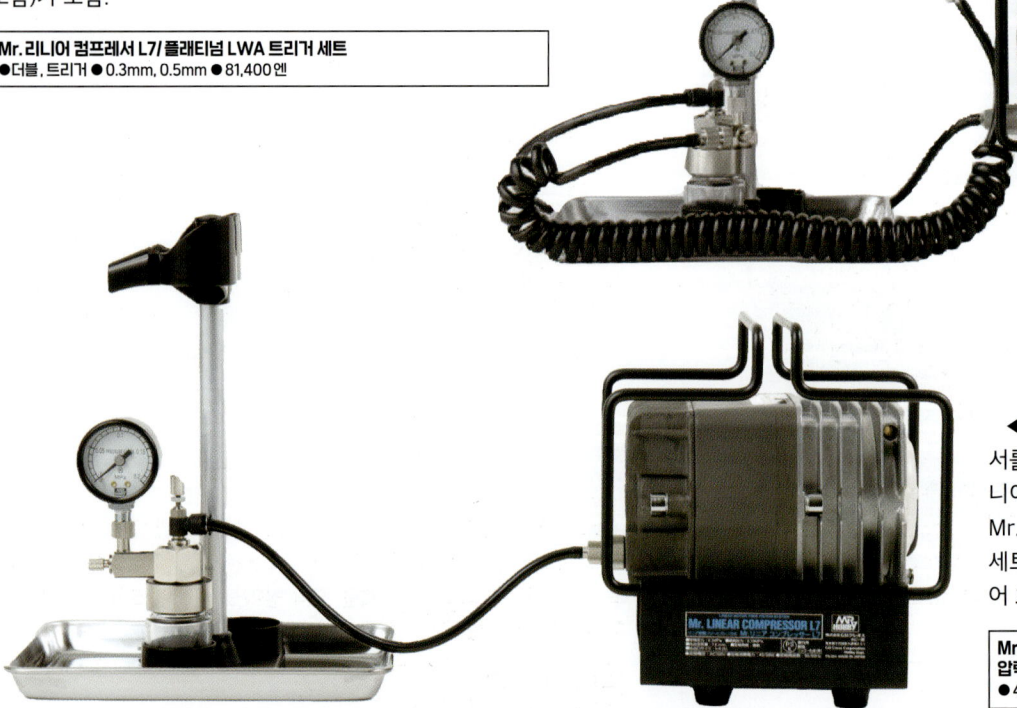

◀풍량이 많은 고출력 타입 컴프레서를 사용하고 싶은 유저를 위한, 리니어 컴프레서 L7과 압력계가 달린 Mr.에어 레귤레이터 MkIV를 조합한 세트. Mr.스탠드&트레이 세트Ⅱ, 에어 호스는 스트레이트 타입이 포함.

**Mr. 리니어 컴프레서 L7/압력계 포함 레귤레이터 세트**
● 49,500엔

▶분당 토출 공기량이 10리터나 되는 하이 퍼포먼스. Mr.리니어 컴프레서 L10의 유일한 에어브러시 세트. 동봉된 핸드 피스도 최상위 모델인 플래티넘 Ver.2를 선택. 부속품은 Mr.에어 레귤레이터(압력계 포함)과 Mr.스탠드&트레이 세트 II, 드레인&더스트 캐처, Mr.에어 호스 1/8(S) 스파이럴.

**Mr.리니어 컴프레서 L10/레귤레이터/플래티넘 세트**
● 더블 ● 0.5mm
● 79,200엔 ※생산 종료

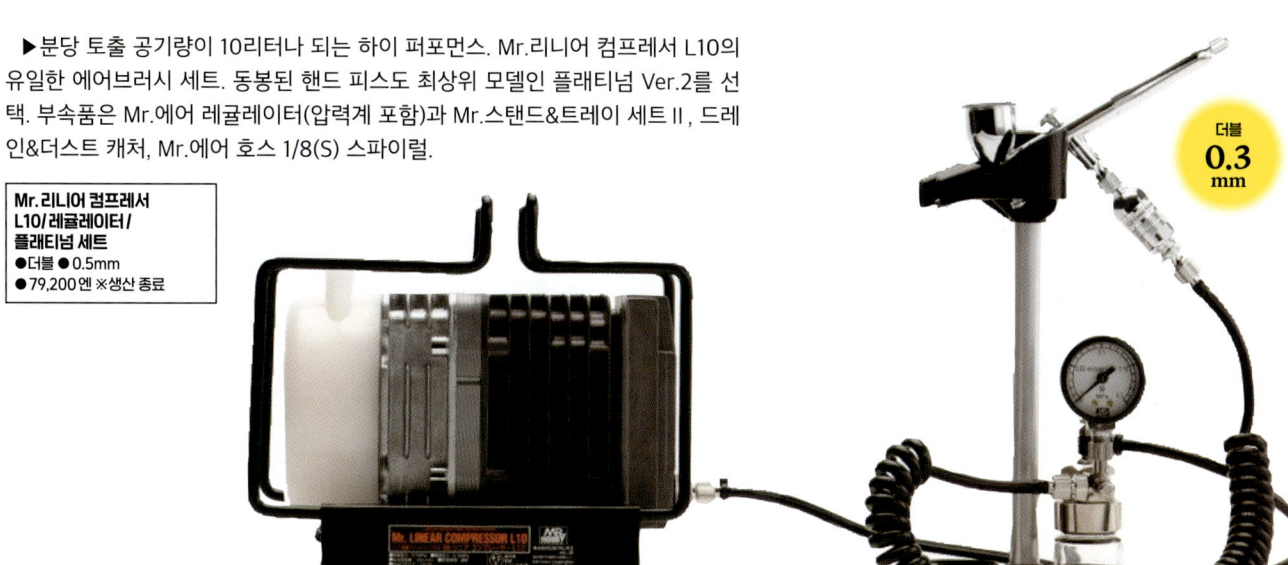

◀GSI 크레오스제 컴프레서의 뉴 페이스. 소형&정숙 타입 카롱과 범용성이 높은 프로콘 BOY WA 더블 액션 세트. 본체에 맞춰서 스파이럴 에어 호스와 전용 에어브러시 스탠드도 흰색으로 통일한 스타일리시한 모델. 건담 마커 에어브러시 등 자사의 각종 핸드 피스와 접속 가능.

**컴프레서 카롱 에어브러시 세트**
● 더블 ● 0.3mm ● 30,800엔

▲에어브러시 도색 입문에 가장 적합한 흡상식 핸드 피스, 프로 스프레이와 에어 캔 세트. 에어 캔에 동봉된 에어 조절 밸브와 호스를 장착하고, 분무구의 밸브(노즐)을 돌려서 조절하면 도색이 가능. 노즐 구경은 0.4mm와 0.2mm가 포함돼서 도포량을 변경 가능. 교체용 조색 병도 포함.

**프로 스프레이 베이직**
● 흡상식 ● 0.2mm, 0.4mm ● 4,400엔

▲도색의 효율성을 향상시킨 '프로 스프레이 베이직'에 전용 스탠드와 스파이럴 호스가 세트로 구성된 디럭스판. 에어 캔은 대용량 420으로 변경됐고, 밸브 2종과 교체용 조색 병이 2개 포함. 프로 스프레이는 Mr.리니어 컴프레서 시리즈 등과도 접속 가능.

**프로 스프레이 디럭스**
● 흡상식 ● 0.2mm, 0.4mm ● 6,050엔

# 타미야

●발매원/타미야

고정밀&내구성의 HG 시리즈 컴프레서와 기본 아이템을 세트로 전개. 유저의 수요에 맞춘 각종 라인업을 갖춰서, 바로 고품질 에어 도색을 즐길 수 있다.

## 축적해온 노하우가 담긴, 에어브러시 도색의 믿음직한 파트너

▲구조가 심플해서 정비도 용이. 뿌리기 시작할 때 도료가 튀는 것을 억제하는 설계가 되어 있어서 가늘게 뿌리기도 가능하며, 도료 컵은 대용량인 15cc

싱글 0.3mm

▲콤팩트해서 자리를 차지하지 않은 HG 컴프레서 레보Ⅱ와 심플하고 다루기 편한 HG 싱글 에어브러시가 동봉. 모양이 다른 에어 브러시 홀더 3종과 컴프레서의 기동음을 억제하는 방진매트도 포함.

**스프레이 워크 HG 컴프레서 레보Ⅱ (HG 싱글 에어브러시 포함)**
●싱글 ●0.3mm ●35,200엔

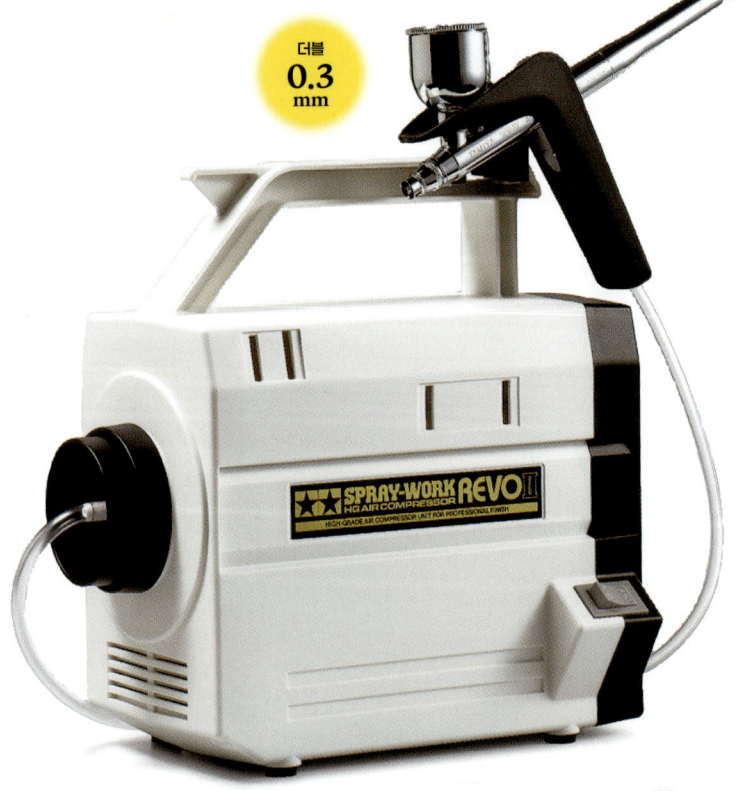

더블 0.3mm

▲동사 더블액션의 표준 모델, 스프레이 워크 HG 에어브러시Ⅲ와 충분한 공기압과 안정적인 풍량을 자랑하는 스프레이 워크 HG 컴프레서 레보Ⅱ 세트. 이쪽에도 에어브러시 홀더 3종과 방진 매트 포함. 위장 도색이나 그러데이션, 광택 도색 등 다양한 도색을 폭넓게 즐길 수 있다.

**스프레이 워크 HG 컴프레서 레보Ⅱ (HG 에어브러시Ⅲ 포함)**
●더블 ●0.3mm ●41,800엔

▲용량 7cc 컵 포함. 컵 교체가 가능해서 다양한 상황의 도색에 대응 가능. 트리거 타입은 장시간 도색에도 최적.

트리거 0.3mm

▲HG 트리거 에어브러시와 스프레이 워크 HG 컴프레서 레보Ⅱ 세트. 에어 튜브(1.2m)와 3종류의 에어브러시 홀더, 방진 매트 포함.

**스프레이 워크 HG 컴프레서 레보Ⅱ (HG 트리거 에어브러시 포함)**
●트리거 ●0.3mm ●44,000엔

▲센서식 스위치를 채용한 컴팩트 사이즈 컴프레서와 다루기 편한 만능 타입 슈퍼 맥스 에어브러시 SX 0.3D 세트. 본체 위쪽 다이얼을 돌려서 에어 출력 조절도 가능. 투명 타입 호스 덕분에 호스 내부에 고인 물방울도 확인하기 쉽다.

**스프레이 워크, 컴프레서 어드밴스 (슈퍼 맥스 에어브러시 SX 0.3D 포함)**
●더블 ●0.3mm ●35,200엔

싱글 0.3mm

▶초보자도 다루기 쉬워서 입문용으로 적합한 '스프레이 워크 HG' 싱글 액션 타입 0.3mm 구경 핸드 피스와 에어 캔, 접속용 어태치먼트와 호스 세트. 대용량 15cc 컵이 포함돼서 넓은 면적도 안심.

**스프레이 워크 HG 싱글 에어 브러시 세트 (180D)**
●싱글 ●0.3mm ●13,200엔

| 웨이브 | ●발매원/웨이브 |
|---|---|

고성능 컴프레서와 합리적인 가격의 핸드 피스가 세트로 구성된 가성비 중시 세트 아이템을 발매.

# 부담없는 가격으로 엔트리에 최적

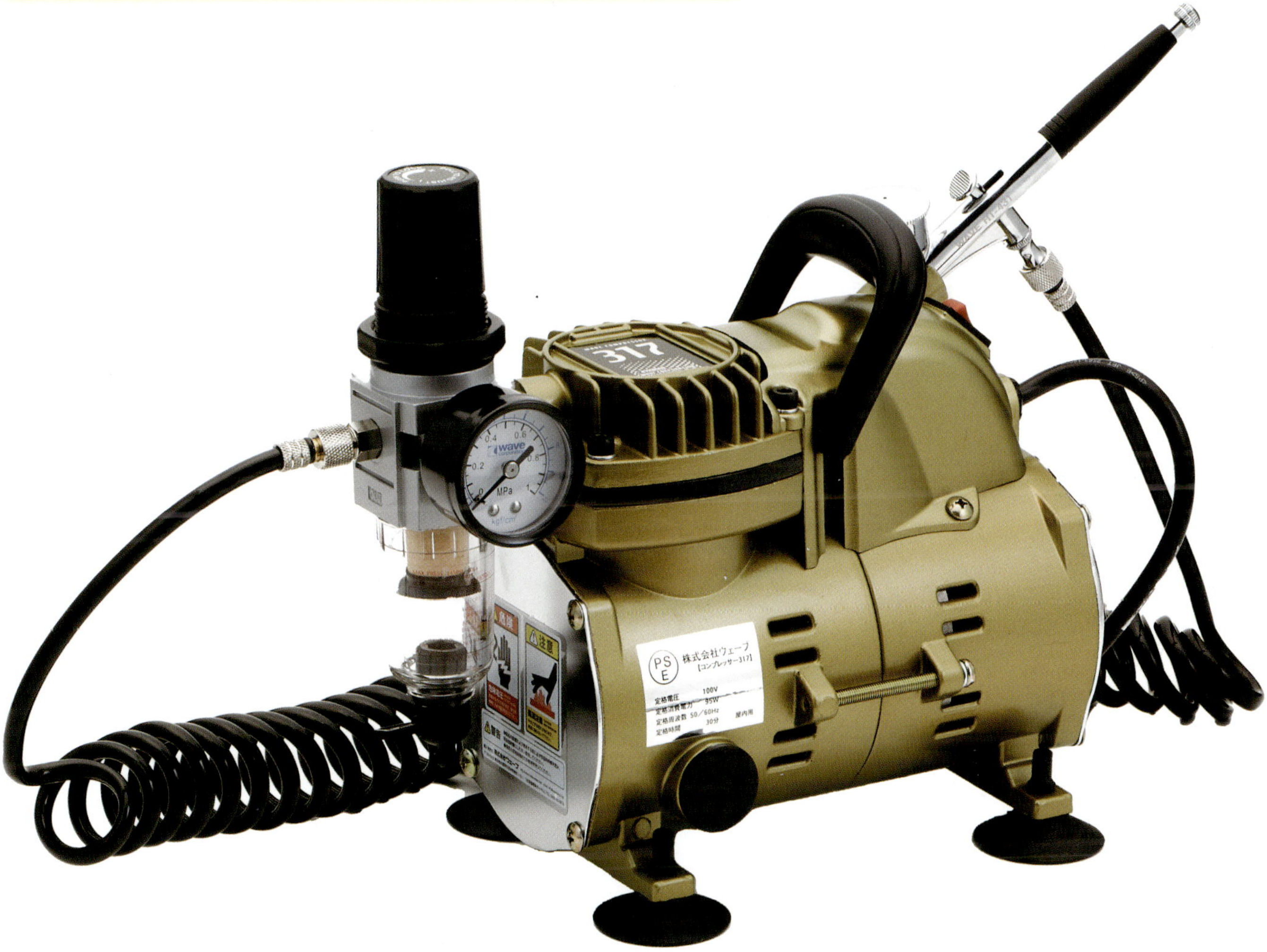


더블
0.3
mm

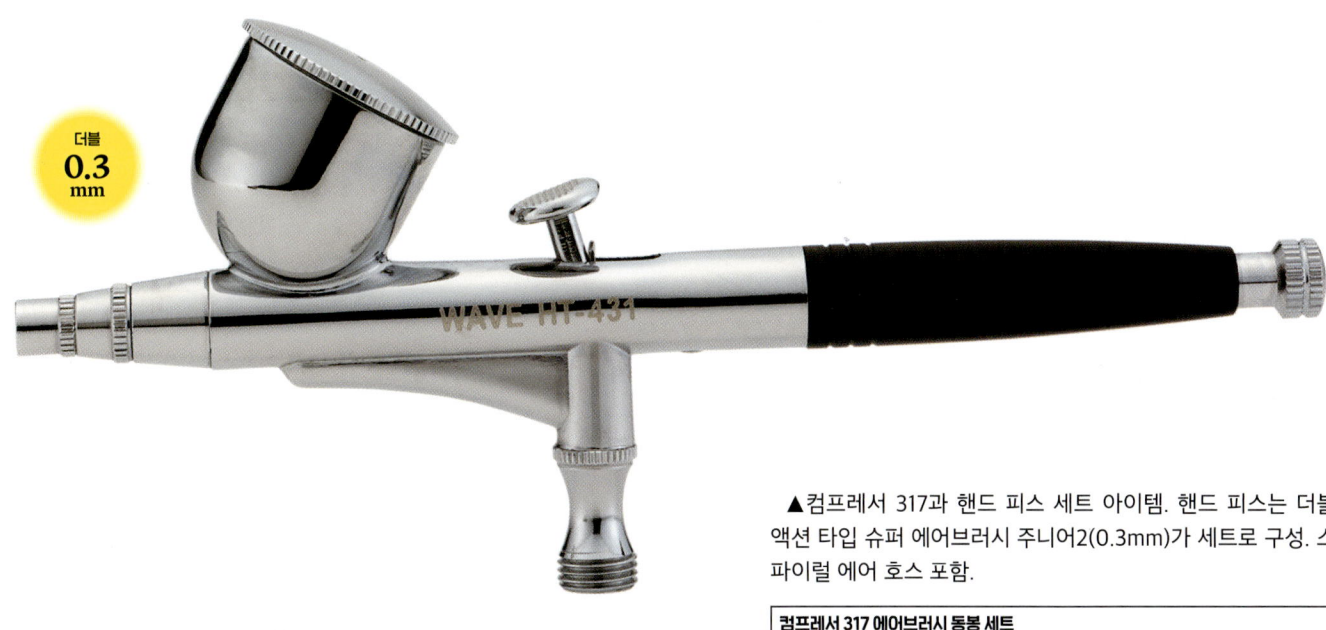

▲컴프레서 317과 핸드 피스 세트 아이템. 핸드 피스는 더블 액션 타입 슈퍼 에어브러시 주니어2(0.3mm)가 세트로 구성. 스파이럴 에어 호스 포함.

**컴프레서 317 에어브러시 동봉 세트**
●더블 ●0.3mm ●29,480엔

## 보크스

●발매원/보크스

에어텍스의 고성능 컴프레서를 중심으로 삼고, 동봉되는 핸드 피스가 다른 라인업을 전개. 구입한 뒤에 오랫동안 정비를 받을 수 있다는 점도 기쁜 배려.

# 고성능, 고출력 도구 올인원 세트.

◀에어 레귤레이터(압력 조절기)가 포함된 에어텍스제 컴프레서 'APC-001R2'와 조형촌 프로 모델A(0.3mm) 세트 아이템. 에어브러시 홀더, 테크닉 DVD 'JUST WAIT'(※DVD 또는 QR 코드로 영상 제공) 포함.

**조형촌 AIR FORCE1+ 조형촌 프로 모델A**
●더블 ●0.3mm ●29,920엔

◀에어 레귤레이터(압력 조절기)가 포함된 에어텍스제 컴프레서 'APC-001R2'와 조형촌 프로 모델A15(크롬 타입)(0.3mm) 세트 아이템. 에어브러시 홀더, 테크닉 DVD 'JUST WAIT'(※DVD 또는 QR 코드로 영상 제공) 포함.

**조형촌 AIR FORCE1+ 조형촌 프로 모델A15**
●더블 ●0.3mm ●31,900엔

◀에어 레귤레이터(압력 조절기)가 포함된 에어텍스제 컴프레서 'APC-001R2'와 조형촌 프로 모델C(0.3mm) 세트 아이템. 에어브러시 홀더, 테크닉 DVD 'JUST WAIT'(※DVD 또는 QR 코드로 영상 제공) 포함.

**조형촌 AIR FORCE1+ 조형촌 프로 모델C**
●더블 ●0.3mm ●34,100엔

◀에어 레귤레이터(압력 조절기)가 포함된 에어텍스제 컴프레서 'APC-001R2'와 조형촌 프로 모델B(0.35mm) 세트 아이템. 에어브러시 홀더, 테크닉 DVD 'JUST WAIT'(※DVD 또는 QR 코드로 영상 제공) 포함.

**조형촌 AIR FORCE1+ 조형촌 프로 모델B**
●더블 ●0.35mm ●35,970엔

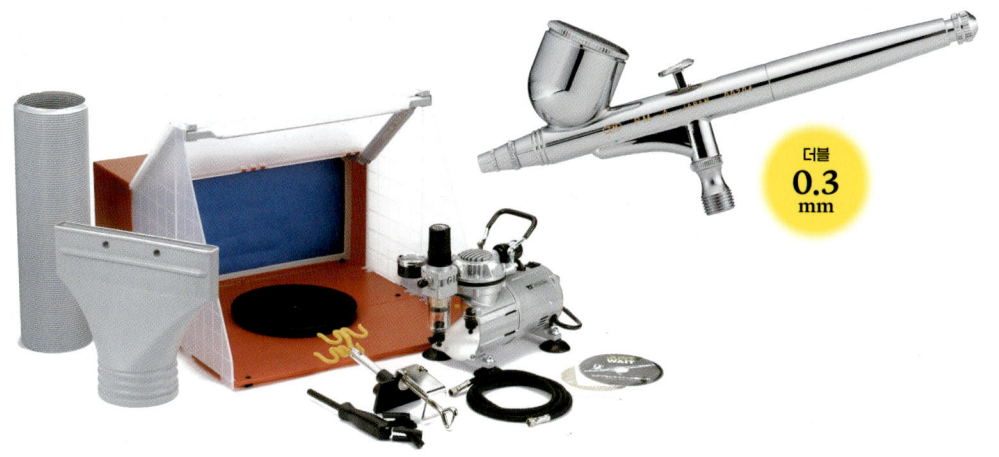

◀에어 레귤레이터(압력 조절기)가 포함된 에어텍스제 컴프레서 'APC-001R2'와 조형촌 프로 모델 A(0.3mm) 세트 아이템. 에어브러시 홀더, 테크닉 DVD 'JUST WAIT'(※DVD 또는 QR 코드로 영상 제공), 도색 부스(레드 사이클론 엘) 포함.

**조형촌 AIR FORCE2+ 조형촌 프로 모델 A**
●더블 ●0.3mm ●47,520엔

◀에어 레귤레이터(압력 조절기)가 포함된 에어텍스제 컴프레서 'APC-001R2'와 조형촌 프로 모델 A15(0.3mm) 세트 아이템. 에어브러시 홀더, 테크닉 DVD 'JUST WAIT'(※DVD 또는 QR 코드로 영상 제공), 도색 부스(레드 사이클론 엘) 포함.

**조형촌 AIR FORCE2+ 조형촌 프로 모델 A15**
●더블 ●0.3mm ●49,500엔

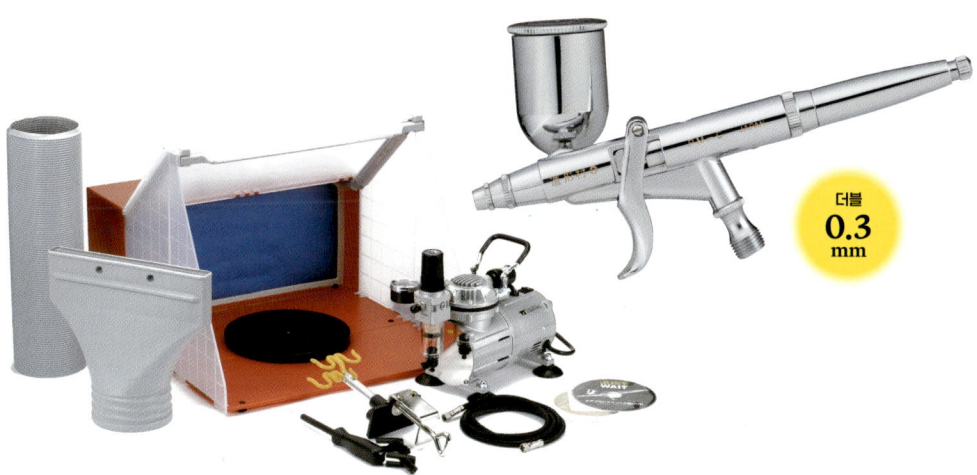

◀에어 레귤레이터(압력 조절기)가 포함된 에어텍스제 컴프레서 'APC-001R2'와 조형촌 프로 모델 C(0.3mm) 세트 아이템. 에어브러시 홀더, 테크닉 DVD 'JUST WAIT'(※DVD 또는 QR 코드로 영상 제공), 도색 부스(레드 사이클론 엘) 포함.

**조형촌 AIR FORCE2+ 조형촌 프로 모델 C**
●더블 ●0.3mm ●51,700엔

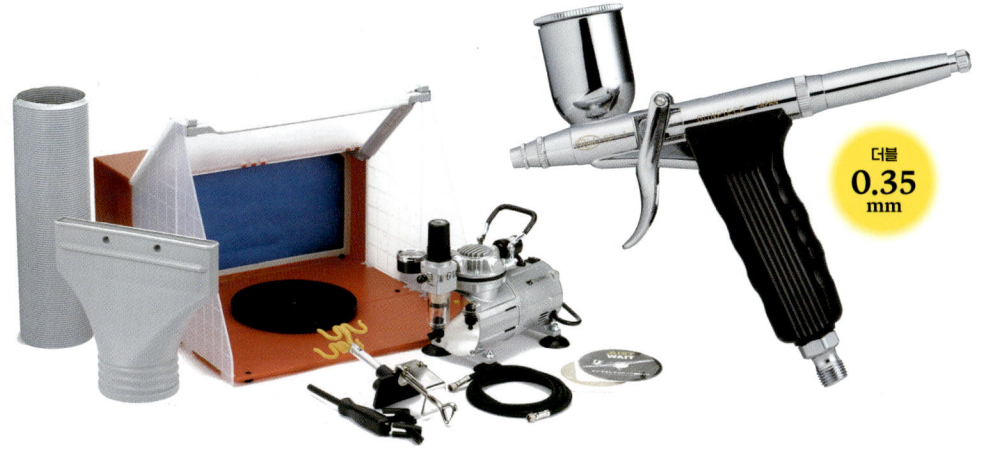

◀에어 레귤레이터(압력 조절기)가 포함된 에어텍스제 컴프레서 'APC-001R2'와 조형촌 프로 모델 B(0.35mm) 세트 아이템. 에어브러시 홀더, 테크닉 DVD 'JUST WAIT'(※DVD 또는 QR 코드로 영상 제공), 도색 부스(레드 사이클론 엘) 포함.

**조형촌 AIR FORCE2+ 조형촌 프로 모델 B**
●더블 ●0.35mm ●53,570엔

# 에어텍스

●발매원/에어텍스

컴프레서도 핸드 피스도 다양한 라인업이 특징인 에어텍스. 핸디 타입과 배터리 타입 컴프레서가 있어서, 제작 환경이나 작업 내용에 맞는 세트 아이템을 선택 가능.

## 세트 아이템도 용도에 맞춰서 다양한 라인업.

◀콤팩트한 보디&배터리팩 대응 컴프레서 'SPiCA'와 핸드 피스 2종, 에어브러시 S(0.2mm), 에어브러시 M&S(0.3mm) 세트 아이템. 에어 호스, 전원 코드, 배터리팩, 배터리용 어댑터, 에어브러시 홀더, 수납 가방, 노즐 렌치 포함.

**에어브러시 워크 세트 SPiCA(스피카)**
●더블 ●0.2, 0.3mm ●23,650엔

◀배터리 내장 소형 컴프레서 '윙'과 에어브러시 M&S(0.3mm) 세트 아이템. 에어브러시 스탠드, 에어 호스, 충전 케이블(USB/콘센트 포함)이 포함.

**윙 세트 M&S+**
●더블 ●0.3mm ●20,900엔

◀핸드 피스를 직접 연결할 수 있는 소형 컴프레서 '에스터'와 에어브러시 M&S(0.3mm) 세트 아이템.

**에스터 세트 M&S**
●더블 ●0.3mm ●18,700엔

▼기존 '메테오'를 리뉴얼. 가격은 유지하고 정숙성 향상, 오토 스위치 탑재 등 전체적인 성능이 향상됐다. 에어브러시 M&S(0.3mm)와 세트 아이템으로 블레이드 에어 호스, AC 어댑터 등이 포함

◀소형 컴프레서 'Angel'과 에어브러시 Arrow2(0.2mm) 세트 아이템. 에어 호스(튜브, 나사 없음) 포함.

**Angel&Arrow2 세트**
●더블 ●0.2mm ●12,100엔

**에어브러시 워크 세트 메테오2**
●더블 ●0.3mm ●13,420엔

▲컴프레서 'APC005D', 에어브러시 홀더 롱 타입, 레귤레이터 'MAFR-200', 레귤레이터 시트, 블레이드 에어 호스 블랙의 세트 아이템(※핸드 피스 미포함).

◀컴프레서 'APC002D', 에어브러시 홀더 롱 타입, 레귤레이터 'MAFR-200', 레귤레이터 시트, 블레이드 에어 호스 블랙 세트 아이템(※핸드 피스 미포함).

**탱크 셀렉션 에어브러시 프리**
● 59,950엔

**트윈 셀렉션 에어브러시 프리**
● 50,600엔

◀컴프레서 'APC005D', 에어브러시 홀더 롱 타입, 레귤레이터 'MAFR-200', 레귤레이터 시트, 블레이드 에어 호스 블랙 세트 아이템(※핸드 피스 미포함).

**탱크 & 트윈 셀렉션 에어브러시 프리**
● 69,300엔

**에어브러시 홀더 롱타입**

**블레이드 에어 호스 블랙**

▲트윈 셀렉션, 에어브러시 프리, 탱크 셀렉션 에어브러시 프리, 탱크&트윈 셀렉션 에어브러시 프리 공통 세트 부품.

더블 0.2/0.3mm

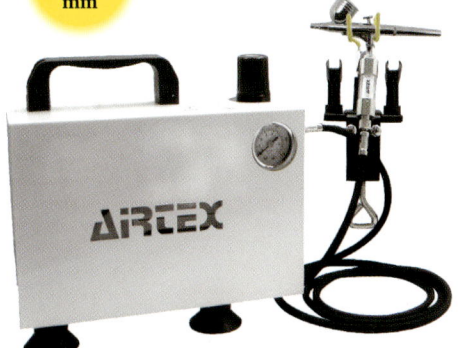

▲컴프레서 'APC018', 에어브러시 MJ 시리즈(MJ-722, MJ-724, MJ-726, MJ-728 흑백 중에서 하나를 선택), 에어브러시 홀더 AH-01, 핸드 그립 필터, 블레이드 호스 블랫 BH009 세트 아이템.

**에어 세트 BOX 셀럭션 MJ 시리즈**
● 더블 ● 0.2mm, 0.3mm ● 44,550엔

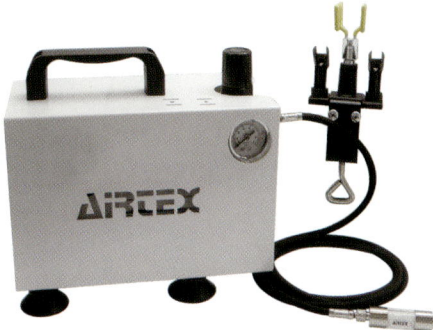

▲컴프레서 'APC018', 에어브러시 홀더 AH01, 핸드 그립 필터, 블레이드 호스 블랙 BH009 세트 아이템(※핸드 피스 미포함).

**에어 세트 BOX 셀렉션 에어브러시 프리**
● 40,150엔

**에어브러시 홀더 AH-01**

**블레이드 에어 호스 블랙**

▲에어 세트 BOX 셀럭션 MJ 시리즈, 에어 세트 BOX 셀렉션 에어브러시 프리 공통 세트 부품.

## 하이하이

●발매원/하이하이

충전식 컴프레서와 핸드 피스 일체형 에어브러시를 다수 발매 중. 사용하기 편하고 휴대도 가능해서 초보자에게도 추천하는 아이템.

# 언제나 어디서나 쓸 수 있는 편리함

**코드리스 에어브러시 UG**
●더블 ●0.3mm ●19,800엔

더블 0.3mm

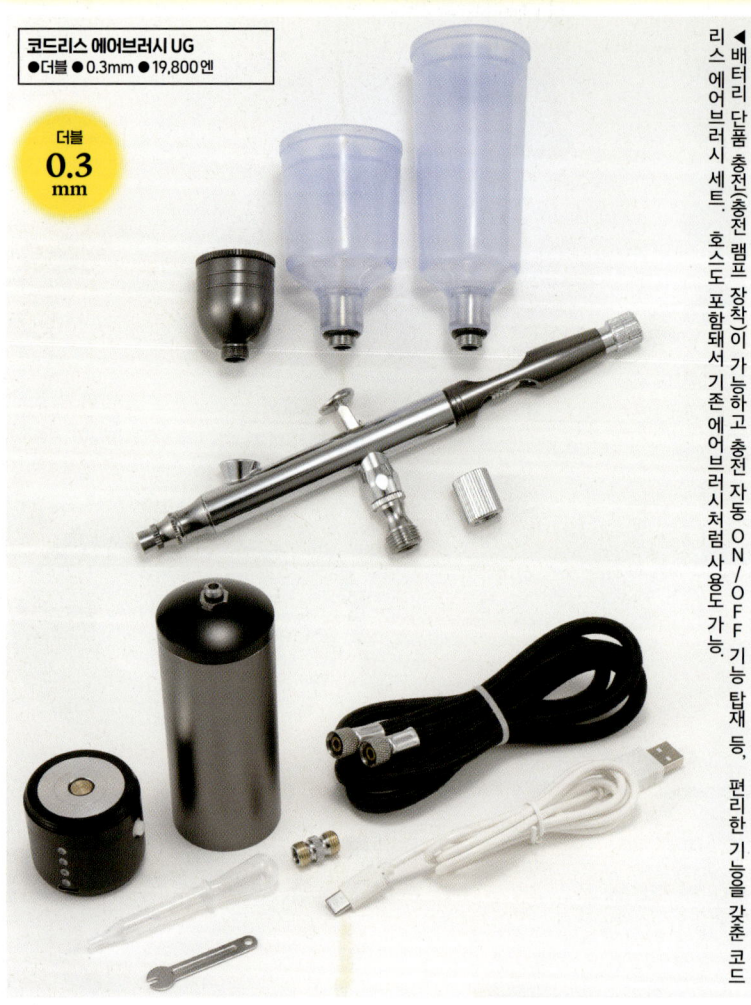

◀배터리 단품 충전(충전 램프 장착)이 가능하고 충전 자동 ON/OFF 기능 탑재 등, 편리한 기능을 갖춘 코드리스 에어브러시 세트. 호스[도 포함돼서 기존 에어브러시처럼 사용도 가능.

**코드리스 에어브러시 PRO RD**
●더블 ●0.3mm ●19,800엔

더블 0.3mm

**코드리스 에어브러시 PRO BK**
●더블 ●0.3mm ●19,800엔

더블 0.3mm

▲충전식 에어브러시 뉴 버전. 충전 단자가 배터리에 설치되고, 배터리 단독 충전이 가능(USB 타입 C)해졌다. 에어 자동 ON/OFF 기능도 추가됐다. 본체 색 검정은 핸드피스 펜 끝이 알루미늄, 빨강은 동.

더블 0.3mm · 더블 0.3mm

| 충전식 에어브러시 (빨강, 동 펜 끝) | 충전식 에어브러시 (빨강, 동 펜 끝) | 충전식 에어브러시 (검정, 알루미늄 펜 끝) | 충전식 에어브러시 (검정, 알루미늄 펜 끝) |
|---|---|---|---|
| ●더블 ●0.3mm ●11,000엔 | ●더블 ●0.3mm ●13,350엔 | ●더블 ●0.3mm ●11,000엔 | ●더블 ●0.3mm ●13,350엔 |

▲핸드 피스 구경 0.3mm 더블 액션 타입. 분리형 컵은 금속제 10cc, 플라스틱 20cc와 40cc 포함. 전용 충전 케이블이 동봉되며, 90분 충전해서 50분 연속 사용 가능. 본체 색 검정은 핸드피스 끝이 알루미늄, 빨강은 동. 배터리 2개 타입도 있다.

**충전식 에어브러시 전용 배터리 (빨강)**
●2,640엔

**충전식 에어브러시 전용 배터리 (검정)**
●2,640엔

▶예비 배터리도 준비해두면 더 오랫동안 연속 사용이 가능.

# 에어브러시를 사러 가자!

## 모형점에서 보는 「모형 도구의 세계」

에어브러시 관련 상품 대부분은 인터넷 쇼핑으로 구입이 가능합니다. 하지만 에어브러시처럼 비싼 도구는 실제로 만져보고 구입하고 싶은 법이죠. 모형점에서도 에어브러시나 컴프레서는 모형 공구 중에서도 특별한 존재로 판매하는 경우가 많습니다. 여기서는 실제로 모형점에서 판매하는 상황을 보도록 하겠습니다. 이 페이지에서 시뮬레이션을 하고 실제로 점포에서 에어브러시를 구입해보세요.

---

**포스트 하비 아츠기점**

주소 / 우편번호 243-0018 카나가와현 아츠기시 나카쵸 1-5-10 아츠기 가든 시티 빌딩(이온 아츠기점) 8F
영업시간 /12:00~20:00 휴무일 /월요일, 화요일
문의 /atsugi@posthobby.com 인터넷 쇼핑몰 /https://www.posthobby.com/

## 점포에서 보는 핸드피스의 고급감!

▼이쪽은 점포에 전시된 핸드 피스들. 포스트 하비 아츠기 점에서는 이렇게 샘플을 전시한 상태에서 판매하고 있습니다. 실제 크기, 광택 등을 쇼케이스 너머로도 확실히 알 수 있습니다.

### 계산대 진열장에서 판매

▲핸드 피스는 아주 섬세. 진열장 안에 샘플을 전시하고, 고객이 문의하면 꺼내드립니다. 많은 모형 공구 중에서도 격이 다른 대우를 받고 있습니다.

### 세트 아이템은 계산대 뒤에

▲컴프레서와 핸드 피스가 세트로 구성된 상품은 상자 크기도 커서 계산대 뒤에 있습니다. 그러니까…

### 부담없이 물어보세요!

▲'저 세트 상품 보여주세요'라고 말해보세요. 그러면 바로 보여드립니다. 세트 아이템을 진열해두는 매장도 있지만, 창고나 계산대 위에서 관리하는 곳도 많으니까 부담없이 직원에게 문의해보세요.

### \ 포스트 하비 아츠기점의 목소리… /

저희는 핸드 피스를 실제로 만져보고 컴프레서 실물을 보면서 구입하실 수 있습니다. 원하는 사용 취향에 맞는지, 방의 작업 책상 크기에 맞는지 등을 직접 시뮬레이션 가능합니다. 그리고 저희 쪽에서는 에어브러시의 각 아이템을 같은 제조사의 제품으로 맞추는 것도 추천해드립니다. GSI 크레오스의 제품으로 통일하거나 타미야 제품으로 통일하고 싶다든지 원하시는 것이 있다면 부담없이 말씀해주세요.

GSI 크레오스의 핸드 피스는 저희를 통해 제조사에 정비하러 보낼 수도 있으니까, 꼭 활용해주세요.

### 점포 스태프의 조언도 체크 가능!

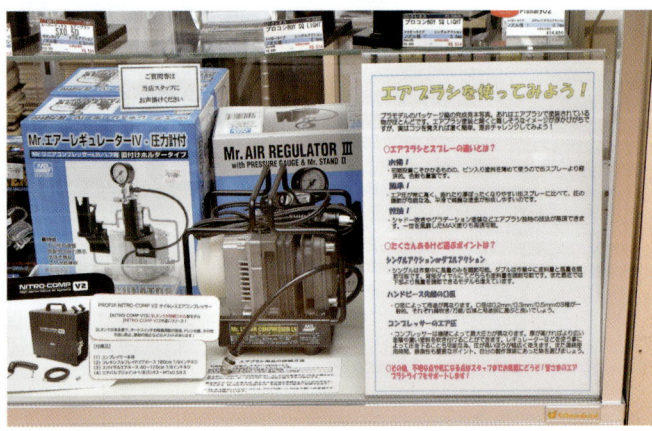

▲스태프의 조언이 게재된 점포도 있습니다. 이런 POP는 큰 도움이 되니까 꼭 읽어보세요. 또 잘 모를 때는 근처에 있는 직원에게 물어보세요!

## 실제로 잡아볼 수 있습니다!

▲전시 샘플로 핸드 피스를 잡는 느낌을 확인할 수 있습니다. 더블 액션, 싱글 액션, 트리거 타입 등 자신에게 맞는 핸드 피스를 찾기 위한 지름길은 실제로 잡아보는 것입니다.

## 코디네이트 상담도 가능

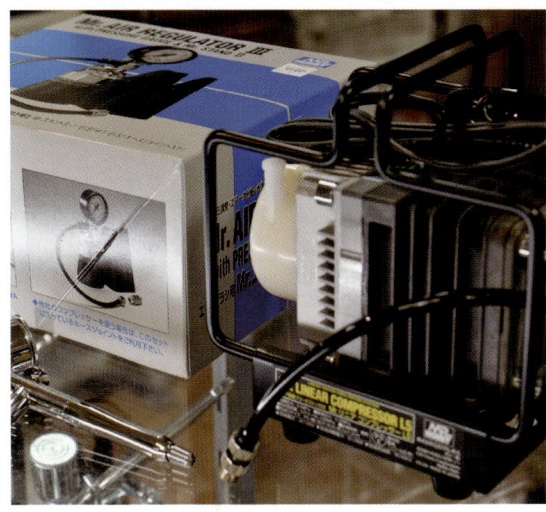

▲처음 구입, 지금 환경에서 뭘 더하면 좋을까 싶을 때도 상담해드립니다. 오프라인 매장의 장점입니다.

## 도료도 천천히 음미하세요

◀매장에 에어브러시를 사러 왔으니까 도료도 사고 싶겠죠. 써본 적 있는 도료라면 인터넷으로도 구입할 수 있지만, 써본 적 없는 색이나 도료는 실제로 보고 선택하고 싶어지는 법입니다.

## 용제도 아주 풍부합니다

## 도료에도 POP가 있습니다!

◀매장에서 추천하는 도료에는 이런 POP가 있으니 확인해보세요. 꼭 여러분의 레파토리에 추가하세요.

▲지금은 도료를 희석하거나 에어브러시를 세척하는 데 사용하는 용제도 종류가 아주 풍부합니다. 직접 상품을 보고 각각의 용도를 확인할 수 있습니다.

## 주변 액세서리

▲에어브러시 주변 액세서리의 경우 인터넷 정보만으로는 크기와 상품의 모습을 가늠하기 힘든 경우가 많습니다. 인터넷에서 구입했더니 생각했던 것과 좀 다르다… 같은 일을 피하고 싶으면 직접 매장에 가보세요.

▲도료 관련 코너에서는 마스킹 테이프와 손잡이 등, 도색 작업에 꼭 필요한 아이템도 같이 판매하고 있습니다.

## 원하는 프라모델도 구입해서 도색을 즐겨봅시다!

▲모형점이니까 프라모델도 많이 팔고 있습니다. 에어브러시를 구입했으면 '이걸 칠해보자!' 싶은 프라모델도 같이 데려가세요. 에어브러시를 사서 신이 났을 때 단번에 칠하는 것도 모형 만들기의 재미 중 하나입니다.

# 에어브러시에서 시작되는 무한한 가능성

컴프레서로 압축한 공기가 핸드 피스로 전달되고 도료가 나온다. 이렇게나 간단한 구조에서 수많은 도색 표현이 탄생합니다. 그리고 그 모든 것이 즐겁고, 같은 프라모델도 칠하는 방법이 다르면 전혀 다른 것으로 바꿔줄 수 있습니다. 그래서 도색은 재미있고, 더 잘하고 싶고, 더 재미있는 기법을 알고 싶어집니다.

하지만 이것만은 잊지 말아주세요. '도색은 재미있다'만은. 눈앞에 있는 프라모델을 수행이나 고생이라고 생각하면서 칠한다면…. 그 프라모델과의 시간을 즐기고 나면, 그 너머에 최고의 도색에 도달할 것입니다. 이 책에서 다룬 기법은 아주 기본적인 것들입니다. 이 내용을 알고 실천하며, 부디 여러분만의 도색 방법을 도출해보세요. 에어브러시를 여러분의 모형 라이프를 장식해주는 최고의 파트너로 삼아서.

## STAFF

기획·편집 ● 木村 学

편집 ● 丹 文聡
けんたろう

표지 모델 촬영 ● 河橋将貴 (スタジオアール)

디자인 ● 西村 大 (デイジー・グロウ)

촬영 ● 本松昭茂 (スタジオアール)
河橋将貴 (スタジオアール)
岡本 学 (スタジオアール)
塚本健人 (スタジオアール)
河野義人 (スタジオアール)
葛 貴紀 (井上写真スタジオ)

협력 ● 주식회사 코토부키야
주식회사 반다이 남코 필름웍스

# 에어브러시 교과서 Airbrush Textbook

초판 1쇄 인쇄 2025년 11월 10일
초판 1쇄 발행 2025년 11월 15일

저자 : 하비재팬 편집부
번역 : 김정규

퍼낸이 : 이동섭
편집 : 이민규
디자인 : 조세연
기획·편집 : 송정환, 박소진
영업·마케팅 : 조정훈
e-BOOK : 홍인표, 김은혜, 정희철
라이츠 : 서찬웅
관리 : 이윤미

㈜에이케이커뮤니케이션즈
등록 1996년 7월 9일(제302-1996-00026호)
주소 : 08513 서울특별시 금천구 디지털로 178, B동 1805호
TEL : 02-702-7963~5  FAX : 0303-3440-2024
http://www.amusementkorea.co.kr

ISBN 979-11-274-9673-9 13630

Airbrush Textbook
©HOBBY JAPAN
©KOTOBUKIYA
©SUNRISE
©SOTSU・SUNRISE
©HIKARI PRODUCTION
©MAX FACTORY・Tony / Guilty Princess
©MARUTTOYS
Originally Published in Japan in 2024 by HOBBY JAPAN Co., Ltd.
Korea translation Copyright©2025 by AK Communications, Inc.

이 책의 한국어판 저작권은 일본 ㈜HOBBY JAPAN과의 독점계약으로
㈜에이케이커뮤니케이션즈에 있습니다.
저작권법에 의해 한국 내에서 보호를 받는 저작물이므로 무단전재와 무단복제를 금합니다.

*잘못된 책은 구입한 곳에서 무료로 바꿔드립니다.